小谷野敦

日本の歴代権力者

GS
幻冬舎新書
093

まえがき

　本書の企画を思い立ったのは、中公新書で『歴代天皇総覧』（笠原英彦、二〇〇一）というのが出て、割に売れたようだからである。日本の歴史は、実はその天皇が権力を握ることの少なかった歴史である、というのは北一輝《きたいっき》が喝破《かっぱ》していることで（『国体論及び純正社会主義』）、現在では言うまでもないことだが、平安朝の藤原摂関《せっかん》家、鎌倉幕府、室町幕府、信長、秀吉、徳川幕府と権力は移り、時には天皇を圧迫し、天皇や上皇が「反逆」し、徳川将軍などは対外的には「国王」だった。明治になってからも、政治を行ったのはむろん薩長の政治家や内閣であり、昭和に入ってからは、天皇の意向を無視して軍部が暴走したのはよく知られるとおりである。

　しかし、それだけではない。鎌倉幕府の将軍と言っても、実権を握っていたのは初代の頼朝だけで、あとはほぼ執権《しっけん》北条氏の専断、しかも末期には執権すら名目上のものとなって、北条宗家である得宗《とくそう》が実権を握るかと思いきや、その下にいる内管領《ないかんれい》の長崎氏が実権を握って得宗の北条高時《たかとき》すら圧迫するという五重構造ぶり（天皇–将軍–得宗–執権–内管領）だったし、室町幕府でも、将軍の力は応仁《おうにん》の乱以後形骸《けいがい》化して、管領の細川氏が台頭、さらにその家臣の三好氏が、ついでそのまた家臣の松永久秀《まつながひさひで》が実権を握るという下克上ぶりだった。徳川幕府でも、自ら政治を行った将軍は少なく、主として老中の合議によって政治はなされ、中にはまったく無能の将軍も何人かいた。そこで、あえて、天皇以外の「権力者」だけを取り出して並べてみようとしたのが本書のもくろみである。だから、将軍や総理大臣でも、権力がないとか、在職期間が短いとかいった人は除いた。はからずも総勢百二十六人（三好三人衆を除く）と、天皇と同じくらいの人数になった。

だが、権力者を選び出すのは恣意《しい》的のそしりを免れない。奈良朝の藤原仲麻呂《なかまろ》や、平安朝の道長、平清盛、信長、秀吉、家康といった人々を除くと、権力のあり方にも自ずと濃淡がある。藤原摂関家は、制度としては滅びることなく続いて明治に至っているし、鎌倉幕府の権力が全国的にどの程度だったのか、時期によって違うし、室町幕府末期の細川、三好氏など、単に京の都を抑えていたというだけで権力者扱いするのはいかがなものか、それなら地方に勢力を張った毛利、島津、武田、上杉などのほうが力は大きくなかったか、と思えるが、本書ではとりあえず、地方の権力者のことは措《お》くことにした。

また徳川時代の老中、大老にしても、徳川幕閣の中での有力者というに過ぎないし、近代の内閣総理大臣でも、戦前は伊藤博文《ひろぶみ》や山縣有朋《やまがたありとも》、戦後なら吉田茂、田中角栄《かくえい》、中曽根、小泉といったあたりしか、真に権力を揮《ふる》ったとは言えないだろう。権力がどのようにして出現するかというのは政治学上の重大問題で、いちばん分かりやすいのは、信長、秀吉、家康のように、戦に勝って得た権力である。たとえば、政府で出している某賞は、選考委員が三年で交代するというが、選考委員を選ぶ人は交代していない、という笑い話もある。つまり、一見権力者に見える選考委員ではなくて、それを選ぶ人たちが権力者なのだ。

ともあれ、私の興味関心は、日本における権力者は、天皇でない時のほうが多く、さらに将軍や総理大臣でさえ権力者でなくなるという、その二重、三重構造である。

日本の歴代権力者／目次

■ 系図凡例

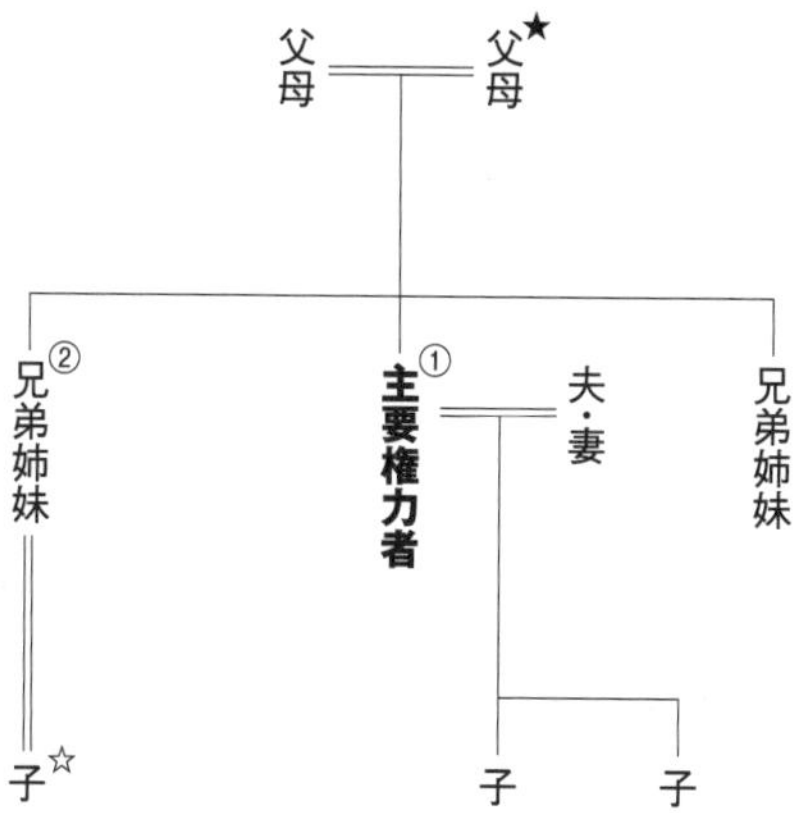

■ 主要権力者は太字
■ ヨコの二重線 ══ は婚姻関係
■ タテの二重線 ║ は養子縁組
■ 兄弟姉妹は原則として右から生まれの早い順
■ 番号は将軍等の継承順位
■ ★印は前頁の系図から、☆印は後ろ頁の系図に続く人物

第一部

古代の権力者

権力二重構造の始まり

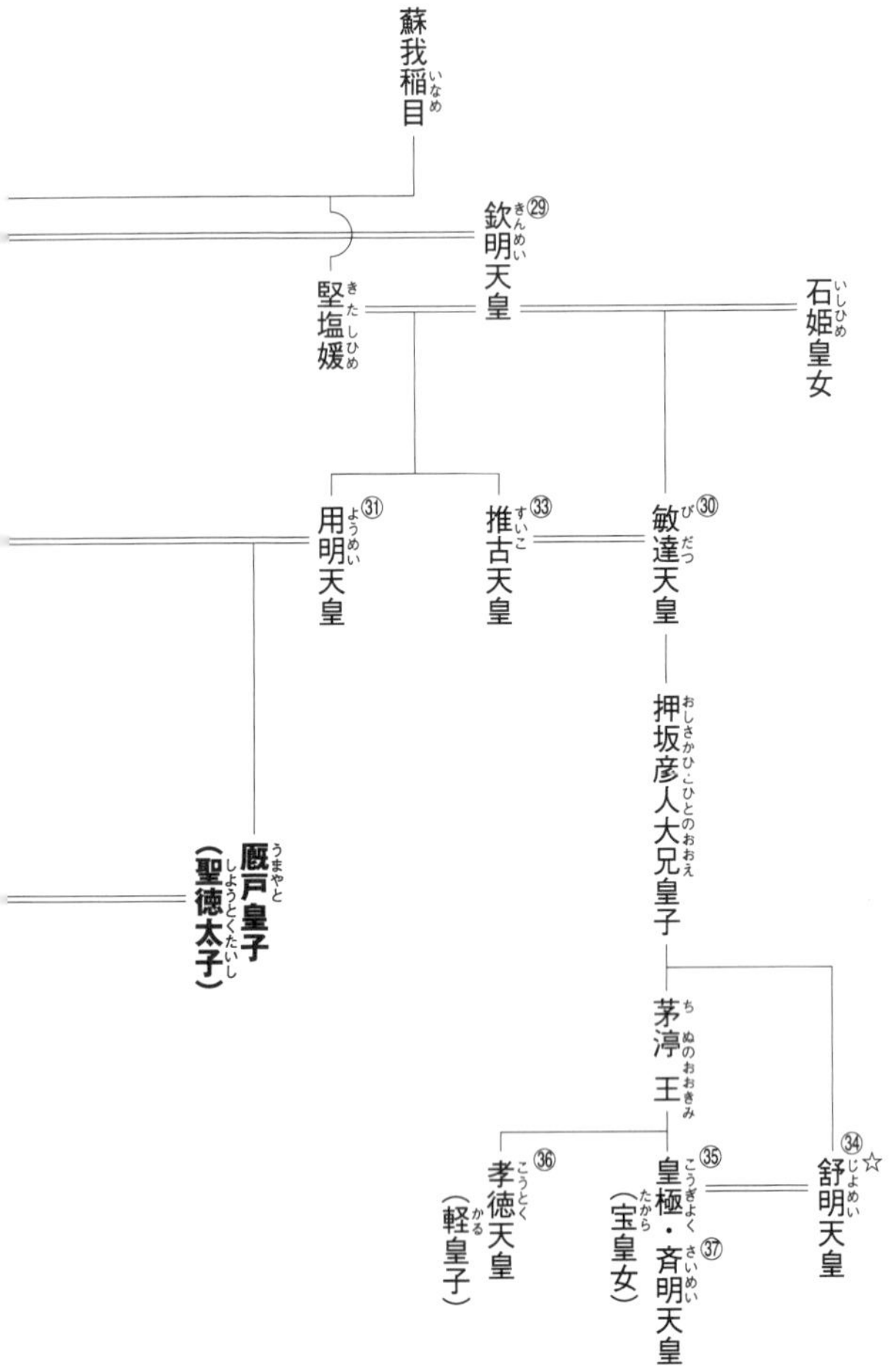
蘇我稲目《いなめ》
㉙欽明《きんめい》天皇
堅塩媛《きたしひめ》
石姫《いしひめ》皇女
㉛用明《ようめい》天皇
㉝推古《すいこ》天皇
㉚敏達《びだつ》天皇
押坂彦人大兄《おしさかひこひとのおおえ》皇子
厩戸《うまやと》皇子
（聖徳太子《しょうとくたいし》）
茅渟王《ちぬのおおきみ》
㊱孝徳《こうとく》天皇
（軽《かる》皇子）
㉟皇極《こうぎょく》・㊲斉明《さいめい》天皇
（宝《たから》皇女）
㉞☆舒明《じょめい》天皇

■ 蘇我氏系図（馬子〜入鹿）

〈権力構造〉

豪族優位型

天皇	豪族

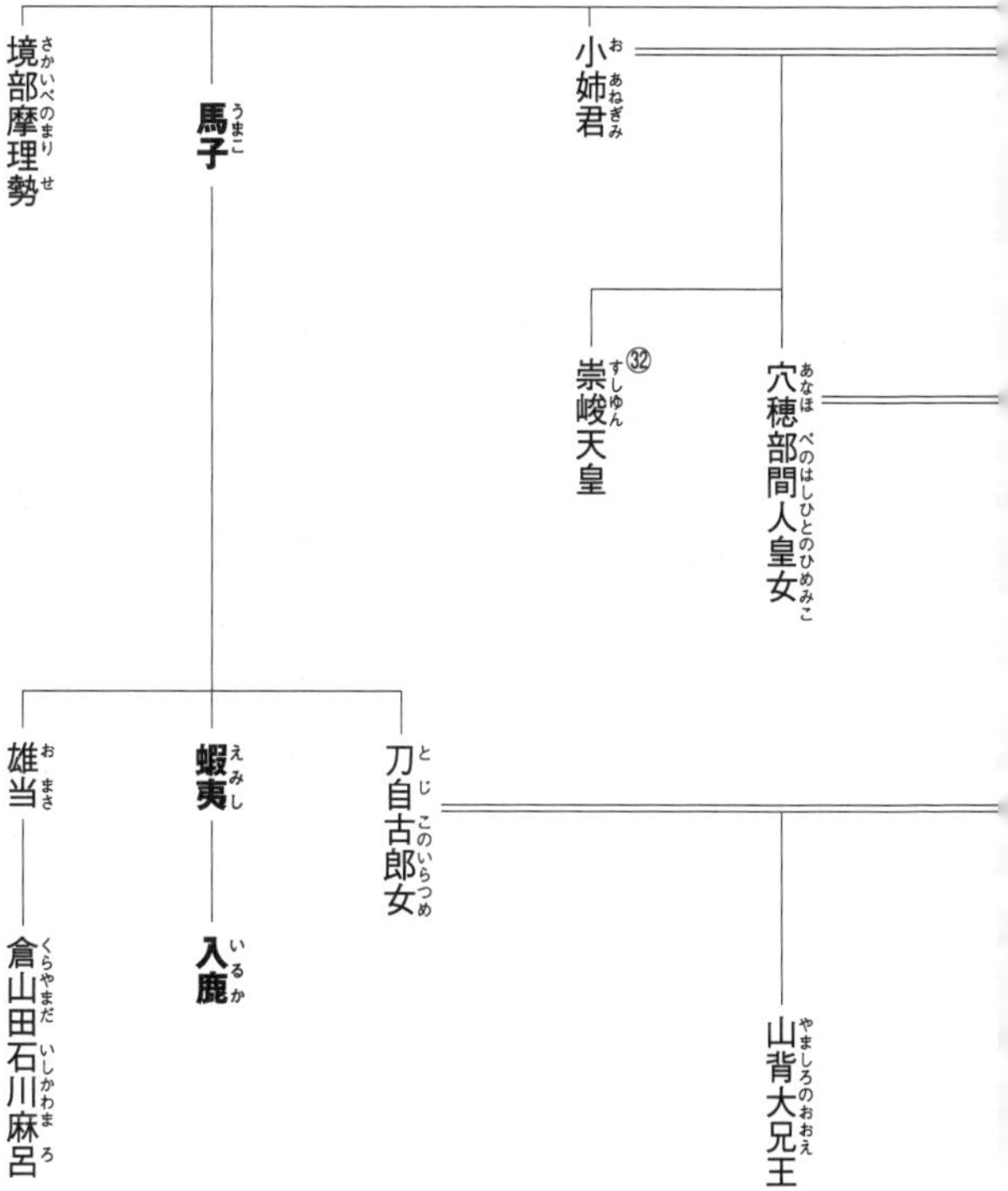

聖徳太子《しょうとくたいし》

五七四〜六二二
（敏達天皇三年〜推古天皇三十年二月二十二日）

用明天皇《ようめい》の皇子で、母は穴穂部間人皇女《あなほべのはしひとのひめみこ》。
本名は厩戸皇子《うまやとのみこ》。母が馬官の厩戸の前に至ったとき生まれたため、厩戸と名づけられ、また一度に多くの人の話を聞いたため、厩戸豊聡耳太子《とよとみみのたいし》などとも言われる。五八七年、蘇我馬子《そがのうまこ》が物部守屋《もののべのもりや》と争った時、十三歳にして蘇我氏に加担し、仏教を排斥する物部氏を滅ぼして仏教派の蘇我氏と結び、仏教興隆《こうりゅう》に尽くし、五九三年、推古天皇《すいこ》が即位すると皇太子となり摂政《せっしょう》として政務を行ったとされる。翌年、三宝《さんぼう》興隆の詔《みことのり》を発し、推古天皇三年（五九五）に高句麗《こうくり》の仏僧恵慈《えじ》が渡来すると、これに就いて仏法を学び、推古十四年（六〇六）、勝曼経《しょうまんきょう》を講義し、ほかに法華経《ほけ》、維摩経《ゆいま》も講じ、これらに義疏《ぎしょ》（注釈）を付け、三経義疏を作ったとされる。また推古十一年には冠位十二階を制定し、同十二年、十七条憲法を策定、天皇中心の政治を実行しようとしたとされる。シナとの国交においても、新羅《しらぎ》征討策を転換させ、遣隋使《けんずいし》を派遣し、その文面に「日出《ひいづ》る処《ところ》の天子《てんし》、日没《ひぼっ》する処の天子に」と書いて、従来東アジアの中心とされた中華帝国と対等であることを示そうとしたのはよく知られた話である。なおこれらの政治を行ったのは、三十代前半ということになる。その後斑鳩宮《いかるがのみや》に移り、法隆寺を建築、数え四十九歳で没している。

しかし、厩戸皇子が聖徳太子と呼ばれるのは、仏教の守護者として後代の仏僧たちが称揚したからであり、その伝は仏徒による『上宮聖徳法王帝説《じょうぐうしょうとくほうおうていせつ》』に拠《よ》るところが大きい。事跡についても、同時代の史料がほぼ存在しないため、数多くの異説が唱えられてきた。有名なところでは、梅原猛が『隠された十字架』で唱えた、法隆寺は聖徳太子の怨霊を鎮《しず》めるための寺であるという説がある。また近年では、大山誠一による、厩戸という皇子はいたが、聖徳太子のような偉大な人物は存在しなかったという説もある。また、厩のあたりで生まれたというのが、厩で生まれたキリストに似ているため、当時既にネストリウス派キリスト教が景教《けいきょう》としてシナに渡っていたことから、キリスト教の影響があったとする説もある。

歴史学的にいえば、どの説も、史料による裏づけがないのだから、取り上げようがないし、結論から言えば、「分からない」とすべきだろう。ただ大概を言えば、当時の権力者は蘇我氏であり、聖徳太子は蘇我氏の協力者で、蘇我氏の援助の下で治政を行ったと考えるのが妥当だろう。

蘇我馬子《そがのうまこ》

（五五一？〜六二六 推古天皇三十四年五月二十日没）

五七〇年に没した大臣《おおおみ》蘇我稲目《いなめ》の子。敏達《びだつ》天皇元年（五七二）四月、大臣に任ぜられる。『扶桑略記《ふそうりゃっき》』に記された生年を信じるなら、当時二十二歳である。蘇我氏と並ぶ豪族物部守屋の妹・物部鎌姫《かまひめのおおと》大刀自連公《じのむらじきみ》を娶《めと》ったとされている。

しかし当時仏教が伝来し、馬子は仏教受容派であったが、守屋と敏達天皇は仏教排斥派であり、ここに対立が生じた。敏達十四年（五八五）、守屋が仏教排斥を唱え、馬子は用明《ようめい》天皇二年（五八七）、のちの推古《すいこ》女帝との連携の下に守屋を滅ぼし（丁未《ていび》の役《えき》）、ほぼ政治の実権を握る。崇峻《すしゅん》天皇を擁立するが、天皇が自らに従わなかったため、五九二年、側近である東《やまとのあやのあたいのこま》漢直駒に命じて天皇を殺害させる。そして初めての女帝となる推古天皇を即位させ、厩戸皇子を摂政とし政務をとる。娘の刀自古郎女《とじこのいらつめ》は厩戸の妻。嶋大臣《しまのおおおみ》と称したとされる。厩戸の死後も馬子は政務に携わるが、推古三十二年（六二四）、葛城県《かずらきのあがた》はもと蘇我氏の本居《ほんきょ》であるとして封地《ふうち》として与えられるよう女帝に要請して拒絶されている。

六世紀終わりから大化改新まで、蘇我氏の勢力は強く、『日本書紀』は蘇我氏を倒した天皇家によって書かれたものであるため、実際は蘇我氏が国王に近い立場にあったのではないかとする説は有力である。いち早くこうした説を唱えたのは、推理作家の黒岩重吾で、蘇我入鹿《いるか》を主人公として『落日の王子』を一九八二年に上梓《じょうし》している。

蘇我氏は武内宿禰《たけのうちすくね》の子孫とされているが、稲目より前の歴代については存在も確実ではなく、百済《くだら》系の渡来人とする説がある。しかし異論も多く、結局史料がないまま、多くの推論がなされているのが現状である。これに限らず、古代史については、異端的学者、在野の研究者、作家などによってさまざまに説が立てられているが、邪馬台国《やまたいこく》論争と同じく、史料が極めて限られている中での議論であり、多くは推測でしかない。ハード・アカデミズムでは、分からない、という立場をとる。

蘇我蝦夷《そがのえみし》（毛人）

五七〇／五八〇頃？〜六四五
（皇極天皇四年六月十三日没）

馬子の子。母は物部鎌姫大刀自連公。長男と推定される。推古天皇十八年（六一〇）十月に新羅《しらぎ》・任那《みまな》の使いが来朝した際、大夫《まえつきみ》の一人として庭中にあった。六二六年、父馬子の死去に伴い、大臣の地位に就いたか。推古三十六年（六二八）天皇崩御に当たり、聖徳太子の息子の山背大兄王《やましろのおおえのおう》を次の天皇に推《お》す叔父・境部摩理勢《さかいべのまりせ》と対立し、摩理勢を攻め、摩理勢は臣下に己れを絞殺させた。蝦夷は、推古が遺詔《いしょう》して次の天皇に推した田村皇子《たむらのみこ》を即位させた（舒明《じょめい》天皇）。舒明天皇の夫人には、姉妹の蘇我法提郎媛《ほほてのいらつめ》、娘の蘇我手杯《たつき》娘があった。舒明天皇が十三年の治世の後没し、その皇后である宝皇女《たからのひめみこ》が即位（皇極《こうぎょく》天皇）すると、祖先の廟を葛城の高宮《たかみや》に建てて八佾《やつら》の舞を行い、息子の入鹿とともに双墓《ならびばか》を作り、大《おお》陵《みささぎ》、小陵《こみささぎ》と称した。これは蘇我氏が大王《おおきみ》にとって代わろうとしたものとされている。皇極天皇二年（六四三）、病のため大臣の地位を息子の入鹿に譲るが、六四五年、大化改新で入鹿が殺されると、邸に火を放って死んだ。豊浦大臣《とゆらのおおおみ》と称した。

山岸涼子の『日出処《ひいずるところ》の天子』では、厩戸皇子の親友として登場する。

蘇我入鹿《そがのいるか》

六一〇頃？～六四五
（皇極天皇四年六月十二日没）

蝦夷《えみし》の子。初期藤原氏の伝である『家伝《かでん》』によると、若い頃僧旻《そうみん》の学堂に学び、抜群の秀才だったとされる。皇極天皇二年（六四三）十月、病のため朝参できない父から密かに紫冠を授けられ、大臣に擬せられる。古人大兄皇子《ふるひとのおおえのみこ》の即位を計り、十一月、聖徳太子の子で天皇の有力候補であった山背大兄王を攻め滅ぼす。父蝦夷はこの行動に怒りを示したという。翌三年十一月甘檮岡《あまかしのおか》に家を建て、谷《はさま》の宮門《みかど》と呼んで武備を固めた。しかし翌四年六月、中臣鎌足《なかとみのかまたり》、中大兄皇子《なかのおおえのみこ》（天智《てんじ》天皇）らによって飛鳥板蓋宮大極殿《あすかいたぶきのみやだいごくでん》で殺害され、蘇我氏の支配は終わった。これらはみな、天武天皇の下で作られた『日本書紀』の記述によるものなので、信頼がおけるとは言えないが、さまざまに提出される説も、おのおの根拠が乏しく、従来の説の紹介などは、水谷千秋の著書に詳しい。

しかし、大化改新で蘇我一族が滅びたわけではなく、馬子の孫である蘇我倉山田石川麻《そがのくらやまだのいしかわま》呂《ろ》は中大兄皇子方としてクーデターに参加しており、以後は蘇我倉山田家が豪族の一つとして存続することになる。

なお近年、遠山美都男《みつお》、中村修也《しゅうや》などの歴史学者が、こうした古代の歴史について大胆な推測を行い、遠山には多くの著書があるが、歴史学界の認めるところとはなっていない。古代史についてはほかにも作家などによって多くの推測がなされているが、最終的には、史料不足で「分からない」とするのが正しいだろう。

コラム その① 官位からみる力関係

律令制度は、名目上は、明治二十二年（一八八九）に大日本帝国憲法が発布されるまで続いた。公《く》卿《ぎょう》と呼ばれ、台閣《たいかく》、廟堂《びょうどう》といった政権中枢を構成するのは、太政大臣、左大臣、右大臣、内大臣、大納《だいな》言《ごん》、中納言、参議である。

ただし内大臣と中納言は、令《りょう》に規定のない令外《りょうげ》の官であり、ほかに権《ごん》大納言、権中納言がある。また従三位《じゅさんみ》になると、参議でなくとも公卿となるが、これを「非参議」という。

ところで、大納言、中納言、少納言とあるが、少納言は従五位下《じゅごいげ》相当の官で、公卿ではないし、太政官の官としては、中納言の下が左右の大弁《だいべん》、中弁、少弁があるさらにその下の官職であり、平安朝末期に少納言ながら政治の実権を握った信西《しんぜい》入道藤原通《みち》憲《のり》があるくらいで、地位の低い官である。

また、警護を司る官として、近衛府《このえふ》、衛門府《えもん》、兵《ひょう》衛《え》府があり、左衛門督《さえもんのかみ》、右兵衛督《うひょうえのかみ》などという。近衛府は天皇を警護する官であるため、長官を大将、次官を中将《ちゅうじょう》として、左近衛大将《さこのえたいしょう》は左大将《さだいしょう》・左近大将《さこんのだいしょう》、左近衛中将《さこのえちゅうじょう》は左中将《さちゅうじょう》・左近中将《さこんのちゅうじょう》などと省略して呼ばれ、十世紀以後は、衛門府、兵衛府とは別格の、公卿の地位を表す名誉職的な官位となり、道長時代前後には、藤原権門のみが大将に任じられた。

源頼朝《よりとも》なども、征夷大将軍となる以前に右大将に補《ほ》せられており、むしろこれが朝廷内で高い地位を与えられたことを意味しており、木曾《きそ》義仲《よしなか》も征夷大将軍にはなっているが（征東大将軍とする説もある）、官位は伊予守《いよのかみ》に過ぎず、この点で頼朝とは地位が歴然と異なる。
平氏一門でも、重盛が左大将、宗盛《むねもり》が右大将になっており、知盛《とももり》は中納言、重衡は三位中将である。頼朝は、将軍というより「右大将頼朝」と呼ばれることが多いし、『源氏物語』宇《う》治十帖《じじゅうじょう》の主人公ともいうべき薫大将《かおるだいしょう》は中納言だが、むしろ近衛大将の名をつけて呼ばれていることも思い合わせられたい。人物の地位を見るには、太政官での地位のほか、近衛府での官位にも注目する必要がある。

なお足利将軍、徳川将軍は大臣に任ぜられることが多かったが、ほかには織田信長が左大臣、豊臣秀吉、秀次はむろん関白、また明治維新後には島津久光が左大臣になっている。

＊参考文献
笹山晴生『日本古代衛府制度の研究』東京大学出版会、一九八五

コラム その②
律令制度と「春宮大夫」

日本の制度は、奈良時代に律令制度が定められて以来、明治十八年（一八八五）に内閣制度が発足し、二十二年に大日本帝国憲法が発布されるまで、基本的に律令に則《のっと》っていた。

ただし、律は刑法で、これは平安朝初期には形骸化していたが、官位の定めである令は残り、征夷大将軍といえども「令外の官」として令制度のひとつであった。

明治維新後も、太政大臣に三条実美《さねとみ》、右大臣に岩倉具視《ともみ》、左大臣に一年間だけ島津久光が就いたが、実質的な政治は、参議、あるいは令外の官である内務卿などが行った。ほかには、内閣制度成立直前に有栖川宮熾仁親王《ありすがわのみやたるひと》が左大臣になっただけで、岩倉のほかは、三条があまり実力のない太政大臣を務めただけである。

ところが、内閣制度発足とともに、これも令外の官だが「内大臣」が復活している。これは内閣における総理大臣などの国務大臣とは別に、天皇側近としての官職で、太政大臣を辞めた三条実美が初代内大臣で、令制度からいえば降格したように見える。

続いて徳大寺実則《さねつね》、桂太郎、伏見宮貞愛《ふしみのみやさだなる》、大山巌《いわお》、松方正義《まさよし》、平田東助《とうすけ》、浜尾新《あらた》、牧野伸顕、斎藤実《まこと》、一木喜徳郎《いちききとくろう》、湯浅倉平《くらへい》と続き、木戸幸一が最後の内大臣となり、敗戦によって廃止された。首相経験者や天皇側近が務めた。

なお「元老」という職もあるが、伊藤、黒田、山縣、桂など首相経験者や、大山、井上馨などが務め、天皇を補佐して、総理大臣を決め「大命を降下」させたが、西園寺《さいおんじ》公望《きんもち》を最後に、枢密院議長と首相経験者からなる重臣会議がこれに代わった。

「省」は近代になっても存続し、大蔵省、宮内省の名は、古代以来続いたもので、宮内省は戦後宮内庁になったため消え、大蔵省は、二〇〇一年の省庁廃合でその千二百年にわたる歴史を閉じた。

もし宮内庁が省に昇格すれば令制の名称が復活するわけだが、その宮内庁内に、令制以来の職名が一つだけ残っている。それが「春宮大夫《とうぐうだいぶ》」である。

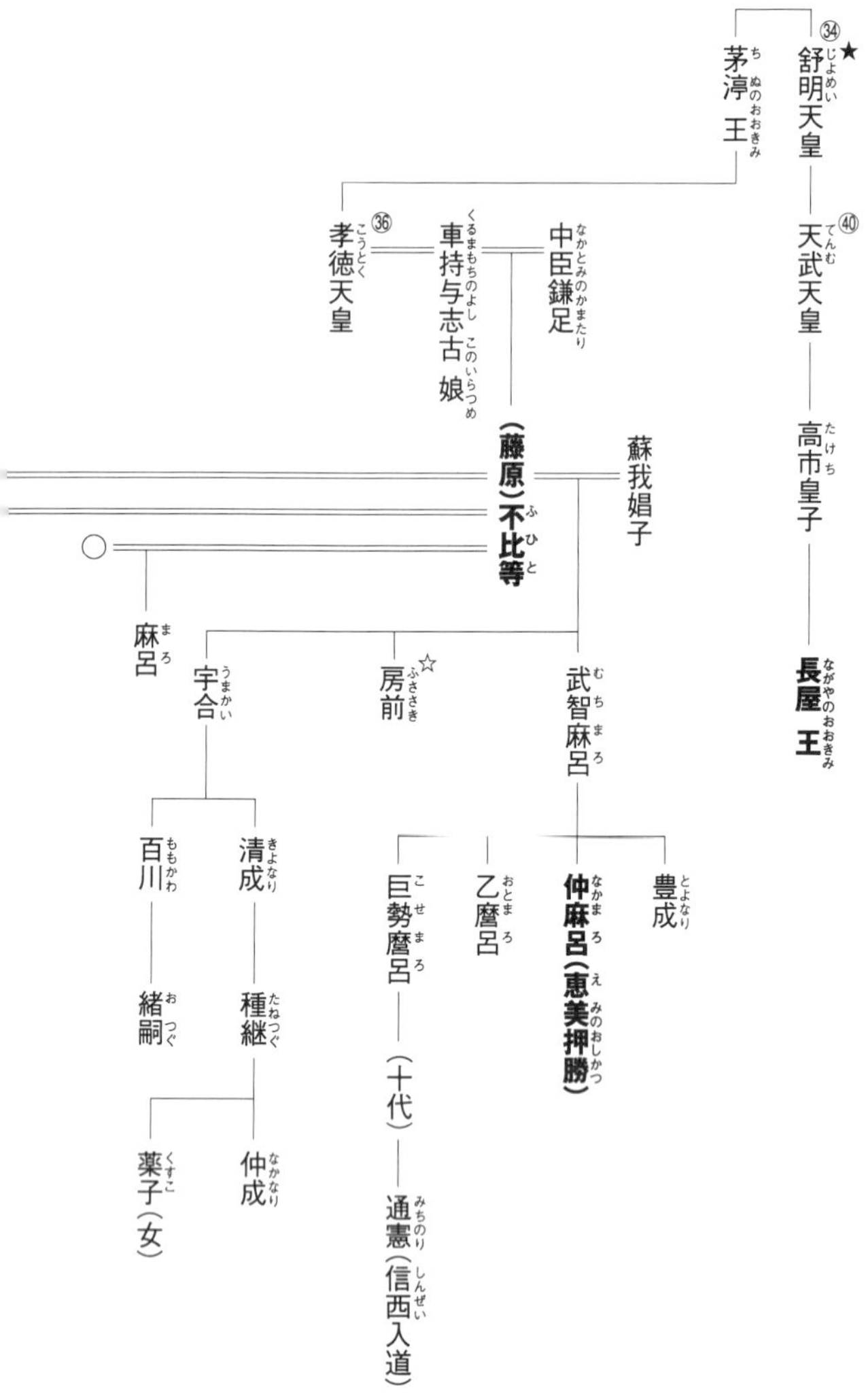
㉞ ★ 舒明天皇《じょめい》
茅渟王《ちぬのおおきみ》
㊵ 天武天皇《てんむ》
高市皇子《たけち》
長屋王《ながやのおおきみ》
中臣鎌足《なかとみのかまたり》
車持与志古娘《くるまもちのよしこのいらつめ》
㊱ 孝徳天皇《こうとく》
蘇我娼子
（藤原）不比等《ふひと》
○
武智麻呂《むちまろ》
☆ 房前《ふささき》
宇合《うまかい》
麻呂《まろ》
豊成《とよなり》
仲麻呂《なかまろ》（恵美押勝《えみのおしかつ》）
乙麿呂《おとまろ》
巨勢麿呂《こせまろ》
（十代）
通憲《みちのり》（信西入道《しんぜい》）
清成《きよなり》
種継《たねつぐ》
仲成《なかなり》
百川《ももかわ》
緒嗣《おつぐ》
薬子《くすこ》（女）

■ 藤原氏系図（不比等〜仲麻呂）

〈権力構造〉

臣下臣籍拮抗型

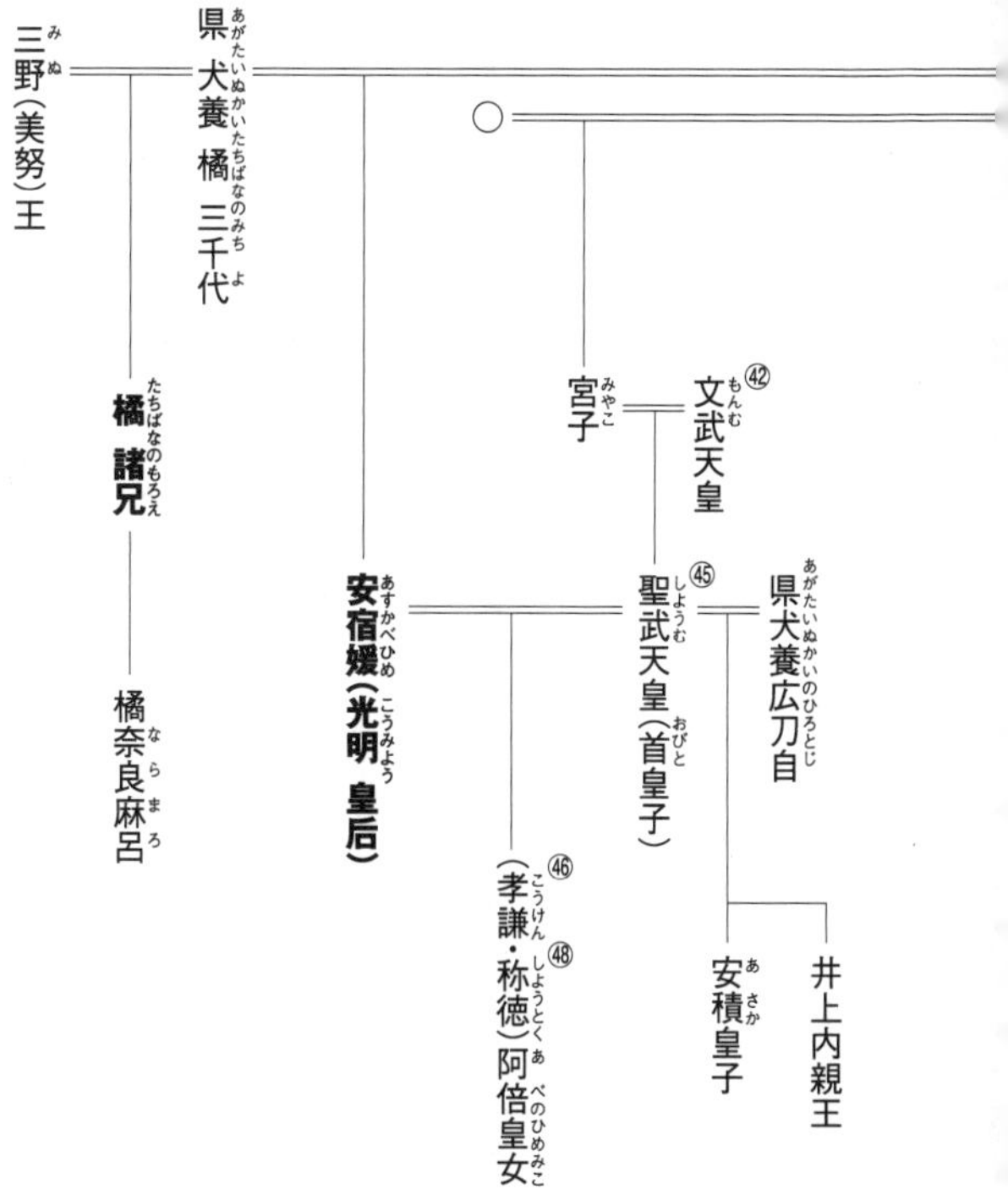

藤原不比等《ふじわらのふひと》

六五八／六五九〜七二〇
（斉明天皇四年／五年〜養老四年八月三日）

藤原鎌足の次男。母は車持与志古娘《くるまもちのよしこのいらつめ》。元の名は中臣史《なかとみのふひと》。兄の真人《まひと》は、孝徳天皇の寵妃だった与志古が鎌足に与えられて生まれたので、天皇の落胤《らくいん》とする説があり、のち出家している。次男不比等は幼少時から田辺史《たなべのふひと》家で教育を受けた。

天智《てんじ》天皇八年（六六九）、父鎌足が死去し、大織冠《たいしょくかん》、内臣《うちつおみ》、藤原の姓を天皇から与えられたが、その時不比等も藤原氏になったわけではない。壬申《じんしん》の乱を経て成立した天武《てんむ》政権に仕え、六八四年に朝臣《あそん》の姓を許されて中臣朝臣史となり、その翌年直広肆《じきこうし》（従五位下に相当）の位と藤原の氏を許されている。長男武智麻呂《むちまろ》、次男房前《ふささき》は既に生まれていた。持《じ》統《とう》天皇三年（六八九）判事の職に任命される。同十年（六九六）資人《しじん》五十人を賜《たまわ》り、翌年、天皇が軽皇子《かるのみこ》（文武《もんむ》天皇）に譲位すると、娘の宮子《みやこ》を入内《じゅだい》させた。その翌年、不比等一家以外は中臣姓に復せられた。また忍壁親王《おさかべしんのう》らと共に律令を編纂し、大宝《たいほう》元年（七〇一）、大宝律令の施行に伴い正三位《しょうさんみ》大納言に叙せられる。このころ県犬養橘三千代《あがたいぬかいたちばなのみちよ》を妻とし、三女の安宿媛《あすかべひめ》を儲けた。

宮子は首皇子《おびとのみこ》（のちの聖武《しょうむ》天皇）を産み、不比等は慶雲《けいうん》元年（七〇四）従二位となる。また武智麻呂、房前も順調に出世し、文武天皇が崩御し女帝の元明《げんめい》天皇が即位するが、和《わ》銅《どう》元年（七〇八）には正二位右大臣、妻三千代は橘宿禰《すくね》の姓を賜った。同三年（七一〇）、平城《へいじょう》京への遷都を執行し、京のうち春日に氏寺興福寺《うじでらこうふくじ》を建立した。霊亀《れいき》二年（七一六）には安宿媛が春宮に入内、のちの聖武天皇妃となる。養老《ようろう》二年（七一八）、「養老律令」を編纂し、安宿は阿倍内親王《あべのないしんのう》（のちの孝謙女帝）を出産する。安宿は不比等死後、聖武天皇が即位すると光明《こうみょう》皇后と称せられ、臣下の娘として初めて皇后となった。不比等は死後、正一位太政大臣を追贈されたが、これも臣下として初めてのことで、天平宝字《てんぴょうほうじ》四年（七六〇）、淡海公《たんかいこう》と諡《おくりな》された。

　不比等は、その後現代にまで至る藤原氏の、最高の地位を占める貴族の家を確立した人物として、淡海公の名で謡曲「海人《あま》」などにも現れるが、律令国家創建の中心人物としての役割を想定したのは、古くは亀井勝一郎で、本格的に行ったのは上山春平《うえやましゅんぺい》であり、上山は『日本書紀』の作者を不比等に擬している。しかし、不比等が実際の律令体制の構築者だという点については、史料の裏づけがない。その際上山は、不比等については不思議とまともな伝記がないと書いていたが、その後、上田正昭、高島正人といった日本史学者が執筆した。上山説に追随したのは梅原猛で、不比等を稗田阿礼《ひえだのあれ》に比するエッセイを書いたが、上山の説は日本史学者からは相手にされていないと言っていい。

また、四人の息子は藤原南家、北家、式家、京家の祖となったが、七三七年、疱瘡《とうそう》が流行して四人が相次いで死んでおり、藤原氏の栄華の道はいったんは絶たれかけている。不比等の生涯は、これも黒岩重吾が独自の解釈を施して『天風の彩王』として小説に仕立てている。

長屋王《ながやのおおきみ》

六八四～七二九
（天武天皇十三年～神亀六年二月十二日）

高市《たけち》皇子の子で、天武天皇の皇孫。母は天智天皇の皇女の御名部皇女《みなべのひめみこ》。慶雲《けいうん》元年（七〇四）正四位上、和銅《わどう》二年（七〇九）従三位宮内卿《くないきょう》、翌年式部《しきぶ》卿、霊亀《れいき》二年（七一六）正三位、養老《ようろう》二年（七一八）大納言。藤原不比等が死去した翌年の養老五年、従二位右大臣、廟堂《びょうどう》の首班となって政権を掌握し、翌年、良田《りょうでん》百万町の開墾を計画、同七年、三世《さんぜ》一身《いっしん》の法を発して、一代限りの公地公民制の解体の第一歩を進めた。神亀《じんき》元年（七二四）、聖武天皇が即位し、正二位左大臣となる。正妃は草壁《くさかべ》皇子と元明《げんめい》天皇の皇女の吉備内親王《きびないしんのう》、藤原不比等の娘・藤原長娥子《ながこ》を夫人とし、平城京《へいじょう》に広大な邸宅を持ち、詩宴を開いた様子が、『懐風藻《かいふうそう》』に採録された漢詩によって分かる。

しかし天平《てんぴょう》元年（七二九）、左道《さどう》を学び国家転覆を計画しているとの誣告《ぶこく》があり、糾問《きゅうもん》使《し》を派遣されて自刃した。長屋王の変と呼ばれる。長屋王を陥れたのは、藤原不比等の四人の息子たちだとするのが定説で、長男・武智麻呂が先導し、糾問に際して六衛府《ろくえふ》の役人を率いて長屋王邸へ向かったのは、三男・宇合《うまかい》であった。のち藤原四兄弟が相次いで死んだ時、長屋王の祟《たた》りではないかとされ、のち冤罪であったことが明らかになったと『続日《しょくに》本紀《ほんぎ》』にある。

岸俊男以来の通説では、藤原四兄弟は聖武《しょうむ》天皇の夫人・藤原光明子《こうみょうし》が産んだ皇子を皇太子にしたが、これが一年で死に、別の夫人に皇子が産まれたため、光明子を皇后にすることを計り、しかし皇女以外の夫人が皇后になった例がなく、長屋王が反対することを見越して陥れ、その後光明子を皇后にしたのだという。

橘《たちばなの》 諸兄《もろえ》

六八四〜七五七
（天武天皇十三年〜天平勝宝九年一月六日）

世に「源平藤橘《げんぺいとうきつ》」といい、代表的な氏（姓）とされる。足利氏や徳川氏は源氏を名乗り、織田信長は平氏を名乗った。しかしこれらはいずれも、蘇我氏のような古代以来の氏ではない。藤原は中臣鎌足が賜《たまわ》ったものだし、源氏平氏橘氏は皇族が臣籍降下《しんせきこうか》して始まった。橘氏の祖が諸兄である。

諸兄はもと葛城《かずらき》王といい、敏達《びだつ》天皇四世の孫、三野《みぬ》（美努）王と、県犬養三千代との長男である。三千代はのちに藤原不比等に嫁したため、光明皇后は諸兄の異父妹に当たる。和銅三年（七一〇）従五位下、以後累進し、天平三年（七三一）正四位下参議、翌年従三位、当時四十七歳だから、さして早い出世ではない。天平八年、かつて母が賜った橘の氏を継ぐことを申請し、臣籍に下って橘諸兄と名乗る。この間、長屋王が藤原四兄弟に自刃せしめられているが、天平九年、四兄弟が揃って病死し、右大臣が欠けたため、九月大納言となり、翌年正月右大臣に昇進して廟堂の首座となり、玄昉《げんぼう》、吉備真備《きびのまきび》ら側近の助力を得て以後の政務を担当する。

天平十二年（七四〇）には藤原広嗣《ひろつぐ》の乱に対応、続いて聖武天皇があちこち移動して、恭仁《くに》、紫香楽《しがらき》、難波《なにわ》への遷都問題が起こる。天平十五年（七四三）左大臣、七四九年、天《てん》平感宝《ぴょうかんぽう》元年と改元されると同時に正一位に叙せられる。しかし孝謙《こうけん》天皇の寵愛を受けた藤原仲麻呂《なかまろ》が同年大納言に昇進、次第に圧迫され、天平勝宝《しょうほう》七年（七五五）聖武《しょうむ》上皇が重態となった時、酒の席で非礼の発言があったと密訴され（『続日本紀』）、翌年致仕《ちじ》、政権を仲麻呂に明け渡した。ほぼ十八年にわたり政権を担当し、致仕の翌年一月死去、享年七十四。息子の橘奈良麻呂《ならまろ》は、その七月に仲麻呂に対するクーデターを図るが、未然に発覚し殺された。

奈良麻呂の乱の原因は、藤原仲麻呂・光明皇后一派と橘氏の政争にあるが、諸兄がこれにどの程度加担していたかは不明である。

光明皇后《こうみょうこうごう》

七〇一〜七六〇
（大宝元年〜天平宝字四年六月七日）

藤原不比等の三女、母は県犬養三千代、名は安宿媛《あすかべのひめ》。光明皇后は俗称で、正式な尊号は天平《てんぴょう》應眞仁正皇太后《おうしんにんしょうこうたいごう》、また「藤三娘《とうさんじょう》」と署名したが、これは藤原氏の三女の唐風の書き方である。霊亀《れいき》二年（七一六）皇太子首《おびと》皇子（聖武天皇）の妃となり、養老二年（七一八）阿倍皇女《あべのひめみこ》（孝謙天皇）を産む。神亀元年（七二四）皇太子が即位すると夫人《ぶにん》となり、天平元年（七二九）従来の制を破って臣下の女として初めて皇后となる。長屋王失脚後の藤原四兄弟の後ろ盾となり、四兄弟の死後は異父兄である橘諸兄の政権を支えた。天平十年（七三八）前後に名を光明子《こうみょうし》と改めたが、これは仲麻呂の唐風趣味のためである。天平勝宝元年（七四九）、聖武天皇は皇女阿倍に譲位、光明子皇太后となり、皇后宮職《こうごうぐうしき》は紫微中台《しびちゅうだい》と改められ、天下の権を握る。これは唐の則天武后《そくてんぶこう》の例に倣《なら》ったものである。また孝謙女帝を譲位させ、大炊王《おおいのおおきみ》を即位せしめた（淳仁《じゅんにん》天皇）。元号を四字にするのも、則天武后に倣ったもので、前後に例がない。

東大寺や国分寺の創建を勧め、施薬《せやく》院や悲田《ひでん》院を作り貧者病者を救い、ハンセン氏病患者の膿《うみ》を自ら啜《すす》ったと伝えられているが、これは平安時代末期頃までにできた伝説である。写経事業も推し進め、仏教の興隆に力を尽くしたとされるが、後の仏僧によって美化されたと考えられる。また書家としても知られる。

法制史家・滝川政次郎は、光明皇后は美化されているが、その実像は藤原氏の娘ながら事実上の天皇となった簒奪《さんだつ》者であるとしており、岸俊男などの学者も認めている。

藤原仲麻呂《なかまろ》（恵美押勝《えみのおしかつ》）

七〇六〜七六四
（慶雲三年〜天平宝字八年九月十八日）

藤原武智麻呂の子。若くして頭角を現し、天平六年（七三四）従五位下、同十五年参議となる。天平勝宝元年（七四九）大納言となり、叔母である光明皇后が、娘の孝謙女帝の即位に応じて皇太后となり、皇后宮職を改め政治機関とした紫微中台の長官（紫微令《れい》）を兼ね、当時の政権担当者であった橘諸兄らと対立しつつ次第に権力を強めた。天平宝字《ほうじ》元年（七五七）、諸兄らの推戴《すいたい》する新田部《にいたべ》親王の子（天武の皇孫）道祖王《ふなどのおおきみ》に代えて、親族関係にある大炊王《おおいのおおきみ》（舎人《とねり》親王の子、天武皇孫、淳仁天皇）を春宮《とうぐう》に据え、軍事総監である紫微内相となり、政権を確立、聖武上皇の死去と諸兄の失脚に引き続いて橘奈良麻呂の乱を抑え、自身の兄で奈良麻呂と近かった豊成《とよなり》を左遷した。七五八年、大炊王が即位すると太保《たいほ》（右大臣）に任ぜられ、朝廷の官名を唐風に改め、藤原恵美押勝の名を与えられる。これは「汎恵の美《ひろくめぐむ》」「暴を禁じ強に勝ち、戈《ほこ》を止め乱を静む」の意味だという。

天平宝字四年（七六〇）には太師《たいし》（太政大臣）となり、翌年正一位となる。しかし光明皇太后が死去し、同六年（七六二）には孝謙上皇が親裁を行うと宣言して淳仁天皇の権力を半ば奪取し、道鏡を寵愛したため地位が危うくなり、同八年（七六四）上皇に対して叛《はん》乱《らん》を企てるが、露見したため近江《おうみ》へ逃れて建て直しを図る。しかし追討軍に先を越され、近江での戦いののち斬られた。淳仁天皇は淡路《あわじ》へ流罪となり、淡路廃帝と呼ばれ、その直後孝謙上皇は重祚《ちょうそ》し称徳《しょうとく》女帝となった。

なお、高野《たかの》天皇と呼ばれた孝謙称徳女帝は、道鏡の前には仲麻呂と愛人関係にあったとする説があり、これは平安末期の『水鏡《みずかがみ》』に仄《ほの》めかされ、南北朝期の『神皇正統記《じんのうしょうとうき》』にはっきり書かれているが、伝説であり、一切無視する歴史学者も多い。

コラム　その③

天皇親政～道鏡失脚から冬嗣の登場まで

光仁《こうにん》天皇の即位から、藤原基経が関白となるまでは、基本的に天皇親政の時代が続いた。特に、長岡京、平安京と遷都し、それから一千年続く平安京の基を作った桓武《かんむ》天皇の親政はよく知られている。

その間には、平城《へいぜい》天皇の譲位後、平城京へ戻った上皇が、愛人である藤原薬子《くすこ》とその兄仲成《なかなり》（式家《しきけ》）の策謀によって嵯峨《さが》天皇に対して起こした薬子の乱がある。

この事件で式家は衰微したが、藤原南家《なんけ》と北家《ほっけ》は、常に廟堂に数人あった。押勝の乱後、道鏡太政大臣の時も、北家永手《ながて》が左大臣、宝亀《ほうき》二年（七七一）の永手死去後は、式家良継《よしつぐ》が内大臣、同十年からは北家魚名《うおな》が内大臣（この間右大臣は大中臣清麻呂《おおなかとみのきよまろ》）、天応元年（七八一）には魚名が左大臣、同二年には式家の田麻呂《たまろ》が右大臣、魚名、田麻呂の死去後、延暦《えんりゃく》二年（七八三）には南家の是公《これきみ》が右大臣、同八年是公が死去すると、翌年南家の継縄《つぐただ》が右大臣。

延暦十五年に継縄が死ぬと神王《みわおう》が長く右大臣を務め、藤原氏が大臣位にいなくなるが、桓武天皇に続いて神王が死去すると、大同《だいどう》二年（八〇七）北家の内麻呂《うちまろ》が右大臣となり、薬子の乱の後、内麻呂が死ぬと北家の園人《そのひと》が右大臣、そして園人死去後、冬嗣《ふゆつぐ》が登場する。

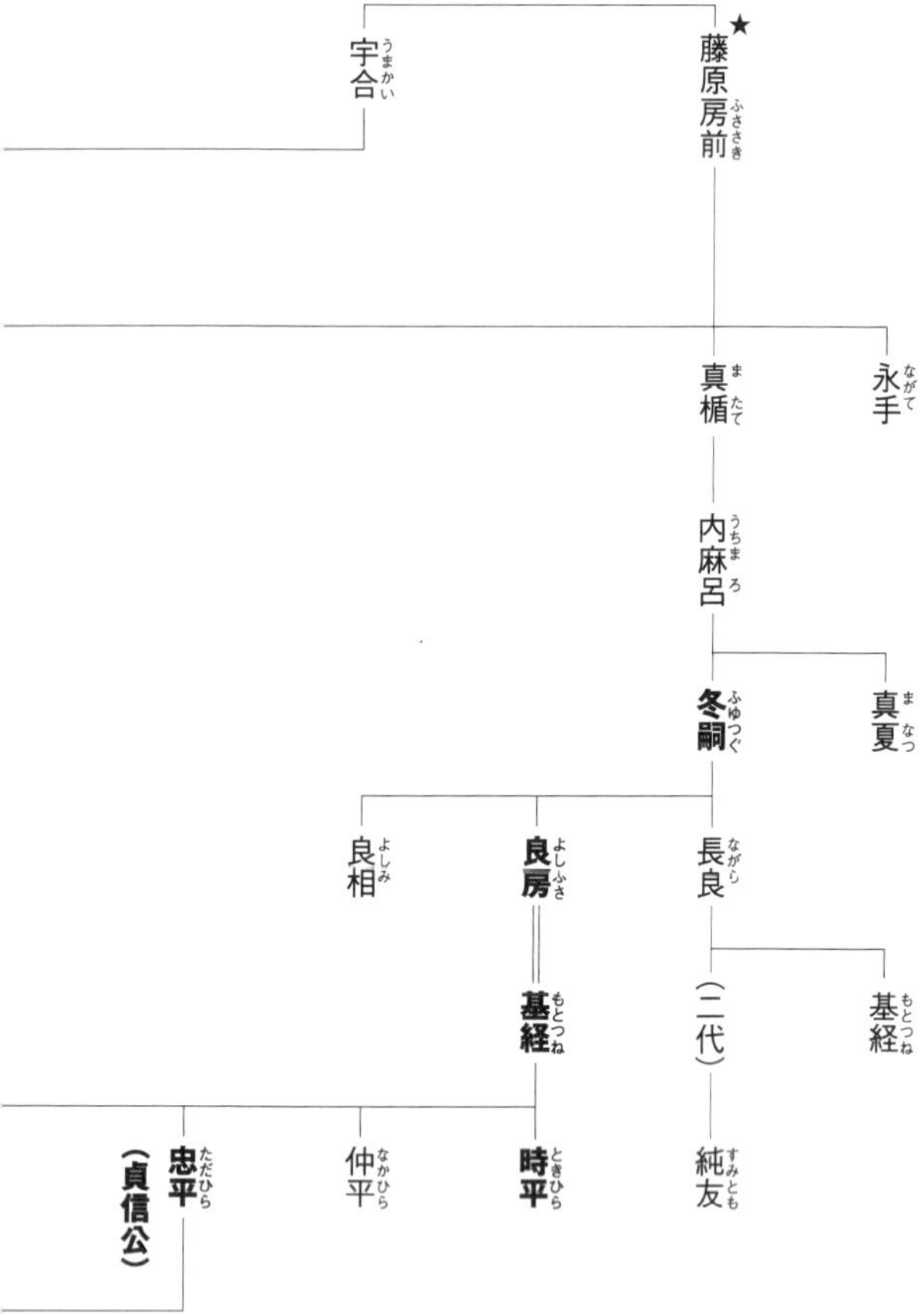
★藤原房前《ふささき》
宇合《うまかい》
永手《ながて》
真楯《またて》
内麻呂《うちまろ》
真夏《まなつ》
冬嗣《ふゆつぐ》
長良《ながら》
良房《よしふさ》
良相《よしみ》
基経《もとつね》
（二代）
基経《もとつね》
純友《すみとも》
時平《ときひら》
仲平《なかひら》
忠平《ただひら》
（貞信公）

■ 藤原氏系図（緒嗣～実頼）

〈権力構造〉

外戚猛威型

天皇
外戚

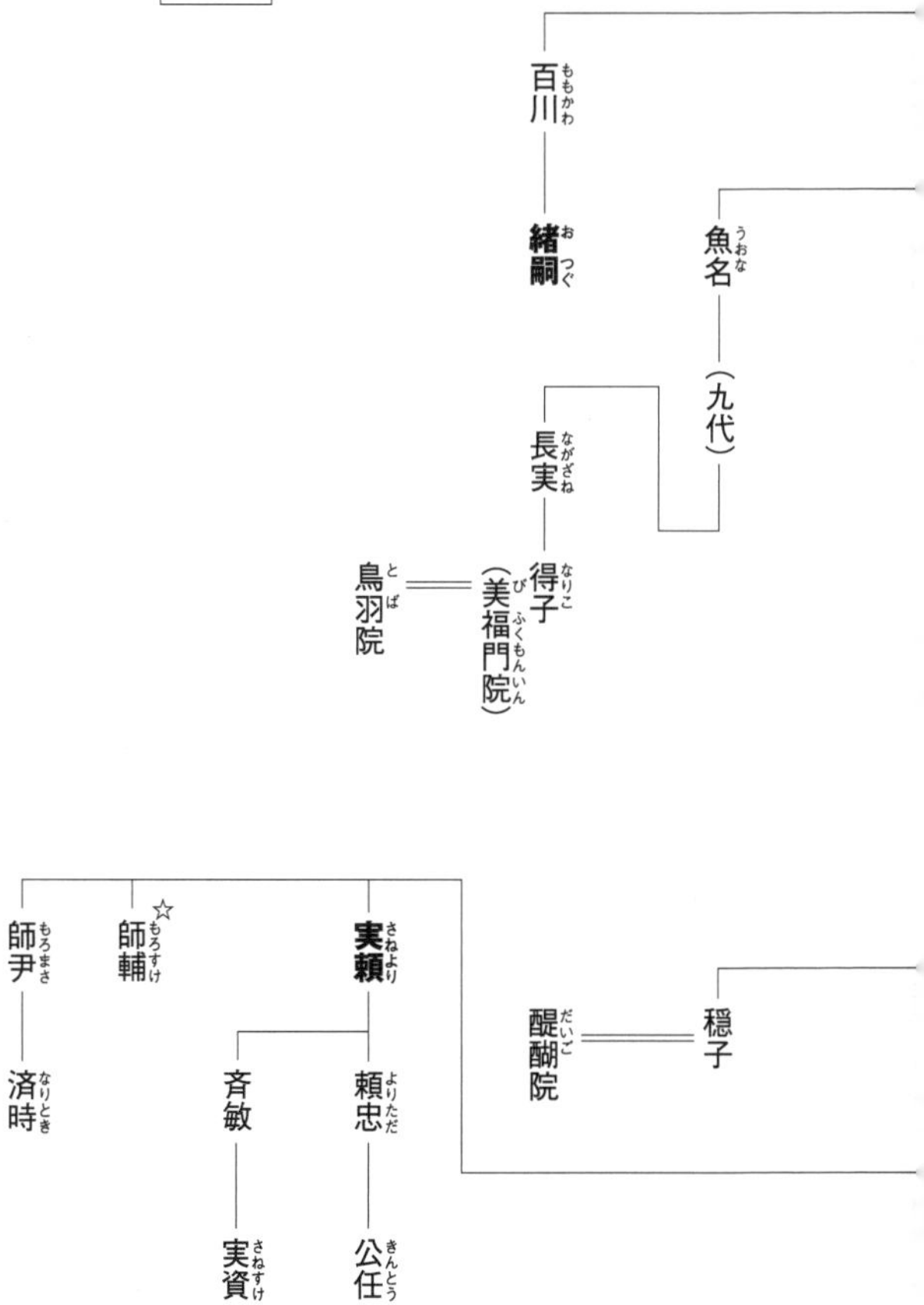

藤原緒嗣《ふじわらのおつぐ》

七七四〜八四三
（宝亀五年〜承和十年七月二十三日）

式家・藤原百川《ももかわ》の長男。延暦七年（七八八）殿上《てんじょう》において加冠、内舎人《うどねり》に任ぜられる。父百川は、桓武《かんむ》天皇を春宮とするのに力あった人物で、それゆえの厚遇である。同十年、十八歳で従五位下侍従《じじゅう》。同十六年従四位下（二十四歳）、同十七年造西大寺《ぞうさいだいじ》長官、同二十年右衛士督《うえじのかみ》。同二十一年六月、神泉苑《しんせんえん》に行幸《ぎょうこう》があり、宴に際し天皇は百川の功業がなければ自分は天皇になれなかったと言って涙を流し、二十九歳で参議とした。

桓武帝死去後も、大同三年（八〇八）正四位下（以下参議兼）刑部卿《ぎょうぶきょう》、五年右兵衛督《うひょうえのかみ》、弘仁《こうにん》四年（八一三）宮内《くない》卿、六年従三位《じゅさんみ》、八年権中納言（四十四歳）、九年民部卿中納言正三位、十二年大納言（四十八歳）、十四年従二位春宮傅《とうぐうふ》、天長《てんちょう》二年（八二五）右大臣、三年、左大臣冬嗣の死により廟堂のトップに立ち、九年左大臣（五十九歳）、十年正二位。七十歳で死去するまで五十五年間、五代の天皇に仕えた。

『新撰姓氏録《しんせんしょうじろく》』『日本後紀《にほんこうき》』の編纂に携わった。地味な人物だが、同じ式家の仲成《なかなり》、薬子《くすこ》が乱を起こして処刑、自害する中で、ほぼ同年の北家冬嗣とともに廟堂の頂点にあったことは銘記されるべきだろう。

藤原冬嗣《ふゆつぐ》

七七五～八二六
（宝亀六年～天長三年七月二十四日）

右大臣藤原内麻呂の次男、北家の祖、房前の曾孫で、祖父は大納言真楯《またて》。延暦二十年（八〇一）大判事、大同元年（八〇六）三十二歳で従五位下春宮大進《とうぐうたいじょう》となる。嵯峨《さが》天皇に信任され、弘仁《こうにん》元年（八一〇）、蔵人所《くろうどどころ》が設置されると蔵人頭《くろうどのとう》となる。従四位上となり翌翌二年参議、式部大輔《しきぶのたいふ》、美作守《みまさかのかみ》。三年正四位下、左近衛大将《さこのえたいしょう》を兼ね、四年春宮大夫《だいふ》、五年従三位、七年権中納言、八年中納言（四十三歳）、九年正三位大納言、右大臣藤原園人《そのひと》の死去に伴い、弘仁十二年（八二一）右大臣となる。同十三年従二位。同十四年正二位。天《てん》長《ちょう》二年（八二五）左大臣（五十一歳）、死去後、正一位を追贈される。閑院《かんいん》左大臣と呼ばれた。

『弘仁格式《こうにんきやくしき》』『内裏式《だいりしき》』を編纂するなど才覚優れた政治家で、娘の順子《のぶこ》は仁明《にんみょう》天皇の女御《にょうご》として文徳《もんとく》天皇を産み、ために嘉祥《かしょう》三年（八五〇）太政大臣を追贈される。また息子には良房《よしふさ》、良相《よしみ》、長良《ながら》らがおり、後まで続く藤原北家による摂関政治の基礎を築いた。

藤原良房《よしふさ》

八〇四〜八七二
（延暦二十三年〜貞観十四年九月二日）

冬嗣の次男。母は藤原美都子《みつこ》。兄は権中納言・長良、弟は右大臣・良相、妹は文徳《もんとく》天皇の母・順子。嵯峨天皇の皇女で、源姓を与えられた潔姫《きよひめ》を妻とした。天長二年（八二五）蔵人、同五年従五位下大学頭。同七年春宮亮《とうぐうのすけ》、加賀守《かがのかみ》。仁明《にんみょう》天皇即位の天長十年（八三三）蔵人頭、左近衛中将、従四位下。翌年参議。当時廟堂のトップは左大臣・藤原緒嗣、右大臣は清原夏野《きよはらのなつの》。翌承和《じょうわ》二年（八三五）、先任参議七人を超えて従三位権中納言、左兵衛督《さひょうえのかみ》（三十二歳）。

承和《じょうわ》九年（八四二）七月十五日、嵯峨上皇が死ぬと、橘逸勢《はやなり》、伴健岑《とものこわみね》らが謀叛《むほん》を企てたとして流刑になる承和の変が起き、二十五日、良房は正三位大納言、右近衛大将に任じられて兵権を握り、謀叛に連座したとして淳和《じゅんな》天皇の皇子で春宮の恒貞《つねさだ》親王を廃し、甥の道《みち》康《やす》親王（文徳天皇）を立太子《りったいし》させた。むろん良房の陰謀。八月には民部卿兼任。

承和十年、左大臣緒嗣が死ぬと源常《ときわ》が左大臣となる。同十四年（八四七）、右大臣橘氏公《うじきみ》が死ぬと翌年良房が右大臣となる。嘉祥《かしよう》二年（八四九）従二位（四十六歳）。同三年、仁明天皇が死に文徳天皇が即位すると、娘の明子《あきらけいこ》が産んだ皇子惟仁《これひと》親王（のちの清和《せいわ》天皇）を生後九カ月で立太子させる。同四年正二位。仁寿《にんじゆ》三年（八五三）邸へ天皇の行幸があり、同四年、源常が死んで廟堂のトップに立ち、斉衡《さいこう》四年（八五七）従一位、人臣として初めて生前に太政大臣となる（五十四歳）。天安《てんあん》二年（八五八）、文徳天皇が三十三歳で死に清和天皇が九歳で即位すると、伯父として事実上の摂政となり、政権を掌握。左大臣に源信《まこと》、右大臣に弟の良相があった。

貞観《じようがん》八年（八六六）、応天門が炎上すると、「天下の政《まつりごと》を摂行《せっこう》せよ」との詔《みことのり》を受け正式に摂政となり、擡頭《たいとう》しつつあった大納言伴善男《とものよしお》を放火の犯人として失脚させるが、これも良房の陰謀説が強い。兄・長良の三男基経《もとつね》を養子とし、六十九歳の長命を保ち、死去時には基経は三十七歳で右大臣に進んでいた。正一位を追贈され、忠仁公《ちゆうじんこう》と諡《おくりな》された。白河殿《しらかわどの》、染殿《そめ》と称した。

豪腕をもって天皇の外戚となり、陰謀を駆使して藤原北家良房流のその後の隆盛を築いた。

藤原基経《もとつね》

（八三六～八九一
承和三年～寛平三年一月十三日）

藤原長良の三男。母は藤原乙春《おとはる》。叔父良房の養子となる。仁寿《にんじゅ》二年（八五二）、十七歳で蔵人。天安元年（八五七）少納言。同二年蔵人頭、貞観《じょうがん》三年（八六一）従四位下。同六年（八六四）二十九歳で参議。同八年、応天門炎上の際、伴善男が左大臣源信を罪に落とそうとしたときにこれを救ったとされる。同年、七人を超えて三十一歳で従三位中納言。同十年左近衛大将。同十二年大納言（三十五歳）。

貞観十四年二月、右大臣藤原氏宗《うじむね》が死去し、八月に正三位右大臣、九月、養父太政大臣良房死去、同十五年従二位（左大臣は源融《とおる》）。十八年（八七六）清和天皇が九歳の陽成《ようぜい》天皇に譲位すると摂政となる（四十一歳）。

元慶《がんぎょう》二年（八七八）正二位。同四年太政大臣となり廟堂のトップに立つ。六年従一位。八年（八八四）、陽成天皇が人を殺す事件があり、これを廃して五十五歳の光孝《こうこう》天皇を立て、天皇から「万政《ばんせい》の頒行《はんこう》、奏下の事の諮稟《しひん》」を命ぜられ、これが事実上の関白の地位とされる。元慶年間に、『日本文徳天皇実録《じつろく》』を完成させた。

仁和《にんな》三年（八八七）天皇が死去、即位した宇多《うだ》天皇は改めて関白の詔を発するが、参議文章博士《もんじょうはかせ》の橘広相《ひろみ》が漢文での詔で関白を「阿衡《あこう》」と表記し、基経の家司《けいし》である左少弁藤原佐世《すけよ》が、阿衡は名誉職であり職掌《しょくしょう》を伴わないと指摘し、基経はこれに怒って辞退、翌年訂正された詔勅《しょうちょく》が出された。「阿衡の紛議」事件として知られるが、坂上康俊は、天皇の外戚になる可能性のある橘広相を蹴落とすことが基経の狙いだったのではないかとしている。この年、娘の温子が宇多天皇の女御として入内。寛平《かんぴょう》二年（八九〇）准三宮《じゅさんぐう》。五十六歳で死去、正一位を追贈され、昭宣公《しょうせんこう》と諡《おくりな》される。堀川太政大臣と称する。

藤原時平《ときひら》

八七一〜九〇九
（貞観十三年〜延喜九年四月四日）

基経の長男。母は人康《さねやす》親王の娘。仁和二年（八八六）仁寿殿《じじゅうでん》で光孝天皇に加冠の儀を受ける。寛平《かんぴょう》二年（八九〇）従三位（二十歳）。同三年参議。同五年、二十三歳で中納言、右近衛大将。同九年（八九七）、二十六歳で正三位大納言と異数の出世を遂げ、藤原氏 氏《うじの》長者《ちょうじゃ》となる。宇多天皇が譲位、右大臣源能有《よしあり》が死去し、即位した醍醐《だいご》天皇の許《もと》で廟堂のトップとなり、昌泰《しようたい》二年（八九九）左大臣となるが、同日、権大納言菅原道真《すがわらのみちざね》（五十五歳）が右大臣となり、同四年（九〇一）正月、道真とともに従二位となるが、道真が女婿の斉《とき》世《よ》親王の擁立を企てているとして、謀叛の嫌疑を掛けて大宰権帥《だざいのごんのそち》に左遷した。宇多法皇は道真左遷を止めるべく駆けつけたが、藤原菅根《すがね》に遮られた。

道真は二年後、大宰府で死去し、その怨霊が祟《たた》りをなしたと言われるが、怨霊と考えられる雷が清涼殿《せいりようでん》に落ちかかろうとした時、時平は剣を抜いて一喝したと伝えられる。菅根は死去し、時平は『日本三代実録《さんだいじつろく》』『延喜式《えんぎしき》』撰進に加わり、本院大臣《おとど》、中御門《なかみかど》左大臣と称し、右大臣となった源光《ひかる》とともに政務に当たったが、三十九歳で死去、正一位太政大臣を追贈された。

時平の死の四年後、源光は鷹狩に際して泥にはまって死んだ。清涼殿に落雷して藤原清《きよ》貫《つら》が死んだのはずっと後の延長《えんちよう》八年（九三〇）のことだ。道真の左遷が冤罪であり、権門《けんもん》の出でもないのに廟堂の頂点に立ったことで、いずれ陥れられることは当時から分かっていたようだが、のち正暦《しようりやく》四年（九九三）、道真には正一位左大臣、ついで太政大臣を追贈してその怨霊を宥《なだ》めた。また鎌倉時代、関白九条兼実《くじようかねざね》の弟慈円《じえん》は『愚管抄《ぐかんしよう》』で、時平を悪人として描いている。

道真は御霊《ごりょう》として天神《てんじん》とされ、北野天神、湯島天神、太宰府天満宮に祀《まつ》られた。徳川時代の浄瑠璃「菅原伝授手習鑑《すがわらでんじゅてならいかがみ》」では時平は悪役として描かれ、「しへい」と呼ばれる。

藤原忠平《ただひら》

八八〇〜九四九
（元慶四年〜天暦三年八月十四日）

基経の四男、母は人康《さねやす》親王の娘。長兄が時平、次兄が左大臣仲平《なかひら》。寛平七年（八九五）、十七歳で正五位下、昌泰《しょうたい》元年（八九八）従四位下、同三年（九〇〇）二十一歳で参議、いったん辞任し、延喜《えんぎ》八年（九〇八）再任、同九年（三十歳）、兄時平の死により藤氏長者《とうしのちょうじゃ》となり、従三位権中納言、右近衛大将、検非違使別当《けびいしのべっとう》、蔵人所別当、同十年中納言、十一年大納言、十四年（九一四）、源光の死を受けて右大臣となり廟堂のトップ。ただしこの時期は醍醐《だいご》天皇親政の延喜《えんぎ》の治《ち》の最中。延長《えんちょう》二年（九二四）四十五歳で正二位左大臣となる。同三年春宮傅となり、法性寺《ほっしょうじ》を創建。延長八年（九三〇）、天皇が死去し九歳の寛明《ゆたあきら》親王が即位（朱雀《すざく》天皇）すると、摂政となり政務をとる。

承平《じょうへい》二年（九三二）従一位、同六年太政大臣、同七年、平将門《たいらのまさかど》の乱を追捕《ついぶ》せしめる。天《てん》慶《ぎょう》三年（九四〇）、将門が敗死、翌年、南海の藤原純友《すみとも》も討たれる（承平・天慶の乱）。同年、天皇が元服したため関白となる（六十二歳）。同九年、天皇が譲位し村上天皇が即位、なお関白を続け、三年後に七十歳で死去、小一条《こいちじょう》太政大臣と称され、死後正一位追贈、信濃《しなの》国に封ぜられる。貞信公《ていしんこう》と諡され、日記『貞信公記』を残し、歌人として百人一首にも採られる。また『延喜式』を完成した。

長兄時平が早世し、また道真配流《はいる》事件で世間から悪人と見なされたことで、時平の子孫は栄えず、道真と姻戚関係にあった四男の忠平《ただひら》が、その能力のゆえをもって、以後の藤原氏繁栄の基となったと『大鏡《おおかがみ》』は記している。朱雀、村上両天皇の母は妹の穏子であり、天皇が幼い時には摂政、元服すると関白という慣習はこの時に完成された。しかし藤原摂関家につきものの、他家追い落としの陰謀も忠平の時代にはなく、それが後世、「延喜・天暦《てんりゃく》の治」として理想化されたゆえんでもある。

藤原実頼《さねより》

九〇〇〜九七〇
（昌泰三年〜天禄元年五月十八日）

忠平《ただひら》の長男。母は宇多《うだ》天皇皇女源順子説、源能有《よしあり》の娘昭子説とがある。延喜十五年（九一五）十六歳で従五位下、昇殿を許される。同二十一年従五位上、延長《えんちょう》四年（九二六）正五位下蔵人。同六年従四位下、同八年蔵人頭（三十一歳）、朱雀《すざく》天皇即位の翌延長九年（九三一）参議となる。承平《じょうへい》二年（九三二）従四位上、四年従三位中納言（三十五歳）。天《てん》慶《ぎょう》二年（九三九）大納言。同七年正三位右大臣（四十五歳）。同九年従二位。村上天皇の天暦元年（九四七）左大臣。同三年、父が死去したため台閣《たいかく》の首班となる（五十歳）。

娘の慶子は朱雀天皇女御、述子《のぶこ》は村上天皇の女御にしたが、子ができなかった。また弟師輔《もろすけ》は天暦元年より右大臣で、兄弟で政権を担うが、村上帝は親政を行った。天暦九年正二位。春宮傅となり、応和《おうわ》四年（九六四）従一位（六十五歳）。

康保《こうほう》四年（九六七）天皇が死去、師輔の娘安子を母とする冷泉院《れいぜいいん》が十六歳で即位すると、関白太政大臣となる（六十八歳）。安和《あんな》二年（九六九）村上天皇第一皇子為平《ためひら》親王の岳父たる左大臣源高明《たかあきら》を大宰権帥《ごんのそち》に左遷（安和の変、首謀者は師輔の弟右大臣師尹《もろまさ》）、続いて精神を病んでいた天皇が弟の円融院《えんゆういん》に譲位、摂政となるが一年たたずに死去した。正一位を追贈、尾張国に封ぜられた。小野宮殿《おののみやどの》と称し、清慎公《せいしんこう》と諡された。

村上帝の親政、父の長命のためもあり、長命を保ちながら、摂関として権力を揮《ふる》った時期は短い。また父から宮中の儀礼を口伝《くでん》されたが、弟の師輔に伝えられたものと違いがあり、実頼のほうは小野宮流、師輔は九条流と呼ばれ、小野宮流は孫の実資《さねすけ》によって完成された。家集『清慎公集』、日記『清慎公記』がある。

コラム その④

藤原氏以外の公卿

一般の歴史記述では、薬子の乱の後から、藤原北家が擡頭し、応天門の変、菅原道真の左遷などを経て道長の栄華に至る道筋が描かれるが、北家以外にも大臣を務めた公卿はいる。平安京遷都以後の大臣を挙げてみたい。

藤原継縄《つぐただ》（七二七〜七九六）南家豊成《とよなり》の子。延暦九年（七九〇）より右大臣。

神王《みわおう》（七三七〜八〇六）天智天皇の曾孫。延暦十七年（七九八）より右大臣。

清原夏野（七八二〜八三七）小倉王の子で臣籍降下。天長九年（八三二）より右大臣。

藤原三守《ただもり》（七八五〜八四〇）南家巨勢麻呂の孫。承和五年（八三八）より右大臣。

源常《ときわ》（八一二〜八五四）嵯峨天皇皇子。承和七年（八四〇）右大臣、十一年左大臣。

橘氏公《うじきみ》（七八三〜八四七）奈良麻呂の孫、清友《きよとも》の子。承和十一年（八四四）より右大臣。

源信（八一〇〜八六八）嵯峨天皇皇子。天安元年（八五七）より左大臣。

源融（八二二〜八九五）嵯峨天皇皇子。貞観十四年（八七二）より左大臣。河原左大臣。

源多《まさる》（八三一〜八八八）仁明天皇皇子。元慶六年（八八二）より右大臣。

源能有《よしあり》（八四五〜八九七）文徳天皇皇子。寛平八年（八九六）より右大臣。

菅原道真（八四五〜九〇三）昌泰二年（八九九）右大臣、同四年大宰権帥に左遷。

源光（八四五〜九一三）仁明天皇皇子。延喜元年（九〇一）右大臣。

源高明（九一四〜九八二）醍醐天皇皇子。康保三年（九六六）右大臣、四年左大臣、安和二年（九六九）大宰権帥に左遷。

源兼明《かねあきら》（九一四〜九八七）醍醐天皇皇子。天禄二年（九七一）左大臣、貞元二年（九七七）親王宣下、大臣を辞職。

源雅信（九二〇〜九九三）敦実《あつみ》親王の子、宇多院皇孫。貞元三年（九七八）左大臣。

源重信（九二二〜九九五）雅信の弟。正暦二年（九九一）右大臣、五年左大臣。

源師房（一〇〇八〜七七）具平《ともひら》親王の子、村上院皇孫。藤原頼通養子。治暦元年（一〇六五）内大臣、延久元年（一〇六九）右大臣。

源俊房（一〇三五〜一一二一）師房の長男。永保二年（一〇八二）右大臣、三年左大臣。

源顕房（一〇三七〜九四）師房の次男。永保三年（一〇八三）右大臣。

源雅実《まさざね》（一〇五九〜一一二七）顕房の長男。康和元年（一〇九九）内大臣、永久三年（一一一五）右大臣、保安三年（一一二二）源氏で最初の太政大臣。

源有仁（一一〇三〜四七）輔仁親王の子。後三条院皇孫。天承元年（一一三一）右大臣、保延二年（一一三六）左大臣、久安三年病により辞職。

源雅定《まささだ》（一〇九四〜一一六二）雅実の子。久安五年（一一四九）内大臣、六年右大臣。

道長、頼通、教通と続く藤原氏全盛時代には、九九五年の源重信の死去から一〇六五年の源師房の内大臣就任まで七十年にわたって、藤原北家以外から大臣は出ていない。それ以後にしても、ほとんどは頼通の養子となった村上源氏の師房系統である。

また菅原道真が、寒門（権門ではない家）の出としていかに異例の出世をし、ために排斥されたか、そして源高明のように、皇子であっても藤原氏による排斥の憂き目にあったことが分かる。この後は源氏すらいなくなり、一一六六年の平清盛の内大臣就任にいたる。

コラム その⑤

左遷と流刑

菅原道真や源高明が、大宰権帥に左遷されたというのは、事実上の流刑を意味する。大臣であった人物を流刑にするときの形式である。なお、地名としては「太宰府」、官庁名としては「大宰府」である。

天皇を流刑にするときは「遷幸《せんこう》」というが、淡路《あわじ》廃帝といわれた淳仁天皇の淡路流刑や、のちの崇徳院の讃岐流刑、あるいは後鳥羽院や後醍醐天皇の隠《お》岐島《きのしま》流刑などを見ると、天皇のほうが流刑の扱いがひどいが、これは後醍醐がそうであったように、地方豪族が手を貸して再起されると困るからでもあろう。

それを考えると、源頼朝を伊豆などという、東国武士が中央への反乱の機会を狙っている土地へ流した平清盛の措置は、半ば自殺行為で、理解に苦しむ。

シナでも政争に敗れた者が流刑になることはあったが、蘇東坡《そとうば》などは、妻妾ほかの大家族を連れて流刑先の都市へ移動し、その土地で名士として手厚いもてなしを受けている。流刑もさまざまである。

（北家）

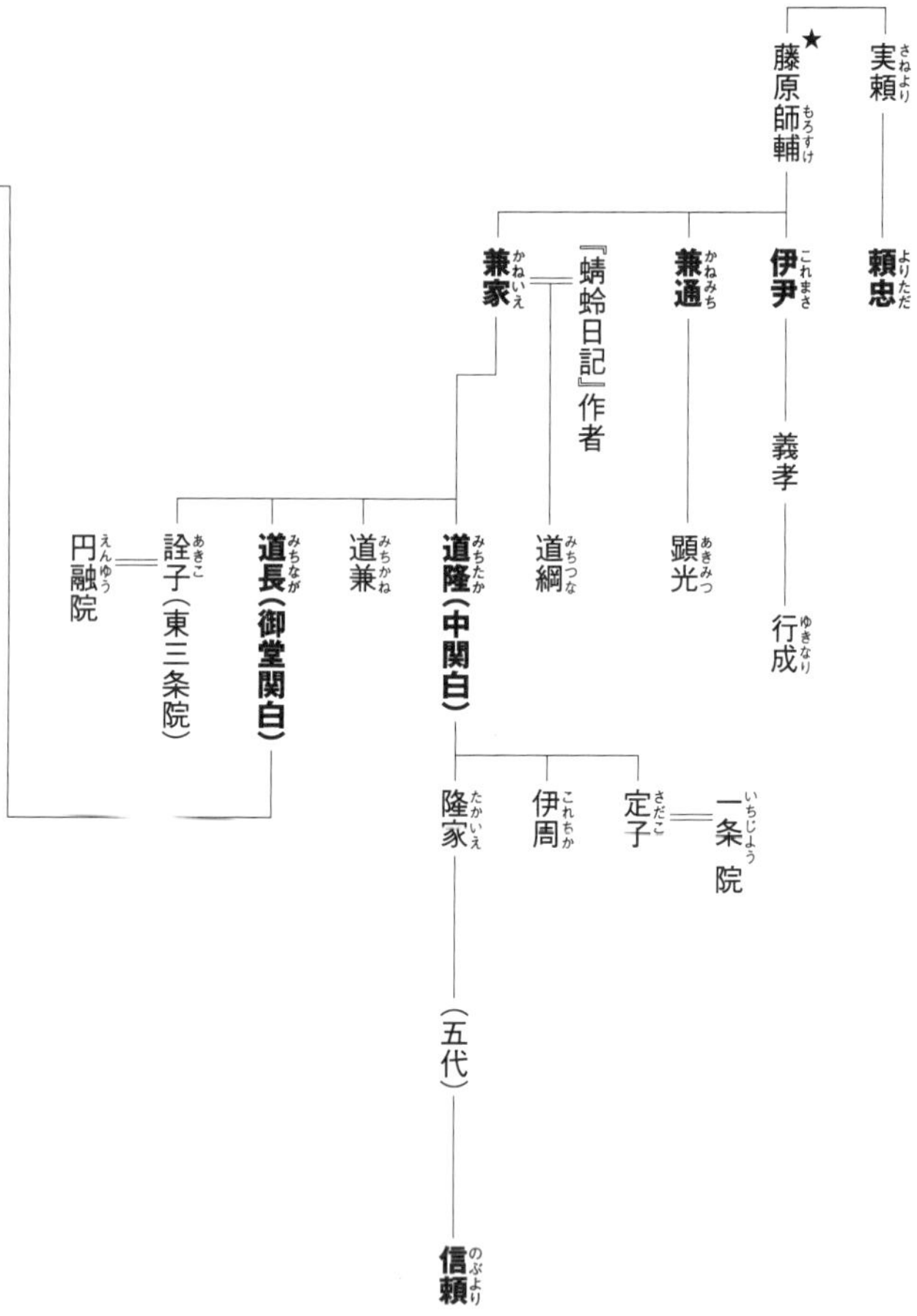

実頼《さねより》
★藤原師輔《もろすけ》
頼忠《よりただ》
伊尹《これまさ》
義孝
行成《ゆきなり》
兼通《かねみち》
顕光《あきみつ》
『蜻蛉日記』作者
兼家《かねいえ》
道綱《みちつな》
道隆《みちたか》（中関白）
道兼《みちかね》
道長《みちなが》（御堂関白）
詮子《あきこ》（東三条院）
円融院《えんゆういん》
一条院《いちじょういん》
定子《さだこ》
伊周《これちか》
隆家《たかいえ》
（五代）
信頼《のぶより》

■ 藤原氏系図（伊尹〜信頼）

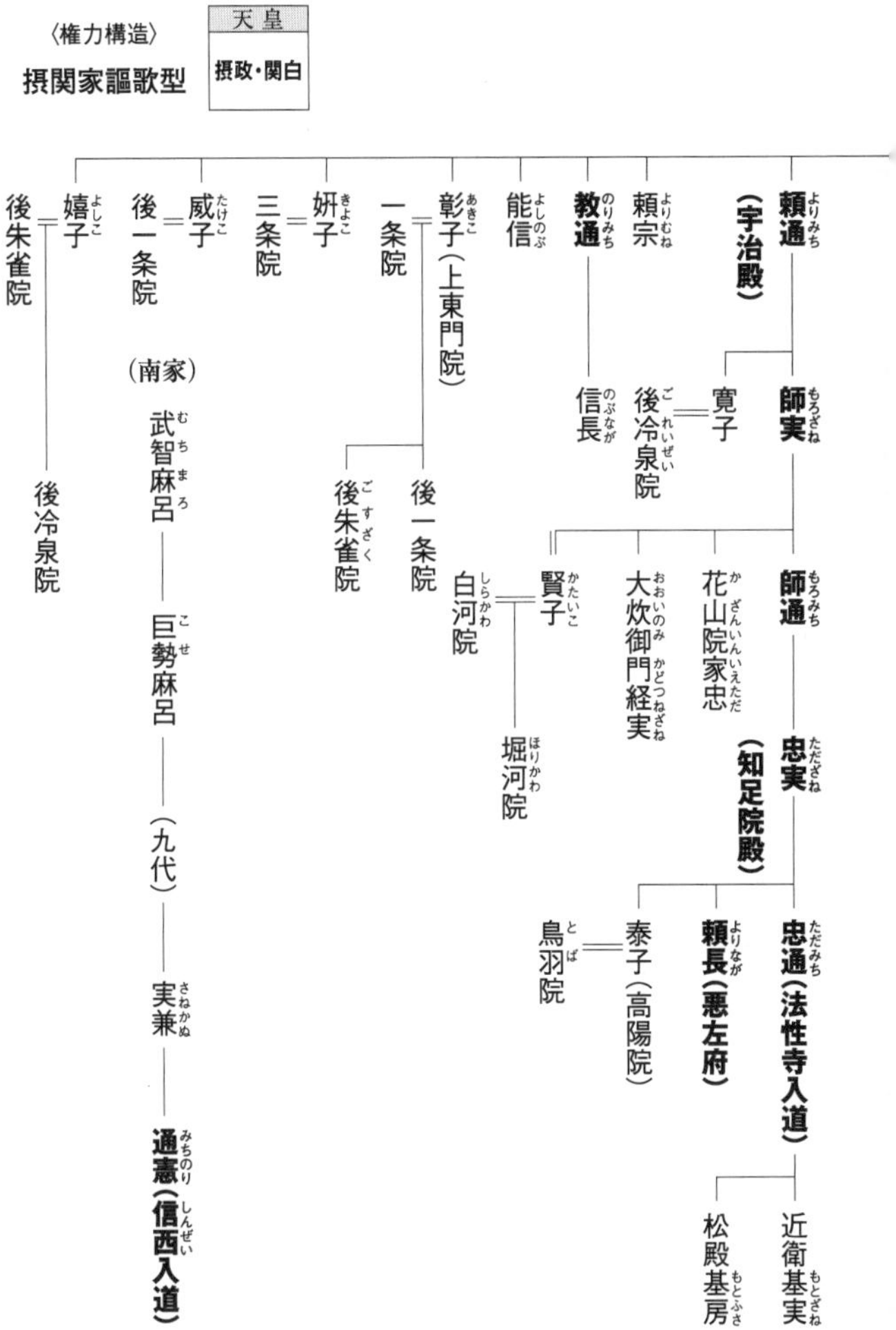
〈権力構造〉
摂関家謳歌型
天皇
摂政・関白
頼通《よりみち》（宇治殿）
寛子
後冷泉院《ごれいぜいいん》
師実《もろざね》
師通《もろみち》
花山院家忠《かざんいんいえただ》
大炊御門経実《おおいのみかどつねざね》
賢子《かたいこ》
白河院《しらかわいん》
堀河院《ほりかわいん》
忠実《ただざね》（知足院殿）
忠通《ただみち》（法性寺入道）
頼長《よりなが》（悪左府）
泰子（高陽院）
鳥羽院《とばいん》
近衛基実《もとざね》
松殿基房《もとふさ》
頼宗《よりむね》
教通《のりみち》
信長《のぶなが》
能信《よしのぶ》
彰子《あきこ》（上東門院）
一条院
後一条院
後朱雀院《ごすざくいん》
妍子《きよこ》
三条院
威子《たけこ》
後一条院
嬉子《よしこ》
後朱雀院
後冷泉院
（南家）
武智麻呂《むちまろ》
巨勢麻呂《こせまろ》
（九代）
実兼《さねかね》
通憲《みちのり》（信西《しんぜい》入道）

藤原伊尹《ふじわらのこれまさ》

九二四〜九七二
（これただ、延長二年〜天禄三年十一月一日）

師輔の長男。母は藤原経邦《つねくに》（南家三守《ただもり》の孫・武蔵守《むさしのかみ》）の娘盛子《もりこ》。天慶四年（九四一）従五位下（十八歳）昇殿を許される。同五年侍従、天暦二年（九四八）従五位上蔵人。同六年正五位下、九年従四位下蔵人頭（三十二歳）。天徳《てんとく》四年（九六〇）従四位上参議（三十七歳）。康保《こうほう》二年（九六五）正四位下、同四年従三位、権中納言から権大納言（四十四歳）。五年正三位、安和《あんな》二年（九六九）大納言。同三年右大臣、天禄《てんろく》と改元の後、伯父実頼の死により、円融院《えんゆう》摂政となり政務を執る。天禄二年（九七一）正二位太政大臣（四十八歳）。しかし翌年死去、正一位を追贈され三河《みかわ》に封ぜられる。諡号《しごう》・謙徳公《けんとくこう》。一条摂政と称される。

伯父実頼が長命を保ったため出世に遅れが生じているが、実頼の長男敦敏《あつとし》は早世し、次男頼忠《よりただ》は伊尹と同年で右大臣、また弟兼通《かねみち》は一つ年下で、一足飛びに参議から権中納言、大納言を経ずに内大臣、伊尹の死後頼忠が氏長者、兼通が関白になり、他家を追い落とした末の藤原北家忠平流での骨肉の争いが始まる。和歌を好み、天暦五年、撰和歌所別当として『万葉集』の訓読、『後撰和歌集《ごせんわかしゅう》』編纂に携わり、『一条摂政御集《ぎょしゅう》』がある。

藤原兼通《かねみち》

九二五～九七七
（延長三年～貞元二年十一月八日）

師輔の次男、伊尹の同母弟。天慶六年（九四三）従五位下（十九歳）、天暦四年（九五〇）従五位上、同十一年正五位下、天徳四年（九六〇）従四位下（三十六歳）、康保《こうほう》四年（九六七）蔵人頭、安和元年（九六六）正四位下、同二年従三位参議、宮内卿（四十五歳）。長兄伊尹のほか、年長の貴族が多く出世が遅れた上、四歳下の弟兼家《かねいえ》との出世争いが激しく、天禄《てんろく》三年（九七二）二月権中納言となり、同年十一月、伊尹が没すると、正三位大納言となっていた弟兼家を抑えて内大臣となり内覧を命ぜられた（四十八歳）。翌四年（天延《てんえん》元年）、娘の媓子《てるこ》が円融《えんゆう》院の皇后となり正三位、翌天延二年一月従二位、二月に藤氏長者《とうしちょうじゃ》となり正二位太政大臣、正式に関白となる。同三年従一位、貞元《じょうげん》二年（九七七）五十三歳で死去。その前に兼家を治部卿《じぶきょう》に左遷し、関白を辞職していとこの頼忠《よりただ》に譲った。

有名なのが『大鏡』の伝える逸話である。死の床にあった兼通の邸に兼家の牛車《ぎっしゃ》が近づいてきたので、見舞いに来たのかと兼通が思っていると牛車は通り過ぎていった。宮中へ向かったらしいと知って兼通は激怒し、起き上がって牛車で追いかけた。そして天皇に「私を次の関白に」と兼家が言っているところへ入っていって瀕死の体で兼家を左遷し、関白を頼忠に譲ったというのだ。むろん事実そのままとは受け取れない。谷崎潤一郎はこれを「兄弟」という短編小説に仕立てている。谷崎は『栄花物語《えいが》』が好きで、初期にはこれを題材とした作品をいくつか書いている。
死後正一位追贈、遠江《とおとうみ》に封ぜられた。堀川太政大臣と称し、諡《おくりな》は忠義公《ちゅうぎこう》。

藤原頼忠《よりただ》

九二四～九八九
（延長二年～永延三年六月二十六日）

実頼《さねより》の次男、母は時平の娘。長兄敦敏は三十代で死去、天慶四年（九四一）従五位下、天暦二年（九四八）従五位上（二十五歳）、同六年正五位下、同九年従四位下（三十二歳）、天徳《てんとく》四年（九六〇）従四位上、応和《おうわ》三年（九六三）参議（四十歳）。康保《こうほう》三年（九六六）正四位下、同五年従三位中納言、安和《あんな》二年（九六九）右近衛大将、同三年権大納言、

天禄二年（九七一）正三位右大臣（四十八歳）、同三年、摂政藤原伊尹の死去により藤氏長者、同四年従二位。天延二年（九七四）、関白兼通に氏長者を譲る。

貞元二年（九七七）四月、正二位左大臣となり、十月、弟兼家を嫌う兼通から関白および氏長者を譲られる（五十四歳）。天元《てんげん》元年（九七八）太政大臣、同四年従一位。外戚でなくして円融《えんゆう》・花山《かざん》院の関白を務めたが、花山院の出家による一条院の即位で関白を降り、兼家に摂政を譲り、以後死ぬまで太政大臣。死後正一位追贈、駿河国《するがのくに》に封ぜられる。三条太政大臣と称し、廉義公《れんぎこう》と諡された。兼通、兼家兄弟の争いのため関白の地位が転がり込んだ人物。

藤原兼家《かねいえ》

九二九〜九九〇
（延長七年〜永祚二年七月二日）

師輔《もろすけ》の三男、伊尹《これまさ》、兼通《かねみち》の同母弟。天暦《てんりやく》二年（九四八）従五位下、同九年従五位上、同十年少納言、天徳四年（九六〇）正五位下（三十二歳）、応和《おうわ》二年（九六二）従四位下、康保四年（九六七）蔵人頭、正四位下となり、兄兼通を超す。才学優れ、翌安和元年（九

六八）従三位、同二年、参議を経ずに中納言、正三位となる（四十一歳）。同年兼通は参議である。天禄元年（九七〇）右近衛大将、同三年大納言となる。だが同年、摂政の長兄伊尹が死ぬと兼通が内大臣関白となり、貞元《じょうげん》二年（九七七）、兼通は瀕死の状態で関白を頼忠に譲り、兼家は右大将を免ぜられ、治部《じぶ》卿に左遷されて昇進を止められた。

しかし翌天元元年（九七八）、頼忠の計らいで従二位右大臣となり（五十歳）、同二年正二位、寛和《かんな》元年（九八五）、花山院が即位すると、兼家の娘詮子《あきこ》（東三条院《とうさんじょういん》）が円融院女御として産んだ懐仁《やすひと》親王が春宮となり、翌年、花山院が寵愛していた女御が死んで悲しんでいるのを機に、蔵人であった三男道兼《みちかね》は兼家と謀《はか》って花山院を出家に誘い、元慶寺《がんぎょうじ》へ連れ出した。道兼は出家前に父に会ってくると言って寺を抜け出し、花山院のみ出家させ、退位させて春宮を一条院として践祚《せんそ》させ、兼家は摂政、藤氏長者となった。

ついで右大臣を辞職し、従一位となる。右大臣を辞めたのは、上席に太政大臣頼忠と左大臣源雅信《まさのぶ》がいたからで、ここに、無官で摂政となる例が開かれた。既に五十八歳だったが、翌寛和三年（九八七）准三宮《じゅさんぐう》、永延《えいえん》三年（九八九）、頼忠が死ぬと太政大臣となり、翌年摂政太政大臣を辞して関白、しかし病のため出家し、ほどなく死去した。

兄兼通との骨肉の争いのほか、『蜻蛉日記《かげろう》』の作者（陸奥守《むつのかみ》藤原倫寧《ともやす》の娘）の夫、右大将道綱《みちつな》の父としても知られる。

藤原道隆《みちたか》

九五三～九九五
（天暦七年～長徳元年四月十日）

兼家の長男、母は摂津《せっつ》守藤原中正《なかまさ》の娘時姫《ときひめ》。康保四年（九六七）従五位下、天禄四年（九七三）従五位上、天延三年（九七五）正五位下、貞元二年（九七七）従四位下（二十五歳）、天元四年（九八一）従四位上、同五年正四位下、永観《えいがん》二年（九八四）従三位。

寛和二年（九八六）六月、花山院が譲位し、一条院が立って父が摂政になるや、七月五日、参議を超えて権中納言、正三位、二十日に権大納言、従二位、正二位と異例のスピード出世を遂げる（三十四歳）。永延三年（九八九）に内大臣となり、永祚《えいそ》二年（九九〇）、父が辞職すると関白となり、ついで摂政、氏長者となり、娘定子《さだこ》を一条院中宮とする（三十八歳）。翌正暦《しょうりゃく》二年（九九一）、内大臣を辞し摂政のみとなる。太政大臣には藤原為光《ためみつ》が就任し、以後、太政大臣は名誉職の色彩を帯びるに至る。同四年、天皇の成長に伴い再度関白となるが、長徳《ちょうとく》元年（九九五）、四十三歳で病み、関白を息子の伊周《これちか》に譲ろうとしたが果たせず、弟の道兼《みちかね》に氏長者を譲り出家ののち死去する。中関白《なかのかんぱく》と称された。

藤原道長《みちなが》

九六六〜一〇二七
(康保三年〜万寿四年十二月四日)

兼家の五男、母は道隆、道兼と同じ。天元三年(九八〇)十五歳で従五位下、寛和二年(九八六)、父が摂政になると、従四位下まで駆け上がり、翌三年従四位上(二十二歳)、永延元年(九八七)従三位(同年、兼家次男道綱も従三位)となり、左大臣源雅信《まさのぶ》の娘倫子《ともこ》と結婚する。同二年(九八八)二十三歳で権中納言となったのは先例がない。永祚二年(九九〇)正三位、正暦《しょうりゃく》二年(九九一)、長兄道隆の摂政の下で四人を超えて権大納言。同三年従二位(道綱は参議)。

長徳元年(九九五)四月、道隆が死に、四兄道兼が関白氏長者となるが、それから十二日で死去。道長(三十歳)は左近衛大将となり、前年内大臣となっていた道隆の子伊周(二十二歳)と後継の地位を争い、姉の東三条院詮子の支持を得て勝ち、五月、内覧の宣旨《せんじ》をこうむり、六月、右大臣となる。同二年閏《うるう》七月正二位左大臣。伊周は姉の定子が一条院中宮で、その女房には清少納言《せいしょうなごん》もいたが、この年、誤って花山法皇に矢を射掛ける事件を起こし、大宰権帥に左遷され、没落していった。

長保《ちょうほう》元年（九九九）、娘の彰子《あきこ》を一条院に入内《じゅだい》させ、翌年、中宮とする。寛弘《かんこう》八年（一〇一一）、三条院が即位すると次女妍子《きよこ》を入内させ中宮とする。長和《ちょうわ》五年（一〇一六）、天皇が眼病と道長の圧迫により後一条院に譲位すると摂政、翌寛仁《かんにん》元年（一〇一七）三月、摂政を長男頼通《よりみち》に譲り、従一位、敦明《あつあきら》親王に圧力をかけて春宮を辞めさせ、小一条院の号を与えて、自分の孫である敦良《あつなが》親王（後朱雀《ごすざく》院）を春宮に立て、十二月太政大臣。同二年、三女威子《たけこ》を後一条天皇の中宮とし、長女は太皇太后《たいこうたいごう》、次女妍子は皇太后となるが、太政大臣も辞任し（五十三歳）、同三年三月、出家して行観《ぎょうかん》と名乗り、五月、准三宮。

藤原氏権力の頂点を極めた人物として名高いが、正式に関白になったことはなく、早くから官職を退き、浄土教に帰依して法成寺《ほうじょうじ》を建立し、御堂関白《みどうかんぱく》、法成寺入道と呼ばれた。法名はのち行覚《ぎょうかく》。六十二歳で死去。日記『御堂関白記』、家集『御堂関白集』がある。また娘彰子（上東門院《じょうとうもんいん》）に仕えた紫式部を愛人にしていたという説もある。清少納言と紫式部が宮中に仕えていた時期はずれており、二人が顔を合わせたことはほとんどなかったと思われる。また『蜻蛉日記』の作者の子で、異母兄の道綱《みちつな》は大納言どまりだったが、これは母の身分が低かったからというより、無能だったかららしい。

藤原頼通《よりみち》

九九二〜一〇七四
（正暦三年〜延久六年二月二日）

道長の長男、母は源倫子。長保五年（一〇〇三）正五位下（十二歳）、同六年従四位下、寛弘《かんこう》二年（一〇〇五）従四位上、同三年、十五歳で従三位、続けて正三位と異例の若さで昇進し、同四年春宮権大夫《ごんのだいぶ》。同五年従二位。同六年、参議を経ずに権中納言兼左衛門督《さえもんのかみ》（十九歳）。同八年正二位、長和二年（一〇一三）権大納言。同六年（一〇一七）三月、二十六歳で内大臣摂政、藤氏長者。寛仁《かんにん》三年（一〇一九）関白となる。同五年従一位左大臣（三十歳）。以後、後一条、後朱雀、後冷泉院の関白を五十年近く続け、永承《えいしょう》五年（一〇五〇）、娘の寛子を後冷泉院に入内させ、翌年皇后に冊立《さくりつ》するが男子が生まれず、藤原氏を外戚に持たない後三条院の即位を許した。また永承七年（一〇五二）には宇治に平等院鳳凰堂《びょうどういんほうおうどう》を建立《こんりゅう》し、同地に別邸を構えた。六十八歳の康平《こうへい》三年（一〇六〇）、左大臣を辞し、同四年太政大臣、翌年大臣を辞し、同七年氏長者を弟の教通《のりみち》に譲り、治暦《じりゃく》四年（一〇六八)、関白も教通に譲って政界から退き、延久四年(一〇七二)、出家して法名を蓮華覚《れんげかく》、のち寂覚《じゃっかく》。

宇治殿と呼ばれ、道長による政権確立後、八十三歳の長寿を保った。道長にとって目障りな存在だった一族の長老・右大臣実資《さねすけ》を頼りにしており、二人は男色関係にあったとする説もある(朧谷寿《おぼろやひさし》『藤原道長 男は妻がらなり』ミネルヴァ書房)。

藤原教通《のりみち》

九九六〜一〇七五
(長徳二年〜承保二年九月二十五日)

道長の子、頼通の同母弟。寛弘三年(一〇〇六)、十一歳で正五位下、同五年従四位上、同七年十五歳で従三位。同八年正三位、長和二年(一〇一三)、参議を飛び越し、従二位権中納言(十八歳)、同四年正二位(二十歳)、寛仁《かんにん》元年(一〇一七)左大将、春宮大夫、同三年権大納言(二十四歳)、治安《じあん》元年(一〇二一)二十六歳で内大臣、以後、関白左大臣頼通、右大臣実資体制で兄を補佐し、実資の死により永承二年(一〇四七)右大臣(五十二歳)、天喜《てんぎ》六年(一〇五八)従一位、康平《こうへい》三年(一〇六〇)左大臣(六十五歳)、同七

年氏長者を譲られる（六十九歳）。治暦四年（一〇六八）、後三条院の践祚《せんそ》に伴い関白となり（七十三歳）、翌年左大臣を辞す。延久二年（一〇七〇）太政大臣となるが翌年辞す。

八十歳の長命を保ったが、頼通も長命だったため、存命中に譲られたことで関白たりえた人物で、娘生子《なりこ》を後朱雀院に、歓子《よしこ》を後冷泉院に入内させたが、ともに男子が生まれず、摂関を外戚に持たない後三条院が即位したので、関白として実権を揮う機会はほとんどなかった。頼通が息子ではなく、あまり仲の良くなかった弟の教通に関白を譲ったことについては、道長の意向だとか、その後頼通の子師実《もろざね》に返す約束をしていたとか、最後に和解を模索したのだとか諸説あるが、教通は息子の信長《のぶなが》に関白を譲ろうとしたが、すぐに死んでしまってできず、白河院が師実の継承を決めたものである。

この間、上総《かずさ》で平忠常《たいらのただつね》の乱、奥州《おうしゅう》で前九年《ぜんくねん》の役《えき》が起こっている。

藤原師実《もろざね》

一〇四二～一一〇一
（長久三年～康和三年二月十三日）

頼通の三男で母は側室藤原祇子《まさこ》。頼通の正室源隆姫《たかひめ》には男子が生まれず、別の側室腹の兄通房《みちふさ》が早世したため後継者となった。天喜元年（一〇五三）、十二歳で正五位下、同二年正四位下、同三年従三位、同四年正三位権中納言（十五歳）、同六年従二位権大納言、康平《こうへい》三年（一〇六〇）十九歳で内大臣、同五年左大将、同六年正二位。同八年（一〇六五）従一位右大臣（二十四歳）、延久《えんきゅう》元年（一〇六九）左大臣、承保《じょうほう》二年（一〇七五）、教通《のりみち》の死により関白、氏長者。三十四歳で、白河院の下、右大臣に頼通の養子源師房《もろふさ》、内大臣に教通の子信長といった年長者がいる中での就任だった。信長はのち太政大臣となるが、この頃太政大臣は一族の長老が位置する実権のない官になっていた。

永保《えいほう》三年（一〇八三）左大臣を辞し、関白のみとなる（四十二歳）。応徳《おうとく》三年（一〇八六）白河院が堀河院に譲位し、摂政となるが、白河上皇は院政を準備していた。寛治《かんじ》二年（一〇八八）、太政大臣となり翌年辞職、これは天皇加冠の儀を太政大臣として行うためで、以後慣例となる。同四年再度関白。同八年、五十三歳で関白を息子の師通《もろみち》に譲り、御堂流と呼ばれる道長家の頼通の子孫が摂関を務めることが明らかになる。康和《こうわ》三年（一一〇一）、出家して法覚と名乗ったのち死去。

永保《えいほう》三年（一〇八三）には後三年の役が起こり、東国武士が力をつけ、奥州藤原氏政権が成立しつつあった。

藤原師通《もろみち》

一〇六二〜一〇九九
（康平五年九月十一日〜承徳三年六月二十八日）

師実の長男。母は右大臣源師房の娘麗子《よしこ》。なおこれ以後、摂関家嫡流《ちやくりゆう》は「通」の字と「実」の字を一代交代でつけるようになる。延久《えんきゆう》四年（一〇七二）従五位上（十一歳）、同五年従四位下、同六年正四位下、承保《じようほう》二年（一〇七五）従三位、同三年正三位、同四年参議、左大将、権中納言（十六歳）、承暦《じようりやく》三年（一〇七九）従二位。同四年正二位権大納言（十九歳）、永保三年（一〇八三）、二十二歳で内大臣、寛治八年（一〇九四）、父に代わって関白、氏長者となったのは三十三歳の時で、嘉保《かほう》三年（一〇九六）従一位。堀河院と協力し、白河院政の政治介入を抑え、和歌に秀で、源俊頼《としより》ら歌人と交わり、惟宗孝言《これむねのたかとき》、大江《おおえの》匡房《まさふさ》に漢文を学んで、管弦もよくした。能筆で人望厚かったが、関白五年で父に先立って三十七歳で急死し、ここに白河院政は本格的に始動したのである。

藤原忠実《ただざね》

一〇七八〜一一六二
（承暦二年十一月〜応保二年六月十八日）

師通の長男、母は右大臣藤原俊家《としいえ》の娘。出生後ほどなく母が離縁されたため、祖父師実の養子となる。寛治二年（一〇八八）正五位下（十一歳）、同三年正四位下、同五年、十四歳で従三位。同六年正三位権中納言、同七年従二位、同八年左大将、嘉保二年（一〇九五）正二位（十八歳）、永長《えいちょう》二年（一〇九七）権大納言（二十歳）、康和《こうわ》元年（一〇九九）、父の急死により二十二歳で内覧・氏長者となる。同二年右大臣、長治《ちょうじ》二年（一一〇五）関白。鳥羽《とば》院の即位により摂政となるが、外戚でなく摂政となった例がなく、外戚の藤原公《きん》実《ざね》が摂政の地位を願ったが白河院が退けた。鳥羽院即位により本格的に白河院政が始まり、天永《てんえい》三年（一一一二）三月従一位、十二月太政大臣（三十五歳）（この間左大臣に源俊房）。翌永久《えいきゅう》元年（一一一三）、太政大臣を辞し関白となる。

白河法皇の養女である璋子《たまこ》（のちの待賢門院《たいけんもんいん》）を忠通《ただみち》に輿入れさせることと、忠実の娘勲子《いさこ》の入内について白河の提案があったが、璋子と白河が通じているという噂があったため拒絶し、璋子は鳥羽院の中宮になった。その後保安《ほうあん》元年（一一二〇）、鳥羽院から改めて勲子入内の話があった際、白河を介さず応じたことから法皇の怒りをかって内覧を停止され宇治に籠居《ろうきょ》した。摂関の権力を上皇が超えたことを示した事件である。なおこの璋子が鳥羽院の子として産んだ後の崇徳《すとく》院は、実は養父白河法皇の子であると当時から言われていたが、角田文衛《つのだぶんえい》は璋子の月経周期からそれが事実であると論証している。

保安二年（一一二一）、いったん内覧に復帰し、息子の忠通（二十六歳）に関白を譲り、引退する。大治《だいじ》四年（一一二九）、白河院が死去して鳥羽院の院政が始まると、同六年政界に復帰、天承《てんしょう》二年（一一三二）、内覧の宣旨《せんじ》が下ったため、内覧と関白が並立する異常事態を招く。長承《ちょうしょう》二年（一一三三）、娘勲子を鳥羽院に入内させ、皇后とする（泰子と改名、のち高陽院《かやのいん》）。保延《ほうえん》六年（一一四〇）准三宮となり、康治《こうじ》元年（一一四二）、出家して円理《えんり》と名乗る。禅閤《ぜんかく》（出家した元関白）と呼ばれた。

永治《えいじ》元年（一一四一）、近衛院践祚《せんそ》により忠通が摂政となるが、後継者として予定されていた次男頼長と忠通の関係が悪化し、久安《きゅうあん》六年（一一五〇）、頼長を氏長者としたため忠通と決定的に対立。後白河院が即位し、保元《ほうげん》元年（一一五六）鳥羽院が死去すると、忠通の陰謀により頼長と崇徳が謀叛を企てているとされ、忠通は天皇をかついで兵乱（保元の乱）となり、頼長は戦死、以後、忠実は知足院《ちそくいん》に幽閉され、八十五歳の長命を保った。知足院殿《どの》、富家《ふけ》殿と称した。談話を筆記した『中外抄《ちゅうがいしょう》』『富家語《ふけご》』、日記『殿暦《でんりゃく》』がある。

藤原忠通《ただみち》

一〇九七～一一六四
（承徳元年～長寛二年二月十九日）

忠実の長男、母は源顕房《あきふさ》の娘。嘉承《かしょう》二年（一一〇七）従四位下（十一歳）、天仁元年（一一〇八）正四位下、同三年（一一一〇）正三位（十四歳）、天永二年（一一一一）従二位権中納言、永久三年（一一一五）権大納言（十九歳）、同四年、二十歳で内大臣、元永《げんえい》二年（一一一九）左大将、保安《ほうあん》二年（一一二一）、父が白河院に罷免された後を受けて二十五歳で関白・氏長者となる。同三年従一位左大臣。同四年、崇徳院が即位し摂政となる。大治《だいじ》三年（一一二八）太政大臣となり崇徳院に加冠を行い天永改元は七月、正三位は五月、翌年これを辞し再度関白。同年、白河法皇が死去し鳥羽《とば》上皇が院政を始めると父は政界に復帰し、天承二年（一一三二）、父が内覧宣旨を受け、内覧・関白が並ぶ。永治《えいじ》元年（一一四一）、近衛院が即位し摂政となるが、異母弟・頼長は二十二歳で内大臣の地位にあり、これ以後、次第に父・弟との関係が悪化し、忠通は鳥羽院皇后、近衛院母の美福門院《びふくもんいん》を味方につけた。久安五年（一一四九）、再度太政大臣となり帝に加冠（五十三歳）、同六年三月、これを辞すが、忠実は関白を頼長に譲るよう説いたが聞かず、九月、忠実は氏長者を左大臣頼長に与え、十二月、再度関白。
保元元年（一一五六）七月二日、鳥羽法皇が死去すると、崇徳上皇と後白河院の間に内乱が勃発、十一日の合戦で崇徳・頼長方が敗北すると同日、宣旨により氏長者に復帰する。同三年、関白および氏長者を十六歳の長男基実《もとざね》に譲って引退、法性寺《ほっしょうじ》に籠る。その後平治の乱で平清盛が擡頭、応保《おうほう》二年（一一六二）六月、出家して名を円観《えんかん》、直後父忠実が死去、二年後自身も死去。その二年後基実が二十四歳で死去し次男基房《もとふさ》が摂政となるが、既に清盛は太政大臣に登っており、以後藤原氏は摂関家として明治まで続くが、往時の独裁者としての位置はここに終わった。法性寺入道前《さきの》関白太政大臣という長い名で『百人一首』に登場することでも知られる。日記『法性寺関白記』、家集『法性寺関白御集』がある。

藤原頼長《よりなが》

一一二〇～一一五六
（保安元年五月～保元元年七月十四日）

忠実の次男、母は忠実の家司《けいし》土佐守藤原盛実《もりざね》の娘。天治《てんじ》二年（一一二五）、異母兄忠通の養子となる。大治五年（一一三〇）、十一歳で童殿上《わらわてんじょう》、従五位下、翌天承《てんしょう》元年（一一三

一）従三位、同二年正三位権中納言、長承《ちょうしょう》二年（一一三三）従二位（十四歳）、同三年正二位権大納言、同四年右大将、保延《ほうえん》二年（一一三六）、十七歳で内大臣、同五年左大将。

久安《きゅうあん》三年（一一四七）、二十五歳で一上《いちのかみ》の宣旨を被《こうむ》り、同五年従一位左大臣となり、父忠実に愛され、兄忠通との軋轢《あつれき》が激しくなる。同六年氏長者となり（三十一歳）、同七年（一一五一）、内覧の宣旨を受ける。しかし久寿《きゅうじゅ》二年（一一五五）七月、近衛院の死去により内覧を停止され、翌保元元年（一一五六）七月、鳥羽法皇が死去すると、忠通に追いつめられて崇徳上皇とともに兵を挙げたが、十一日の戦いで首に矢を受け、十四日に三十七歳で死去した。

学問に優れ、日本第一の大学生《がくしょう》とされる。宇治左大臣とも称されるが、悪左府《あくさふ》とも呼ばれる。またその日記『台記《たいき》』に貴族との男色関係が多く記されていることでも有名である。

藤原通憲《みちのり》（信西入道《しんぜいにゅうどう》）

一一〇六?～一一五九
（嘉承元年?～平治元年十二月十三日）

藤原南家、実兼《さねかね》の長男で、母は源有房《ありふさ》の娘。学者の家柄で、父は若くして死去した。藤原氏とはいえ末流の上、公卿になっていないため生年もはっきりしないので推定である。若くして学問に才を示し、永治《えいじ》元年（一一四一）鳥羽法皇、美福門院らと『法華一品経《ほっけいっぽんぎょう》』を書写する。はじめ日向守《ひゅうがのかみ》。天養元年（一一四四）三十九歳で正五位下少納言となり、自身に凶相があるのを知って出家し、はじめ法名を円空。久安六年（一一五〇）鳥羽法皇の命で『六国史』の続きである『本朝世紀《ほんちょうせいき》』を執筆。側室の紀伊局《きいのつぼね》を雅仁《まさひと》親王の乳母とし、久寿二年（一一五五）これを後白河院として即位させるのに力を握ったと思われる。信西入道と名乗り、一門は権勢を揮《ふる》ったが、出家の身であるため官位は少納言どまりだった。

左大臣頼長とは、不遇の碩学《せきがく》同士として親しくしていたが、保元元年（一一五六）の保元の乱では敵味方となり、源義朝と組んで崇徳上皇方を破り、薬子《くすこ》の乱以降廃絶していた斬首刑を復活せしめ、源為義《ためよし》らを処刑する。同三年、後白河院政が始まると政務を壟断《ろうだん》して憎しみを買い、院の近臣の藤原信頼《のぶより》と対立、義朝《よしとも》と信頼が挙兵した平治の乱で、宇治田《た》原《はら》に逃亡するが、義朝の軍に追われ、地中に身を埋めて隠れたが掘り出され、斬首、獄門に晒《さら》される。だがその後の戦いで、信頼と義朝は平清盛の軍勢に敗北して討たれ、信頼、信西がともに滅びて平家専制に道を開いた。

藤原信頼《のぶより》

（一一三三～一一五九
（長承二年～平治元年十二月二十七日）

　藤原北家、道隆の次男隆家《たかいえ》の末裔《まつえい》、忠隆の三男、母は藤原顕頼《あきより》の娘。康治《こうじ》三年（一一四四）十二歳で従五位下、久安二年（一一四六）従五位上、同四年土佐守、同六年武蔵守、仁平《にんぺい》元年（一一五一）、十九歳で正五位下、久寿二年（一一五五）従四位下、保元二年（一一五七）正四位下左近衛中将、蔵人頭、同三年、二十六歳で従三位参議、権中納言。父は受領《ずりょう》層だったが、後白河院の寵童《ちょうどう》だったこともあり異例の出世を遂げ、後白河院政を院別当として支え権力の中枢に位置した。しかし藤原信西と対立し、平治元年（一一五九）十二月九日、信西を除くため源義朝とともに挙兵（平治の乱）、信西の殺害には成功したが平清盛に敗れ、六条河原《ろくじょうがわら》で斬首された。
　平治の乱は、敵味方のはっきりしない戦いであり、後白河院政の内部抗争が発展したものだが、信頼は平清盛や後白河の意向が分からぬまま信西排除のため挙兵したところ、清盛が上皇と天皇（二条院）を手中にしたため賊軍に転落したものである。

コラム その⑥
氏長者の始まり

藤原氏氏長者《うじのちょうじゃ》、源氏氏長者といったものが歴史上に出てくる。これは古代の氏上《うじのかみ》が奈良時代末からそう呼ばれるようになったもので、藤原氏の場合、往々にして摂政・関白が氏長者になるが、平安後期の関白忠実が、長男である忠通から氏長者を奪って次男頼長に譲るといった事件も起きている。

藤氏長者《とうしちょうじゃ》の始まりは不明で、『尊卑分脈《そんぴぶんみゃく》』では不比等を最初の藤氏長者としているが信じがたく、実際に氏長者と名乗ったのは基経あたりからではないかとされている。

源氏長者《げんじちょうじゃ》といえば、代々の徳川将軍が名乗ったものとして知られるが、平安朝の源氏長者は公家源氏が名乗っており、はじめの源氏長者は源信《まこと》か源常《ときわ》とされ、嵯峨源氏が名乗っていた。それが源高明《たかあきら》、雅《まさ》信《のぶ》など顕職にある者が名乗るようになり、平安末期からは村上源氏、特に久我家《くがけ》が名乗ることが多かった。鎌倉末期には北畠親房《きたばたけちかふさ》が名乗っている。

武家源氏では足利義満が初めて源氏長者となり、以後足利氏と久我氏がかわるがわる名乗り、足利氏は義稙《よしたね》が最後になり、久我氏が三代名乗ったあと、家康が名乗って徳川将軍代々が名乗っている。

＊参考文献

竹内理三「氏長者」『竹内理三著作集第五巻　貴族政治の展開』角川書店、一九九九
岡野友彦『源氏と日本国王』講談社現代新書、二〇〇三

コラム その⑦

日本の女性名

藤原道長の時代に、中宮となった定子や彰子は、しばしば「ていし」「しょうし」とルビが振られ、ほかにも古代・平安朝の女性名が音読みされているが、これは単に、本当の読み方が分からないから音読みしているだけで、「明子」は「あきらけいこ」と読まれたことが分かっており、実際には訓読みであって、建礼門院平徳子なども「とくこ」と言われてきたが、間違いである。

このことは角田文衞の大著『日本の女性名』（元は教育社新書で全三冊、最近国書刊行会から一冊本で復刊）に詳しく書いてあり、角田は、「とくこ」などという名前は明治以前にはなく、建礼門院を「とくこ」などと読むのは狂気の沙汰だと激しく非難している。

最近ではこの指摘を受けて、「定子」「彰子」を「さだこ」「あきこ」などと読む例もあり、宮尾登美子の『宮尾本平家物語』では、徳子には「のりこ」とルビが振られている。ところが、これを原作とする大河ドラマ『義経』では、相変わらず「とくこ」だった。二〇〇八年の大河ドラマ『篤姫』も、宮尾の原作『天璋院篤姫』とはだいぶ違う（歴史的事実とも違う）が、宮尾はその辺は鷹揚なようだ。

もっとも「のりこ」とする根拠があるわけではなく、「なるこ」かもしれないし、要するに正しい読み方は分からないのだが、音読みでないことだけは確かなので、本書では、一般的な推定を交じえ、分からないものはルビなしで対応した。

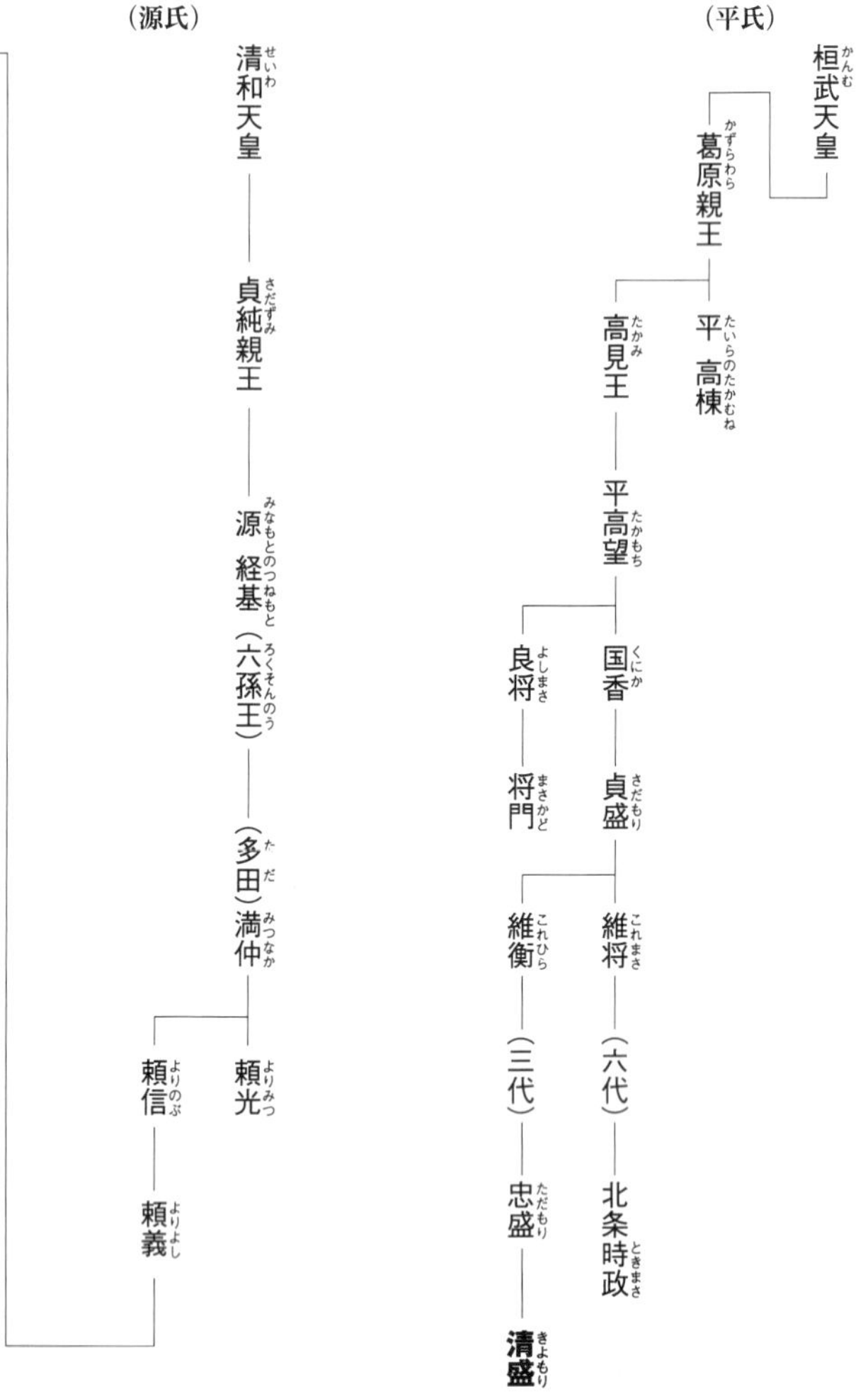
(平氏)
桓武《かんむ》天皇
葛原《かずらわら》親王
平《たいらの》高棟《たかむね》
高見《たかみ》王
平高望《たかもち》
国香《くにか》
良将《よしまさ》
貞盛《さだもり》
将門《まさかど》
維将《これまさ》
維衡《これひら》
(六代)
(三代)
北条時政《ときまさ》
忠盛《ただもり》
清盛《きよもり》
(源氏)
清和《せいわ》天皇
貞純《さだずみ》親王
源《みなもとの》経基《つねもと》(六孫王《ろくそんのう》)
(多田《ただ》)満仲《みつなか》
頼光《よりみつ》
頼信《よりのぶ》
頼義《よりよし》

■ 平氏、源氏系図

〈権力構造〉

武士開花型

天皇	上皇
征夷大将軍	

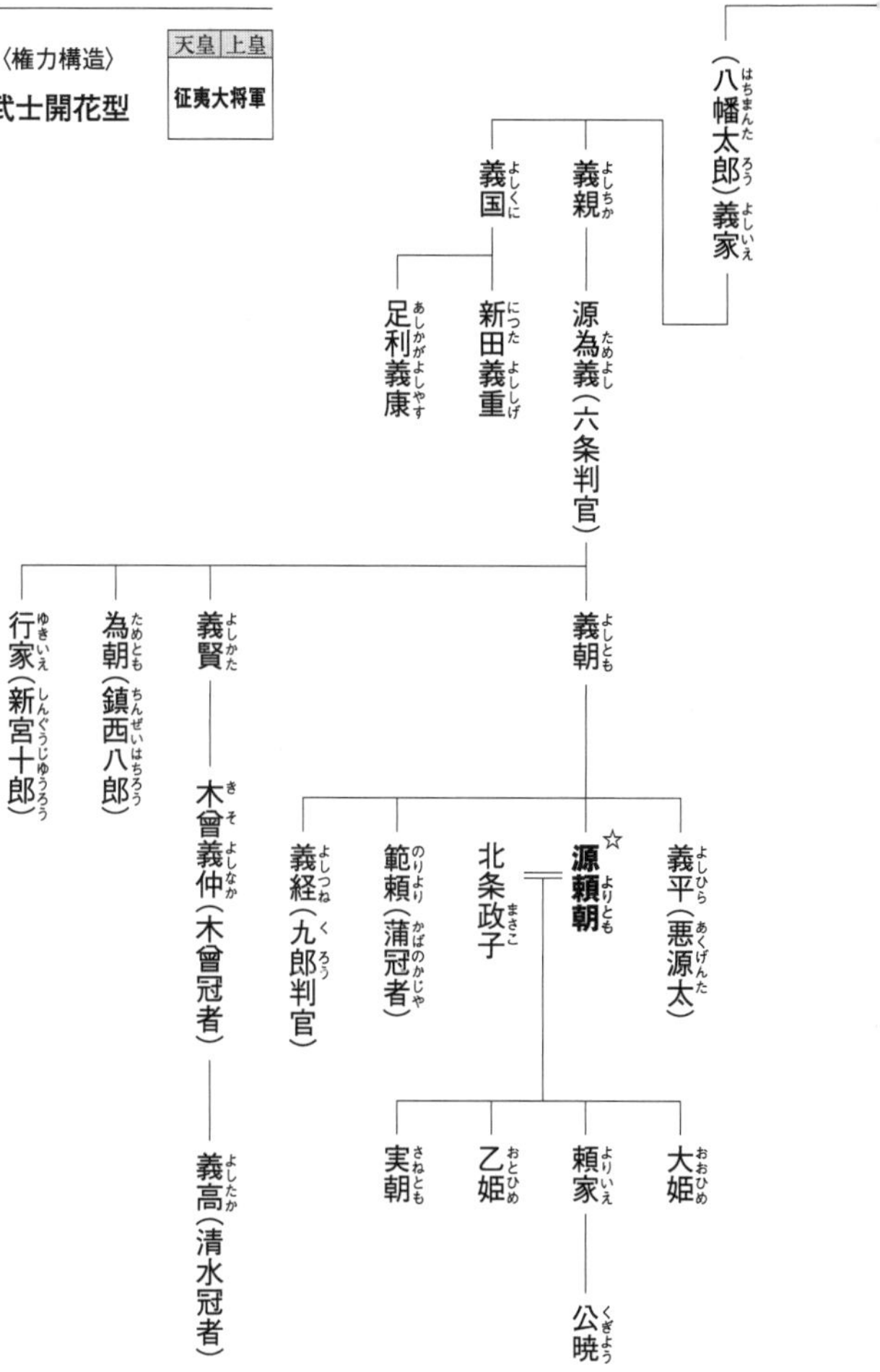

平清盛《たいらのきよもり》

（一一一八～一一八一）
（元永元年～治承五年閏二月四日）

桓武平氏《かんむへいし》のうち武家の伊勢平氏。平将門を討った貞盛《さだもり》五世の孫・刑部卿忠盛《ぎょうぶきょうただもり》の嫡男。伊勢平氏は貞盛の子・維衡《これひら》が伊勢守に任じられた時から、次第に伊勢を本拠地とした。母は白河院の愛妾、祇園女御の妹であり、白河院の落胤《らくいん》説が有力である。大治四年（一一二九）、父忠盛が内海の海賊を討伐した武功により、清盛は左兵衛佐《さひょうえのすけ》となり、同六年従五位上、長承《ちょうしょう》元年（一一三二）、忠盛は内昇殿《うちのしょうでん》を許され、長承四年従四位下（十八歳）、保延《ほうえん》元年（一一三五）、忠盛は西海の海賊を退治、同二年中務大輔《なかつかさのたいふ》、同六年従四位上（二十三歳）、久安《きゅうあん》二年（一一四六）正四位下安藝守《あきのかみ》となる（二十九歳）。同三年、清盛の従者が祇園社の神人《じにん》と争い、延暦寺《えんりゃくじ》の僧徒が神輿《しんよ》を奉じて入京し清盛を訴え、償金を科せられた。仁平《にんぺい》三年（一一五三）、忠盛が死去し、伊勢平氏の総帥となる。

保元元年（一一五六）、三十九歳の時、保元の乱で後白河院方として源義朝とともに戦って勝利し、自らは叔父忠正《ただまさ》を討ち、義朝には父為義を討たせ、播磨守《はりまのかみ》となる。以後、義朝との対立が激しくなり、同三年大宰大弐《だいに》、平治《へいじ》元年（一一五九）、熊野詣《くまのもうで》の最中、藤原信頼と義朝が藤原信西を除くために挙兵した際、とって返し、宮中の意向を汲《く》んで義朝、信頼を討ち、武家権門としての地位を確立する。義朝の長男頼朝も斬首しようとしたが、義母である池禅尼、長男重盛《しげもり》の懇願により伊豆に流罪とする。翌永暦《えいりやく》元年（一一六〇）正三位参議となり、武士として初めて公卿となった（四十三歳）。

翌応保《おうほう》元年（一一六一）権中納言、同二年従二位。同三年、長男重盛が従三位となる。長寛《ちょうかん》三年（一一六五）、関白藤原基実《もとざね》二十三歳、左大臣基房《もとふさ》二十二歳という体制の下、権大納言、重盛は正三位参議。仁安《にんなん》元年（一一六六）正二位内大臣、重盛は権中納言、弟頼盛《よりもり》は従三位。翌二年（一一六七）二月従一位太政大臣、五月辞任（摂政・基房、左大臣・経宗《つねむね》）、十二月、妻の兄平時忠《ときただ》と三男宗盛《むねもり》が従三位と一族は栄華を極め、時平は「平氏に非ずんば人に非ず」と言ったと伝えられる。翌三年、病を機に出家、法名は清蓮、のち静海《じょうかい》。摂津《せっつ》福原に引退するが、入道相国《しょうこく》と呼ばれ平氏一門の総帥として権勢を揮う。嘉応《かおう》二年（一一七〇）、後白河法皇は福原に行幸、承安《じょうあん》二年（一一七二）、娘徳子《のりこ》を高倉《たかくら》院に入内させ中宮とする（のちの建礼門院《けんれいもんいん》）。同三年、摂津経島《きょうのしま》を築造、父の対宋貿易の志を受け継ぎ、大輪田泊《おおわだのとまり》を修築し、宋船を入港させる。同四年、法皇は再度福原に行幸、平家の崇敬を受ける厳島《いつくしま》にも行った。

安元《あんげん》三年（一一七七）六月、藤原成親《なりちか》、西光《さいこう》、平康頼《やすより》、俊寛僧都《しゅんかんそうず》らの、平家打倒の鹿《しし》ケ谷《たに》の陰謀が露《あらわ》れ、おのおの死罪、流罪となるが、その背後に法皇がいたとされ、法皇との緊張が高まる。治承《じしょう》二年（一一七八）には、清盛六十一歳、重盛は内大臣、宗盛は権大納言、時忠、頼盛は権中納言、教盛《のりもり》は参議。しかし同三年、嫡男重盛が四十二歳で死去する。同年遂に清盛は法皇を幽閉、翌四年、以仁王《もちひとおう》の令旨《りょうじ》を得て、これまで清盛に従っていた源《げん》三位《さんみ》入道頼政《よりまさ》が挙兵、宇治に敗れるが、各地の源氏が挙兵し、東国平氏たる北条氏は頼朝を担いで蜂起、高倉院は徳子所生《しょせい》の安徳院に譲位し、清盛は福原への遷都を強行、石橋山《いしばしやま》で敗れた頼朝は上総で盛り返し、富士川の合戦で平氏を破り、翌年閏《うるう》二月、清盛は熱病のため六十四歳で死去した。以後四年の戦いで伊勢平氏本流は滅亡した。

源頼朝《みなもとのよりとも》

一一四七〜一一九九
（久安三年〜正治元年一月十三日）

清和源氏嫡流、左馬頭《さまのかみ》源義朝の三男、母は熱田大宮司《あつただいぐうじ》藤原季範《すえのり》の娘、義朝正室。保元の乱で父義朝が功を立て、保元三年（一一五八）、十二歳で皇后宮権少進《ごんのしょうじょう》、同四年、上西《じょうさい》門院蔵人《もんいんくろうど》、右兵衛権佐《うひょうえのごんのすけ》を歴任する。平治の乱（一一五九）に父とともに戦って敗れ、敗走中を捕らえられるが、平清盛の義母・池禅尼や長男重盛の懇願で助命され、永暦元年（一一六〇）、伊豆国蛭《ひる》ヶ小島《こじま》へ流罪となる（十四歳）。

その後、坂東《ばんどう》平氏の北条時政の娘政子を妻とし、伝説では元の遠藤武者盛遠《もりとお》の文覚上人《もんがくしょうにん》から父義朝の髑髏《しゃれこうべ》を見せられて決意したとされ、治承《じしょう》四年（一一八〇）、平氏追討の以仁王の令旨を受けて挙兵する。はじめ相模の石橋山の戦いに敗れるが、安房《あわ》へ逃げ、三浦・千葉氏の援助を受け、武蔵を経て鎌倉に入り、和田義盛《よしもり》を侍所別当《さむらいどころべっとう》として政権を樹立、富士川の戦いで一戦も交えず平家軍を撃退する。寿永《じゅえい》二年（一一八三）、後白河法皇の宣旨を受けて官位を復し、東海・東山道諸国の支配を認められる。木曽《きそ》義仲《よしなか》が挙兵して京を占拠したあと、同三年、異母弟の蒲冠者範頼《かばのかじゃのりより》、九郎義経《くろうよしつね》を派遣して義仲を粟津《あわづ》に破らせ、正四位下、鎌倉に公文所《くもんじょ》、問注所《もんちゅうじょ》を設置し、京から呼び寄せた下級文官の中原（のち大江に復姓）広元《ひろもと》、僧三善善信《みよしぜんしん》（康信《やすのぶ》）をおのおの別当、執事とし、ここに鎌倉幕府が事実上設営された。

ついで義経らは屋島の戦いを経て元暦《げんりゃく》二年（一一八五）三月、壇ノ浦で安徳院とともに平氏一門を滅ぼし、その功で従二位に叙せられる。しかし後白河法皇から無断で官位を得た義経と不和となり、腰越《こしごえ》からこれを追い返し、義経と新宮十郎行家《しんぐうじゅうろうゆきいえ》の追討を名目に日本国総追捕使《そうついぶし》、総地頭《じとう》となり、各地に守護・地頭を置く。文治《ぶんじ》二年（一一八六）、頼朝追捕の宣旨の責任を負わせて摂政近衛基実《このえもとざね》を失脚させ、親頼朝派の九条兼実《くじょうかねざね》を摂政とし、その子良通《よしみち》を権大納言から内大臣、徳大寺実定《とくだいじさねさだ》を内大臣から右大臣に昇任させるなど、頼朝派公卿《くぎょう》十人を議奏《ぎそう》公卿に指名し、上洛せぬまま宮廷を操る天才的な政治力を見せた。

文治三年（一一八七）、義経を匿《かくま》っていた奥州の藤原秀衡《ひでひら》が死去すると、同五年、長男泰衡《やすひら》は幕府を恐れて衣川《ころもがわ》に義経を討ったが、頼朝は派兵して奥州藤原氏を滅ぼし、奥州を平定した。同年正二位、翌建久《けんきゅう》元年（一一九〇）上洛し法皇と対面、権大納言、右大将に任ぜられるが、ほどなく辞職（四十四歳）。同三年、法皇が死去し、征夷大将軍に任ぜられるが、同五年辞任、同六年再度上洛し、土御門通親《つちみかどみちちか》、高階栄子《たかしなの》に娘大姫《おおひめ》の入内を計るが失敗し、翌年、九条兼実の関白辞任の原因となった。同十年一月、相模川の橋供養の帰路、落馬したのがもとで死去したという。五十三歳。

長男頼家《よりいえ》が後を継いだがほどなく時政、政子に実権を奪われ、征夷大将軍とはなったが名目だけで、頼朝死後五年で修禅寺《しゅぜんじ》に幽閉され殺され、次男実朝《さねとも》が将軍となるがこれも実権はなく、和歌に才を示し、右大臣となるが、頼家の遺児公暁《くぎょう》に鶴岡八幡宮《つるおかはちまんぐう》で刺殺された。

「源平の合戦」といっても、北条氏ほか頼朝を援《たす》けた武士のほとんどは平氏で、たまたま頼朝に政治家的才能があったため幕府開設者となったが、権力を子らに伝えることはできなかった。なお神護寺《じんごじ》に残る有名な頼朝像は、頼朝ではなく足利直義《ただよし》の像だとする米倉迪《みち》夫《お》の説があるが、定説となるには至っていない。

第二部　中世の権力者

権力三重構造から五重構造へ

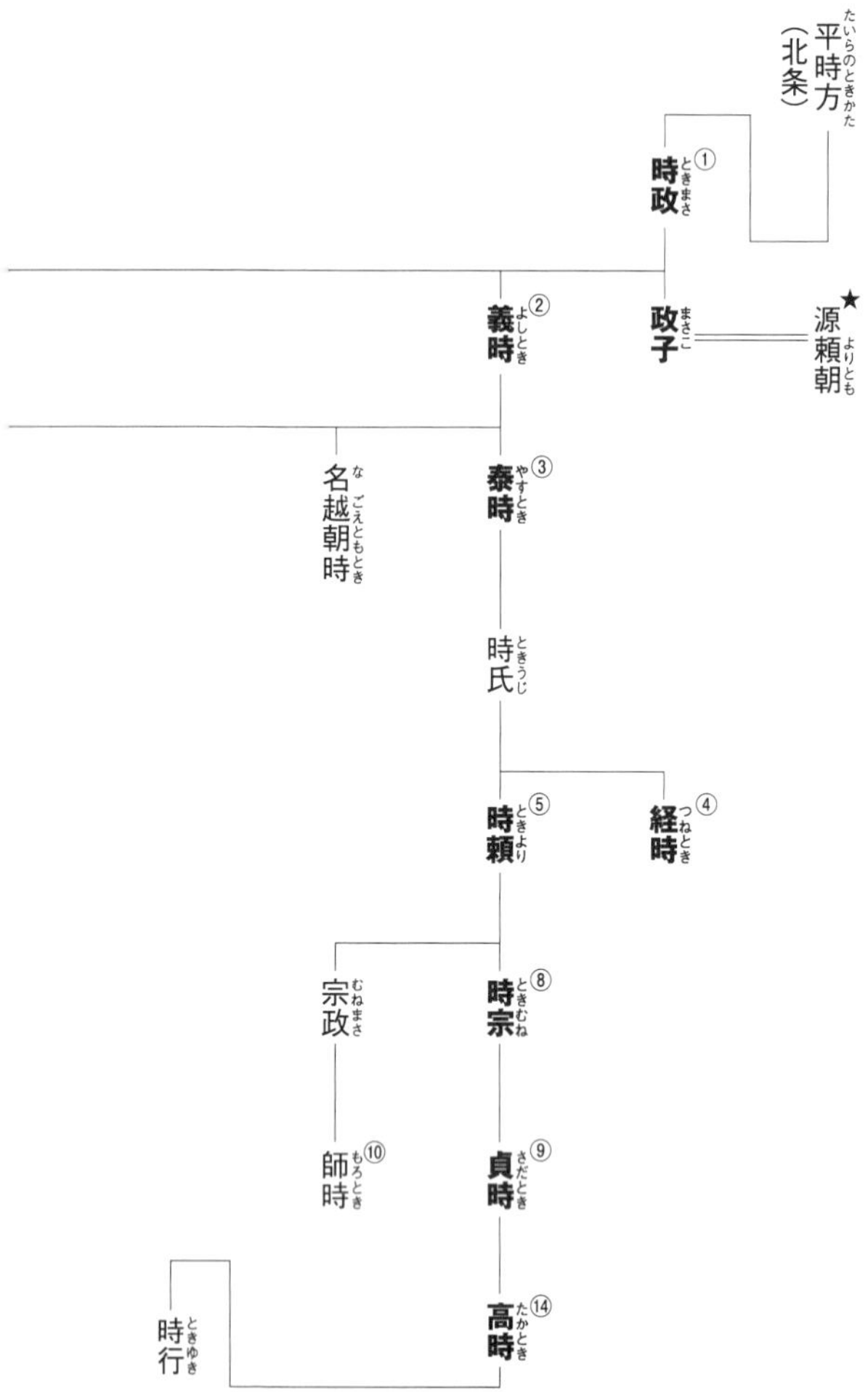
平時方《たいらのときかた》
（北条）
①時政《ときまさ》
★源頼朝《よりとも》
政子《まさこ》
②義時《よしとき》
③泰時《やすとき》
名越朝時《なごえともとき》
時氏《ときうじ》
④経時《つねとき》
⑤時頼《ときより》
⑧時宗《ときむね》
宗政《むねまさ》
⑨貞時《さだとき》
⑩師時《もろとき》
⑭高時《たかとき》
時行《ときゆき》

■ 北条氏系図（時政～高時）

〈権力構造〉

執権～得宗専断型

天皇
将軍
得宗
執権

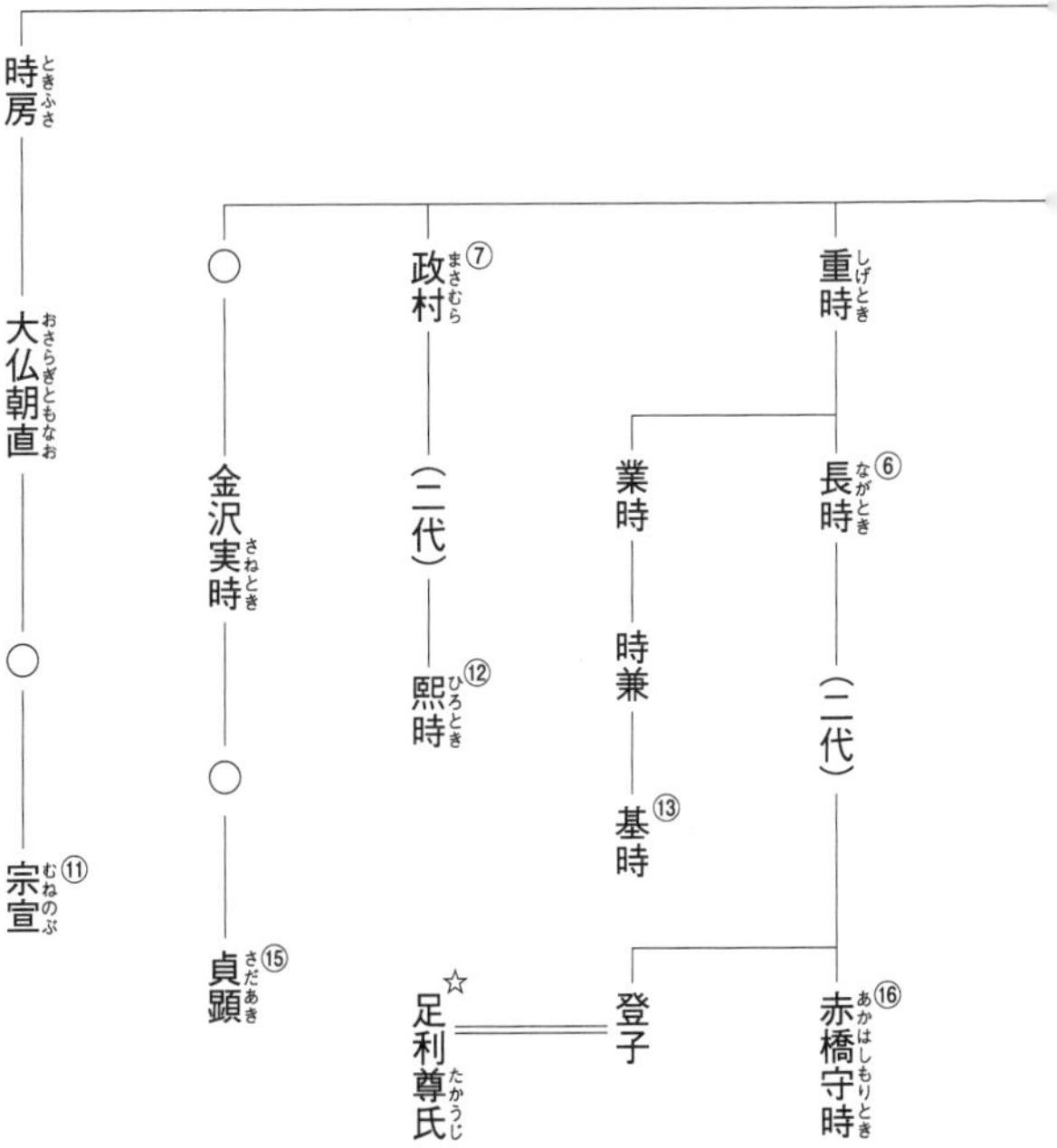

北条時政《ほうじょうときまさ》

一一三八〜一二一五
（保延四年〜建保三年一月六日）

桓武平氏、平貞盛の次男・維将《これまさ》の孫で平安中期鎌倉に土着した直方《なおかた》の子孫、伊豆介時家《いずのすけときいえ》の孫、時方《ときかた》の子。母は伴為房《とものためふさ》の娘。通称四郎。永暦《えいりやく》元年（一一六〇）、平治の乱に敗れた源義朝の子頼朝が伊豆の蛭《ひる》ヶ小《こ》島《じま》に流罪になり、監視役になったというが、その前半生は不明である。

その後、成長した頼朝が娘の政子と結婚し、治承四年（一一八〇）、その平氏打倒の旗揚げを支援した。文治元年（一一八五）、平氏滅亡後、頼朝に派遣されて義経追捕のため上京し（四十七歳）、朝廷に守護・地頭の設置を認めさせ、また京都守護となる。翌年、後白河法皇から七カ国地頭職に任ぜられるが辞退。

建久十年（一一九九）一月、頼朝が死去すると、長男・頼家が後を継ぐが、四月、頼家の権力を剝奪《はくだつ》し十三人の宿老《しゅくろう》による合議《ごうぎ》制で幕府を運営し、正治《しょうじ》二年（一二〇〇）、従五位下 遠江守《とおとうみのかみ》に叙せられる。頼家は乳母や妻の比企《ひき》氏が庇護し、建仁《けんにん》二年（一二〇二）、征夷大将軍となるが、同三年、時政は比企能員《よしかず》を殺し、頼家の弟実朝を将軍に据え、頼家を伊豆修禅寺に幽閉、政所別当《まんどころべっとう》として幕府の実権を握り、翌年、頼家を暗殺。元久《げんきゅう》二年（一二〇五）、後妻である牧《まき》の方《かた》の讒訴《ざんそ》により有力御家人の畠山重忠《はたけやましげただ》を殺し、牧の方の女婿である平賀《ひらが》朝雅《ともまさ》を将軍に立てようとしたが、政子と長男義時《よしとき》がこれに反対し、閏《うるう》七月、出家して明盛と名乗り、政子と義時によって牧の方とともに伊豆に幽閉された。

鎌倉幕府は源平合戦の産物といわれるが、実質は東国武士団の中央に対する独立戦争で、源氏は傀儡《かいらい》であり、たまたま頼朝の政治力が優れていたためその存命中は頼朝独裁であった。また幕府滅亡まで北条氏が実権を握ったのも、他の御家人を巧みに排除しながらのことであった。時政は初代執権と言われることもあるが、執権職が時政当時から存在したとは考えにくい。

北条政子《まさこ》

一一五七〜一二二五
（保元二年〜嘉禄元年七月十一日）

時政の娘。伊豆配流《はいる》中の源頼朝と結ばれ、その妻となり、長女大姫を儲け、治承四年（一一八〇）、頼朝が旗揚げし鎌倉に入ると、鎌倉殿御内室《ごないしつ》となり、以後北条氏は鎌倉殿御外戚の地位にあった。寿永元年（一一八二）、長男頼家を産む。木曽義仲の長男義高《よしたか》が人質として差し出されると大姫はその許婚《いいなずけ》となるが、元暦元年（一一八四）、義仲滅亡ののち義高が誅《ちゅう》されると大姫は病の床につく。文治元年（一一八五）、次女乙姫《おとひめ》を産み、鎌倉幕府成立ののち、建久《けんきゅう》三年（一一九二）、鎌倉名越《なごえ》の時政邸で次男実朝を産む（三十六歳）。頼朝は大姫を入内させようと図ったが大姫はいつまでも義高を思って病みがちで、建久八年死去した。

正治《しょうじ》元年（一一九九）一月、頼朝死去ののち出家するが、後継の鎌倉殿となった頼家が無能だったため、時政、弟義時とともにその権力を剝奪。頼家は建仁二年（一二〇二）征夷大将軍となるが、その妻の一族である比企氏と北条氏が対立して翌年比企一族は滅ぼされ、頼家は修禅寺に幽閉され、実朝が三代将軍になると、政子は将軍後見役《こうけんやく》として時政とともに幕府実権を握り、翌年頼家は、時政の手の者に暗殺された。

元久二年（一二〇五）、時政が後妻（政子の義母）牧の方の女婿平賀朝雅を将軍に立てようとしたため、義時と結んで父を伊豆に幽閉する。実朝もまた政治力に欠けると見て、建保《けんぽう》六年（一二一八）上洛し、後鳥羽院の乳母で権力者であった藤原兼子《かねこ》と話し合い、従二位に叙せられ、二位尼《にいのあま》、ないし尼将軍と呼ばれる。承久《じょうきゅう》元年（一二一九）、鶴岡八幡宮で実朝が暗殺されると、聴政《ちょうせい》として事実上の将軍の地位に就き、同三年、後鳥羽院が幕府討伐の軍を起こすと、御家人《ごけにん》を集めて頼朝挙兵当時のことを話して結束を固め、幕府軍を勝利に導いたとされる。

極めて嫉妬《しっと》深く、頼朝の愛人宅を破却したり、他の女に産ませた子を遠方へ追いやったりしたため、頼朝には政子以外の女に産ませた子で、尋常に成長したものがない。京の公家の一夫多妻制に対して東国武家では一夫一婦制が成立していたとする説もあるが、弟義時には複数の女に産ませた子があって、やはり政子が特異だったと言わざるをえない。また頼家暗殺を黙認したなどのことから悪女とされてきたが、その一方、義高を殺した後で大姫が嘆くためその実行者を処罰させたとか、静御前《しずかごぜん》の舞に怒った頼朝を、女の情として宥《なだ》めたなどの逸話もあるが、北条氏に都合よく書かれた『吾妻鏡《あずまかがみ》』の記述であるから十分には信じられない。

一九六九年に小説『北条政子』を刊行した永井路子はその再評価に務め、一九七九年には永井原作で政子を主役としたNHK大河ドラマ『草燃える』が放映された。

なお前近代は夫婦別姓であるから、北条政子であって源政子ではなく、戦前は本姓から平《たいらの》政子と呼ばれた。

北条義時《よしとき》

一一六三〜一二二四

（長寛元年〜貞応三年六月十三日）

時政の次男とされる。政子の弟。江間小四郎《えまのこしろう》、または四郎と称する。治承四年（一一八〇）、十八歳の時、源頼朝の挙兵に参加、兄宗時《むねとき》は石橋山の合戦で戦死。源範頼の軍に加わり西海に戦う。建久十年（一一九九）頼朝が死去し、頼家の親裁が廃されると幕府の十三人の合議に加わる（三十七歳）。建仁三年（一二〇三）、二代将軍頼家を修禅寺に幽閉、比企一族を滅ぼし、元久元年（一二〇四）、従五位下相模守となる。同二年、父とともに畠山重忠を滅ぼすが、父の企てには反対でやむなく従ったもので、この頃から時政との間に間隙《かんげき》が生じ、同年、平賀朝雅を将軍にしようとした父を、政子と図って伊豆に幽閉、政所別当となり、幕府の権力を政子とともに掌握する（四十三歳）。

建永二年（一二〇七）従五位上、建暦《けんりやく》三年（一二一三）正五位下となり、四月、侍《さむらい》所別当・和田義盛を滅ぼして侍所別当を兼ね、事実上の執権となる。建保《けんぽう》四年（一二一六）従四位下、同五年右京権大夫《うきょうごんだいぶ》、陸奥守、同七年正月、実朝が右大臣拝賀の式で公暁に殺された際は、途中から引き返しており、暗殺計画を知っていたと疑われる。同年、次の将軍候補として九条三寅《みとら》を邸に引き取る。

承久の乱（一二二一）で後鳥羽院は義時追討の院宣《いんぜん》を出すが、政子とともに法皇の軍勢を撃退することに成功、京に六波羅《ろくはら》探題《たんだい》を設置する。政子に一年先立って急死。法名を得《とく》宗《そう》といい、これが後々まで北条氏嫡流《ちゃくりゅう》の称号となった。

徳川時代より、将軍を廃し天皇を流罪に処すなどの行為によって悪人と見なされてきた。

北条泰時《やすとき》

（一一八三～一二四二）
（寿永二年～仁治三年六月十五日）

義時の長男。幼名・金剛。江間太郎と称する。母は大庭景親《おおばかげちか》の娘とする説もあるが不詳。建久《けんきゅう》五年（一一九四）元服し、幼少時から頼朝に目を掛けられる。建暦元年（一二一一）修理亮《しゅりのすけ》。建保四年（一二一六）式部少丞《しょうじょう》従五位下、同六年、侍所別当の職を父から譲られる（三十五歳）。同七年武蔵守。承久の乱（一二二一）では叔父時房《ときふさ》とともに東海道大将軍として上洛、後鳥羽院の軍勢を破り京を占拠、後鳥羽、土御門《つちみかど》、順徳《じゅんとく》三上皇を流罪とし、仲恭《ちゅうきょう》院を退位させて後堀河《ごほりかわ》院を立て、六波羅探題として幕府による畿内の制圧を行う。またこの時、明恵上人《みょうえ》を知り帰依《きえ》する。貞応《じょうおう》三年（一二二四）、父の急死により鎌倉に帰り執権となる（四十二歳）。

翌嘉禄《かろく》元年（一二二五）、大江広元と伯母政子が死去して幕府は中心人物を失うが、泰時は幕政の改革に乗り出し、九条頼経《よりつね》を六年間不在だった征夷大将軍の座に据えて鎌倉殿とし、時房を執権を支える連署《れんしょ》とし、伊賀、三浦、中原氏らを評定衆とする。なお連署制は複数執権制だとする説もある。貞永《じょうえい》元年（一二三二）、初の武家法典である御成敗式目《ごせいばいしきもく》（貞永式目）を定める。嘉禎《かてい》四年（一二三八）、上洛し従四位下に任ぜられる。翌延応《えんおう》元年正四位下。仁治《にんじ》三年（一二四二）、四条院が死去すると、姉の夫である前内大臣土御門源定通を通じて皇位継承に干渉、土御門院の第二皇子の後嵯峨《ごさが》院を即位させるが、ほどなく病のため出家して観阿と号し、死去。

頼朝以来の武家政治を、天皇権力を簒奪《さんだつ》したものとして批判する北畠親房の『神皇正統記《じんのうしょうとうき》』ですら泰時のみは名君として称えている。だが息子らに先立たれ、泰時死後は二十歳に満たない孫の経時《つねとき》が執権となった。

北条経時《つねとき》

（一二二四〜一二四六　貞応三年〜寛元四年閏四月一日）

泰時の嫡男・時氏《ときうじ》の子、母は安達景盛《あだちかげもり》の娘（松下禅尼《まつしたぜんに》）。寛喜《かんき》二年（一二三〇）、父が死去、天福《てんぷく》二年（一二三四）、将軍九条頼経《よりつね》の加冠《かかん》により元服、弥四郎を通称とする。小侍所《こさむらいどころ》別当となり、嘉禎《かてい》三年（一二三七）左近衛将監《さこのえしょうげん》。仁治《にんじ》二年（一二四一）従五位上。翌三年六月、祖父泰時の死により十九歳で執権となり、寛元《かんげん》元年（一二四三）六月正五位下、七月武蔵守となる。翌二年四月、将軍頼経に北条氏排除の動きがあったためこれを廃し、その子頼嗣《よりつぐ》を将軍とする。同三年、妹の檜皮姫《ひわだひめ》を将軍御台所《みだいどころ》とする。同年より病がちとなり、四年三月、執権を弟時頼《ときより》に譲り、出家して安楽、蓮華寺と号した。

北条時頼《ときより》

（一二二七〜一二六三　嘉禄三年五月十四日〜弘長三年十一月二十二日）

時氏の子、経時の同母弟。幼名・戒寿丸。父の任地六波羅で生まれ、四歳で父を喪《うしな》う。

嘉禎三年（一二三七）元服。同四年左兵衛少尉《しょうじょう》、寛元元年（一二四三）左近衛将監。同四年、「深秘《しんぴ》の御沙汰《さた》」と呼ばれる会議によって執権となる。しかしほどなく、北条一族の名越光時《なごえみつとき》と前将軍頼経による謀叛が発覚し、頼経は京へ送還され光時は伊豆へ流罪となる。宝治《ほうじ》元年（一二四七）、安達景盛《かげもり》の謀略によって三浦泰村《やすむら》を挑発、一族を滅ぼし、続けて千葉秀胤《ひでたね》も討滅する。同年相模守。

建長《けんちょう》元年（一二四九）、引付衆《ひきつけ》を設置して裁判の迅速化を行い、同四年将軍頼嗣を廃して宗尊《むねたか》親王を将軍とする。ために九条家は衰微し、親北条派の西園寺《さいおんじ》家が興隆した。同八年、連署重時《れんしょしげとき》が辞任して出家、時頼も病のため執権を重時の子長時《ながとき》に譲り出家、最明寺《さいみょうじ》入道と呼ばれたが、以後も北条嫡流（得宗）として実権を握り、ここに執権と得宗の分離が起こった。正元《しょうげん》二年（一二六〇）、日蓮《にちれん》は時頼に『立正安国論《りっしょうあんこくろん》』を献呈して危機の到来を予言した。三十七歳で死去。

他の御家人の排斥などでは陰謀家だったが、撫民《ぶみん》に努めるなど政治に力量を示したため、謡曲「鉢木《はちのき》」のような廻国《かいこく》伝説を生んだ。これも、密偵を各地に派遣したためなどの説が有力だが、史実と見る学者もある。

北条時宗《ときむね》

一二五一〜一二八四
（建長三年五月十五日〜弘安七年四月四日）

時頼の子。母は北条重時の娘。幼名は正寿《しょうじゅ》丸、通称は相模太郎。兄に妾腹の時輔《ときすけ》がいた。康元《こうげん》二年（一二五七）、将軍の加冠により元服。弘長《こうちょう》元年（一二六一）、従五位下左馬権頭《さまごんのかみ》、同三年、父時頼が死に、翌文永《ぶんえい》元年（一二六四）、一族の長老北条政村《まさむら》が執権となり、時宗は連署となる。翌年従五位上相模守。同三年、将軍宗尊親王に謀反の嫌疑をかけ、廃してその子惟康《これやす》親王を将軍とする。同五年（一二六八）、高麗《こうらい》の使いが蒙古《もうこ》の牒状《ちょうじょう》をもたらすが、返答を拒否する。この際、日蓮は時頼の時に続いて『立正安国論』を献上する。同年、十八歳で執権となる。

文永八年（一二七一）、フビライ・ハーンを戴く蒙古（その後元《げん》）の使いが再度来朝し強硬に返書を迫るが拒む。同年、日蓮を捕えて佐渡《さど》へ流罪とする。日蓮は龍《たつ》ノ口《くち》で斬首されるところを、稲妻によって救われたという伝説がある。翌年、九州北岸の防備を固めさせる。同十一年（一二七四）十一月、元・高麗軍が九州に来寇、対馬《つしま》、壱岐《いき》、博多湾で戦いとなるが、強風のため帰国する（文永の役《えき》）。翌建治《けんじ》元年（一二七五）、龍ノ口で元の使いを斬首する。また同年、後深草《ごふかくさ》上皇の皇子を立太子せしめるが、これが両統迭立《てつりつ》の始まりとなる。弘安《こうあん》四年（一二八一）六月、再び元軍が来寇し、九州北岸で激しい戦闘を繰り広げるが、七月、暴風雨により退去した（弘安の役）。

蒙古に滅ぼされた宋から無学祖元《むがくそげん》を迎え、これを開山として円覚寺《えんがくじ》を創設、禅宗《ぜんしゅう》に帰依した。父と同じく、若くして死去。得宗の相次ぐ若死にには、毒殺説もある。

従来、時宗単独でというより「蒙古襲来」の枠で捉えられており、むしろ日蓮をからめてのフィクション化が主だったが、二〇〇一年の大河ドラマ『北条時宗』（高橋克彦原作）放送の際は時宗本が多く出て、国難を救った人物とされた。時宗の偉人扱いは太平洋戦争中にも盛んで、これは後に、日本を救うために神風《かみかぜ》が吹くといった妄信と結びついていた。

北条貞時《さだとき》

一二七一〜一三一一
（文永八年十二月十二日〜応長元年十月二十六日）

時宗の嫡男、母は安達義景《よしかげ》の娘（覚山尼《かくさんに》）。幼名・幸寿丸。弘安五年（一二八二）左馬権頭、同七年、父の死を受けて十四歳で執権となる。同八年相模守。当時幕府内では、貞時の乳母の夫の内管領《ないかんれい》・平頼綱《よりつな》と、貞時の母の兄の安達泰盛が対立しており、この年の霜《しも》月《つき》騒動で両者は激突し、安達の一族が滅ぼされて、頼綱の専制が始まる。正応《しょうおう》二年（一二八九）、将軍惟康親王を廃して久明《ひさあきら》親王を立て、同六年四月、独裁者頼綱を討つ（平禅門《へいぜんもん》の乱）（二十三歳）。引付衆《ひきつけしゅう》を廃止し七人の執奏《しっそう》を置いて幕政を改革し、得宗専制体制を復活、永仁《えいにん》五年（一二九七）、永仁の徳政令を発布。

正安三年（一三〇一）、出家して崇暁、のち崇演、執権を辞職して従弟の師時《もろとき》に譲るが、自邸で寄合衆《よりあいしゅう》会議を開いて実権は握り、徳治《とくじ》三年（一三〇八）、成長した久明親王を京へ送還し、その子守邦《もりくに》王（のち親王）を将軍に据えた。執権師時《もろとき》に続いて死去、四十一歳。執権職は一族の大仏宗宣《おさらぎむねのぶ》が継いだ。

北条高時《たかとき》

一三〇三～一三三三
（嘉元元年～正慶二年・元弘三年五月二十二日）

貞時の嫡男。母は安達泰宗《やすむね》の娘説と安達時顕《ときあきら》の娘説とがある。幼名を成寿丸。応長《おうちょう》元年（一三一一）、父の死により九歳で得宗家を継ぎ、従五位下左馬権頭。内管領・長崎円喜《えんき》が補佐する。執権大仏宗宣は翌年辞職して死去、高時が幼かったため執権職は一族の熙時《ひろとき》、基時《もととき》が相次いで、正和《しょうわ》五年（一三一六）、十四歳で執権となる。文保《ぶんぽう》元年（一三一七）従四位下相模守となり、同年文保の和談で皇統における大覚寺統・持明院《じみょういん》統の争いを、代わる代わる継ぐことに決定、翌年、後醍醐天皇が即位するが、天皇は次第に倒幕の目論見《もくろみ》を抱《いだ》くようになり、元亨《げんこう》元年（一三二一）より院政を廃して親政を始める。同四年、天皇の倒幕計画が明らかになり、日野資朝《すけとも》、俊基《としもと》らが捕えられ資朝は流罪となる（正中《しょうちゅう》の変）。

翌正中二年（一三二五）、建長寺船を宋に派遣。同三年三月、二十四歳で出家して執権を辞職、一族の金沢貞顕《かねさわさだあき》が執権職に就き、同年中に赤橋守時《あかはしもりとき》に代わるが、いずれも実権はなく、高時は得宗として政務を執り、実権は長崎円喜・高資《たかすけ》父子が握った。元徳《げんとく》三年（一三三一）、再度後醍醐の倒幕計画が漏れると長崎父子は軍を派遣し、後醍醐は笠置《かさぎ》へ逃れる。幕府は光厳《こうごん》院を擁立し、楠木正成は千《ち》早《はや》城に天皇のために旗揚げするが同年陥落、しかしこの八月、高時は長崎父子討伐を計るが発覚して高時の密命を受けた者たちは処罰される。以後は、闘犬、田楽《でんがく》、酒宴に耽った。元弘《げんこう》二年（一三三二）、後醍醐は隠岐へ配流（元弘の変）。

しかし翌年、天皇方の武士が挙兵、後醍醐は隠岐を脱出して名《な》和《わ》長年《ながとし》に迎えられ、幕府軍として京に向かった足利高氏《たかうじ》は、後醍醐の高時追討の宣旨を受けて寝返り、六波羅探題北条仲時《なかとき》を滅ぼし、新田《にった》義貞《よしさだ》が関東で挙兵して鎌倉を攻め、高時は自害。三十一歳。ここに鎌倉幕府は滅びた。

コラム その⑧ 鎌倉幕府将軍の不思議

源実朝が暗殺されてから、鎌倉幕府は、摂家将軍、親王将軍を傀儡《かいらい》として据えたとされている。

全部で六人だが、実朝暗殺以後、九条（藤原）頼経が将軍として下向するまで、七年間将軍は不在だった。しかも最後の将軍守邦親王以外は、みな、成長ののち、北条氏の排除を企てるか、これに利用されるかして京へ送り返されている。

参考までにその六人を列挙しておく。

九条頼経（兼実の孫、道家の四男）（一二一八～五六）
将軍在職　一二二六～四四　正二位権大納言
九条頼嗣（頼経の子）（一二三九～五六）
将軍在職　一二四四～五一　従三位左中将
宗尊親王（後嵯峨院皇子）（一二四二～七四）
将軍在職　一二五二～六六　中務卿
惟康親王（宗尊親王の子）（一二六四～一三二六）
将軍在職　一二六六～八九　正二位中納言、右大将
久明親王（後深草院皇子）（一二七六～一三二八）
将軍在職　一二八九～一三〇八　式部卿
守邦親王（久明親王と惟康親王の娘の子）（一三〇一～一三三三）
将軍在職　一三〇八～三三

頼経、頼嗣は宮騒動で京に帰されたが、同年に死去しており、幕府による暗殺説もある。守邦は幕府滅亡時に辞任し、同年中に三十三歳で死去しており、宗尊も若死にしており、六十歳まで生き長らえたのは惟康だけで、暗殺、自害などが疑われる。

しかし、そうまでして将軍を必要としたのはなぜだろうか。

武家政権＝幕府は征夷大将軍を戴かなければならないというのは後代から見ての話に過ぎず、征夷大将軍は蝦夷を討伐する役職でしかない。むしろ、相模守などに任ぜられることの多かった北条氏が、幕府筆頭の地位にあるだけで良くはなかったか、または、北条氏自身が将軍になったらどうだったのか。

のみならず、鎌倉幕府後期になると、得宗が一時執権を務めた後、執権職を同族の一人に譲って得宗が実権を握るようになる。

北条氏自身が将軍になれば、他の豪族、なかんずく源氏の嫡流と自認する足利氏や新田氏が黙っていない、また北条氏の家柄が低い、というのは分かるが、将軍を必要としたのはなぜか。

日本特有の権威と権力の分割などで説明されるが、既に天皇がいる以上、それ以上の三重構造にしてしまった理由は、未だ歴史学者によっても明快な答えは得られていない。

コラム その⑨

諡号と院号

私たちが、一般に使っている天皇の名「後醍醐天皇」のようなものは、「諡号《しごう》」つまり死後に贈られた「おくりな」である。「昭和天皇」も、死んで昭和天皇となったのであり、存命中は「裕仁《ひろひと》」であり、後醍醐《ごだいご》なら尊治《たかはる》である。

従って、時おりうかつなマンガや小説で、登場人物が存命中の天皇を諡号で呼んだりするのは紛れもない間違いだし、「後三条天皇として即位」などと書いたりするのも、本来は間違いである。ただし本書では、後者について事実どおりに記すと面倒なので、即位の時点から諡号を使っている。明治以後の天皇は、元号を諡号とするので、前もって諡号が分かることになっている。

また現在使われているのは唐風諡号というもので、恵美押勝の時代に定められたものである。孝謙―称徳天皇のように、二度即位している天皇もあるが、これを重祚《ちょうそ》という。皇極―斉明天皇は、和風諡号として「天豊財重日足姫天皇《あめのとよたからいかしひたらしひめのすめらみこと》」一つがあるだけだったが、押勝政権の時に、二度にわたる即位について唐風諡号をつけたもので、孝謙―称徳天皇の場合、いったん上皇となった際、生前尊号として「宝字称《ほうじ》徳孝謙皇帝」が贈られたため、二つの諡号はここからとられている。

ところで、「天皇」という称号は、平安初期の村上天皇までで廃止されており、以後は院号が用いられ、「冷泉院」のように呼ばれていた。これを復活させたのは徳川時代の光格《こうかく》天皇だが、それ以前にも、後醍醐天皇が天皇号を復活させているから、南朝の天皇はみな天皇号であり、すべての天皇が天皇号をもって示されるようになったのは明治以後のことである。

よって本書でも、この例に倣い、冷泉院から後桃《ごもも》園《ぞの》院までは、南朝の天皇を除いて院号を用いる。

ちなみに、「今上《きんじょう》天皇」「天皇陛下」という言い方は比較的新しく、本来は「今上」だけで現在の天皇を意味するから、今上天皇は重言《じゅうげん》だというのが私の考えで、この語は近世末期になるまで現れない。

「天皇陛下」は明治以後のものだが、これも、「今上陛下」などとするのが正しく、明治期には「ミカド」「天子さま」などと呼ばれており、「天皇陛下」が広まったのは、昭和に入ってからのことである。

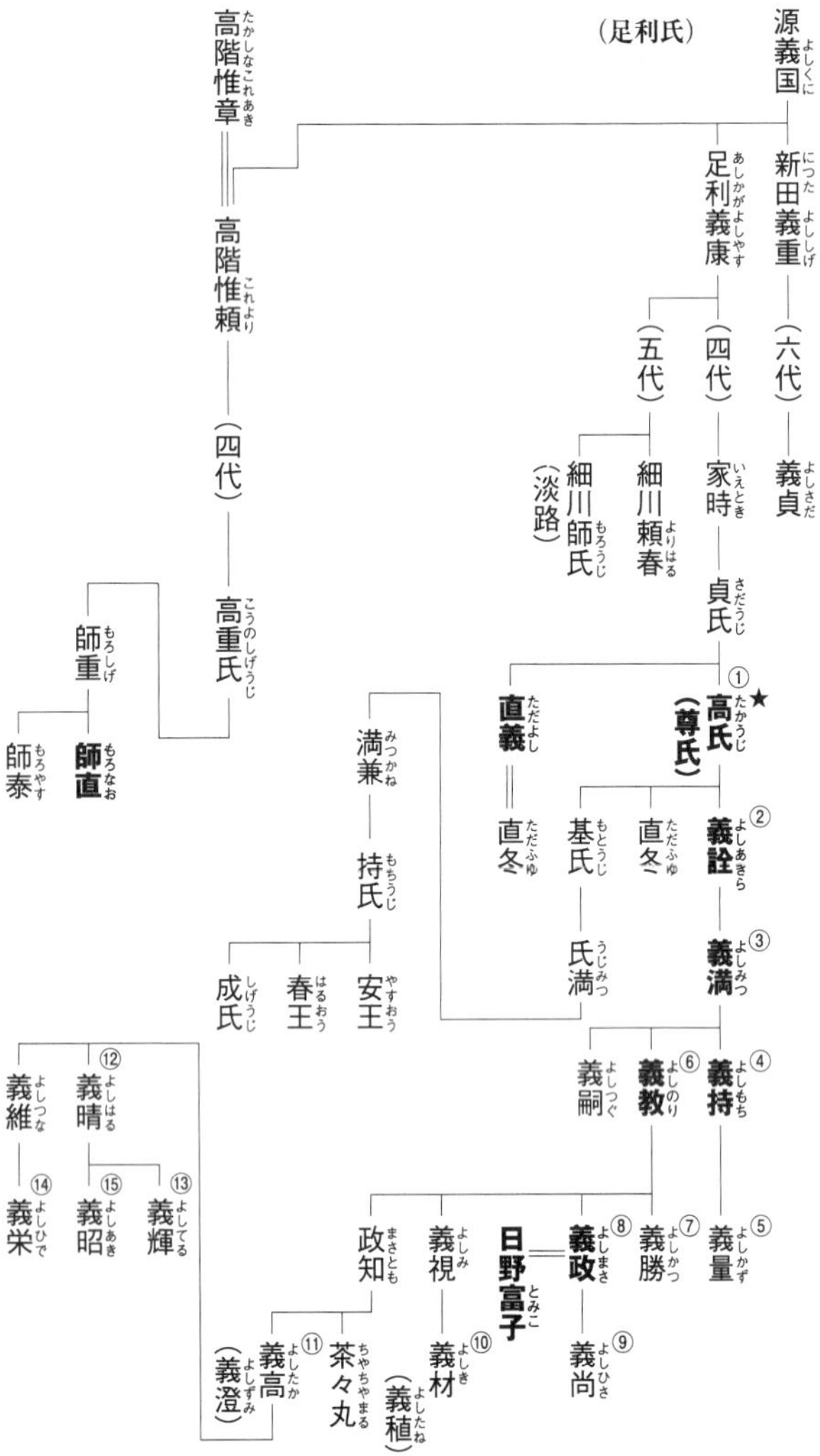
（足利氏）
源義国《よしくに》
新田義重《にったよししげ》
（六代）
義貞《よしさだ》
足利義康《あしかがよしやす》
（四代）
家時《いえとき》
貞氏《さだうじ》
①★高氏《たかうじ》（尊氏）
②義詮《よしあきら》
③義満《よしみつ》
④義持《よしもち》
⑤義量《よしかず》
⑥義教《よしのり》
⑦義勝《よしかつ》
⑧義政《よしまさ》
日野富子《とみこ》
⑨義尚《よしひさ》
義視《よしみ》
⑩義材《よしき》（義稙《よしたね》）
政知《まさとも》
茶々丸《ちゃちゃまる》
⑪義高《よしたか》（義澄《よしずみ》）
⑫義晴《よしはる》
⑬義輝《よしてる》
⑮義昭《よしあき》
義維《よしつな》
⑭義栄《よしひで》
義嗣《よしつぐ》
直冬《ただふゆ》
基氏《もとうじ》
氏満《うじみつ》
満兼《みつかね》
持氏《もちうじ》
安王《やすおう》
春王《はるおう》
成氏《しげうじ》
直義《ただよし》
直冬《ただふゆ》
（五代）
細川頼春《ほそかわよりはる》
細川師氏《もろうじ》（淡路）
高階惟章《たかしなこれあき》
高階惟頼《これより》
（四代）
高重氏《こうのしげうじ》
師重《もろしげ》
師直《もろなお》
師泰《もろやす》

■ 足利氏、細川氏、三好氏系図

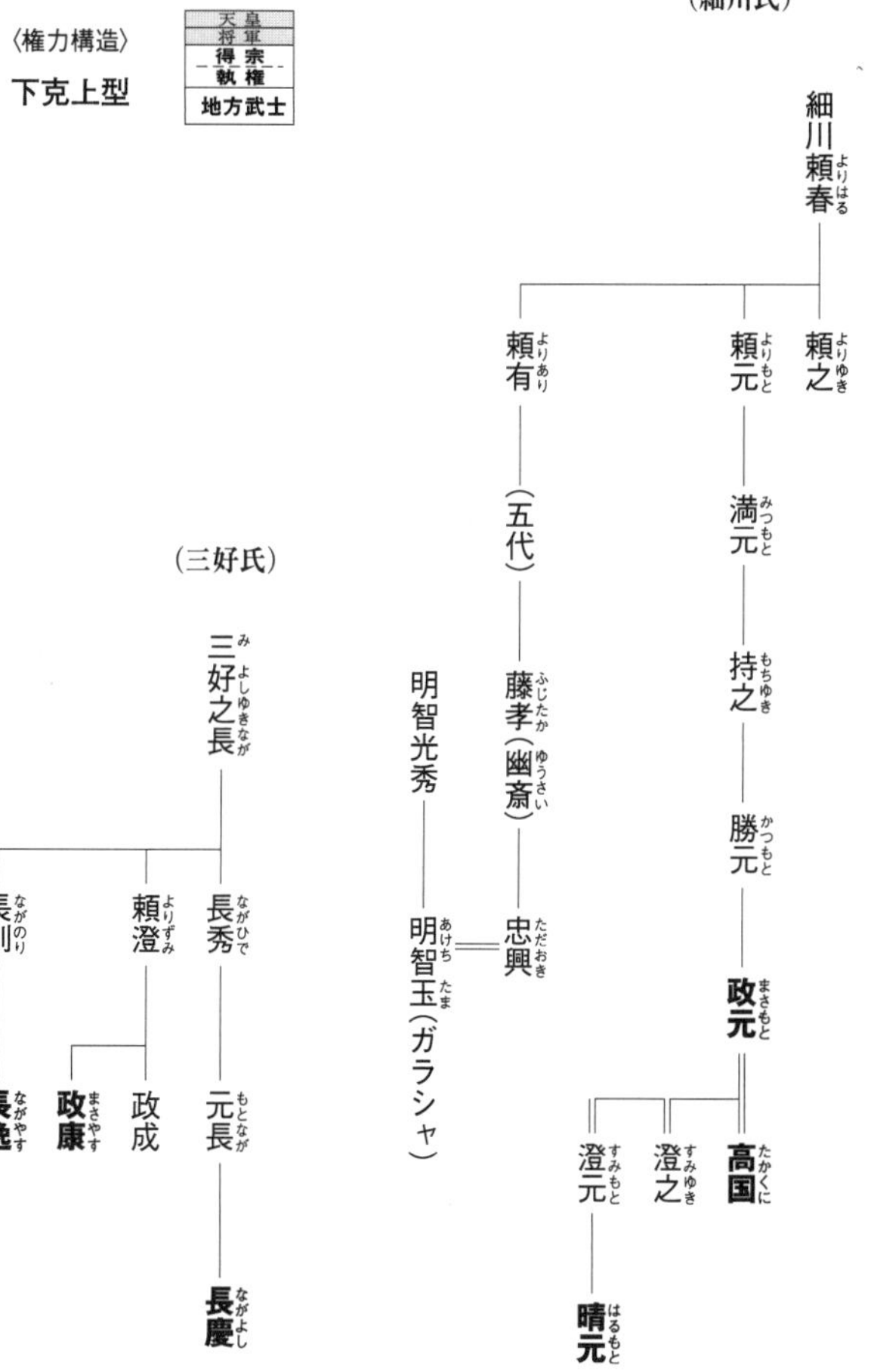
〈権力構造〉
下克上型
天皇
将軍
得宗
執権
地方武士
（細川氏）
細川頼春《よりはる》
頼之《よりゆき》
頼元《よりもと》
満元《みつもと》
持之《もちゆき》
勝元《かつもと》
政元《まさもと》
高国《たかくに》
澄之《すみゆき》
澄元《すみもと》
晴元《はるもと》
頼有《よりあり》
（五代）
藤孝《ふじたか》（幽斎《ゆうさい》）
忠興《ただおき》
明智光秀
明智玉《あけちたま》（ガラシャ）
（三好氏）
三好之長《みよしゆきなが》
長秀《ながひで》
元長《もとなが》
長慶《ながよし》
頼澄《よりずみ》
政成
政康《まさやす》
長則《ながのり》
長逸《ながやす》

足利尊氏《あしかがたかうじ》

一三〇五〜一三五八
（嘉元三年〜延文三年・正平十三年四月三十日）

清和源氏源義家《よしいえ》の次男義国の次男が足利荘に住んで足利義康《よしやす》を名乗った、その末裔。足利氏は源氏嫡流の地位を新田氏と争ったが、祖父家時《いえとき》は、義家が、五代後に生まれ変わって天下をとると書き残したのに対し、自分は天下がとれないので三代後に託すとして自害したという伝説があるが、既に頼朝がいるのだからおかしな話である。父貞氏《さだうじ》は鎌倉幕府御家人、母は上杉頼重《よりしげ》の娘清子《きよこ》（上杉氏は藤原北家高藤流）。幼名を又太郎、元服して高氏。北条一族で執権を務めた赤橋守時の妹・登子《なりこ》を正室とする。

元弘元年（一三三一）、父が死んで家督を継ぐ。同三年（一三三三）、後醍醐天皇が隠岐を脱出して再挙したため、三月天皇軍を討つため北条高房《たかふさ》とともに幕府軍を率いて上洛するが、高房は天皇方の赤松則村《のりむら》との戦いで戦死、四月、丹波篠村で倒幕に翻心、六波羅探題を滅ぼし、奉行所を設置、反北条勢力の武士を糾合する。関東では新田義貞が幕府を滅ぼす。天皇が京に戻ると、勲功第一としてその名尊治の偏諱《かたいみな》を与えられ尊氏と改名、鎮守府将軍、従四位下左兵衛督《さひょうえのかみ》、武蔵国ほか三カ国と北条氏遺領三十余箇所を与えられる。

翌建武《けんむ》元年（一三三四）、後醍醐の親政が始まるが、鎌倉将軍府では弟直義が執権を名乗り、同二年（一三三五）七月、北条高時の遺児時行《ときゆき》を擁立した北条氏残党が信濃で挙兵し鎌倉を占拠（中先代《なかせんだい》の乱）、尊氏は下向して時行軍を破るが、そのまま鎌倉に留《とど》まり上洛命令に従わず、これを天皇への謀叛《むほん》として義貞が下向するが十二月、箱根竹ノ下の戦いで義貞を破り上洛、しかし、翌延元《えんげん》元年（一三三六）、義貞、北畠顕家《きたばたけあきいえ》ら天皇方に敗れて九州へ落ち延びる。西国武士を糾合して再度上洛、摂津湊川《みなとがわ》の戦いで楠木正成を討ち、入洛、光厳上皇の院宣を得て、後醍醐に三種の神器《じんぎ》を渡させ光明《こうみょう》院を擁立し、十一月に建武式目《しきもく》を発布して新しい武家政権の成立を告げた。

しかし十二月、後醍醐は吉野へ逃れ、光明に渡した神器は贋物だと宣言し、ここから南北朝正閏《せいじゅん》論が生まれる。以後南北朝時代が続くが、暦応《りゃくおう》元年（一三三八）、尊氏は光明院から征夷大将軍（正二位）に任ぜられた。

翌年、後醍醐が死去し、後村上《ごむらかみ》天皇が吉野で即位。その後、尊氏の執事・高師直《こうのもろなお》と弟師泰《もろやす》と、幕府の実権を握る直義との対立が激しくなり（観応《かんのう》の擾乱《じょうらん》）、観応二年（一三五一）、一時南朝と和睦《わぼく》してこれに当たろうとするが、高兄弟は暗殺され、尊氏は直義を毒殺したとされる。この後、南朝は宗良《むねよし》親王を征夷大将軍に任命しており、当時征夷大将軍が二人いたわけである。また尊氏の庶子で直義の養子となった直冬《ただふゆ》が九州に勢力を持ち、尊氏はこれを討とうとしたが、京の万里小路《までのこうじ》邸で五十四歳で死去した。左大臣、のち太政大臣を追贈された。

明治から敗戦までは、天皇への反逆者として悪人とされ、新田、楠木は忠臣とされたが、戦後価値観が変わり、昭和三十年、高柳光寿《たかやなぎみつとし》の大著『足利尊氏』が再評価のきっかけとなり、吉川英治はその『私本太平記』を尊氏を主人公として書いた。なお従来尊氏像とされてきた騎馬武者像は尊氏ではなく、神護寺にある平重盛像とされてきたのが尊氏像だとする説が現れている。

足利直義《ただよし》

一三〇六〜一三五二
（徳治元年〜観応三年・正平七年二月二十六日）

尊氏の同母弟。兄と行動を共にし、元弘三年（一三三三）、左馬頭・相模守となる。相模守は北条得宗家が代々任ぜられたもの。鎌倉幕府滅亡に伴い、成良《なりよし》親王を奉じて下向、鎌倉将軍府を作る。建武二年（一三三五）、中先代の乱が起こると、征夷大将軍で後醍醐の皇子である大塔宮護良《おおとうのみやもりよし》親王を殺していったん逃亡、下向してきた尊氏とともに鎌倉を奪回し、その後兄とともに後醍醐に逆らい、九州へ逃亡、尊氏が幕府を開くと、尊氏が軍事指揮権、直義が裁判などの政務を執行する二頭政治を行う。しかし高師直との対立が深まって観応の擾乱を引き起こし、観応二年（一三五一）、師直を殺して尊氏と対立、北陸へ逃れ各地で転戦、鎌倉へ入る。尊氏は南朝と一時和睦して鎌倉へ下向、戦いの後直義が降伏するが翌年死去。尊氏による毒殺とする説が有力である。

高師直《こうのもろなお》

?～一三五一
（?～観応二年・正平六年二月二十六日）

藤原氏の一族、高階《たかしな》家の子孫で高師重《もろしげ》の子。通称は五郎右衛門尉。足利氏の祖義康の弟惟頼《これより》が養子に入ったその子孫であり、代々足利家の執事を務め、尊氏を助けて建武の親政では雑訴決断所衆《ざつそけつだんところしゅう》、窪所《くぼどころ》衆となる。足利幕府成立後、執事として軍事財政を担当し、引付《ひきつけ》・内談《ないだん》衆の頭人《とうにん》として幕府中枢に権力を強める。暦応元年（一三三八）、奥州から下り鎌倉を落とした北畠顕家を討ち、男山八幡《おとこやまはちまん》を焼亡させる。また貞和《じょうわ》四年（一三四八）には四条畷《しじょうなわて》の戦いで楠木正行《まさつら》を討つ。

弟（兄とする説もある）師泰《もろやす》とともに畿内の新興領主層の支持を受け、各国守護を支持基盤とする足利直義と対立を深め、上杉重能《しげよし》と畠山直宗《なおむね》が直義方についたため、貞和五年（一三四九）閏《うるう》六月、執事を罷免される。八月、直義を討つため旗揚げし、直義は尊氏邸に逃れ、これを取り囲んで政務を尊氏の嫡男義詮《よしあきら》に譲らせ、執事に復帰する。

しかし翌年、直義の養子で九州に反旗を翻す直冬を討つため尊氏とともに下向しようとした際、直義が京を脱出し、南朝方と結んで挙兵し、翌観応二年（一三五一）、播州《ばんしゅう》で直義軍に大敗し、出家して降伏したが、一族とともに摂津武庫川《むこがわ》で上杉能憲《よしのり》に殺された。

三河守、武蔵守などを歴任し、武蔵・上総の守護だったが、一般には高《こうの》武蔵守と名乗る。和歌をよくしたとされるが、『太平記』では好色な悪人として描かれ、中国地方の武士塩《えん》冶《や》判官高貞《はんがんたかさだ》の妻に懸想し、兼好《けんこう》法師に相聞歌《そうもんか》を代作させて送ったが断られたので、判官を讒訴《ざんそ》し、逃亡の途中を討ったとされる。徳川時代の浄瑠璃「仮名手本忠臣蔵《かなでほんちゅうしんぐら》」では、同時代の事件を扱うのが禁じられていたため、浅野内匠頭《たくみのかみ》を塩冶判官に、吉良上野介《きらこうずけのすけ》を高師直として描いており、本来は「もろなお」だが、浄瑠璃で「もろのお」とされ、そちらのほうが今では有名である。

足利義詮《よしあきら》

一三三〇～一三六七
（元徳二年六月十八日～貞治六年十二月七日）

尊氏の三男、母は赤橋登子。幼名は千寿王。読みは、「よしあきら」「よしのり」両説がある。元弘三年（一三三三）、尊氏が後醍醐天皇の軍を迎え撃つ際、人質として鎌倉に留まる。尊氏の謀叛の報が伝えられると直ちに脱出、新田義貞軍と合流する。鎌倉幕府滅亡後は細川和氏《かずうじ》の補佐を受けて鎌倉将軍府の管領《かんれい》となる。建武《けんむ》二年（一三三五）従五位下。尊氏の転戦の間、鎌倉にある。康永《こうえい》三年（一三四四）正五位下、左馬頭《さまのかみ》。貞和《じょうわ》五年（一三四九）、観応の擾乱で直義と師直が対立すると、弟基氏《もとうじ》が関東管領として下向、上洛して直義に代わって政務を執る（二十歳）。観応元年（一三五〇）参議兼左中将。源氏嫡流という血統が、北条氏より遥《はる》かに上であったことが明らかである。

文和《ぶんな》元年（一三五二）、南朝との講和が破れ、京を逃れて、直冬《ただふゆ》や南朝軍との戦いに転戦、延文《えんぶん》元年（一三五六）従三位。同三年（一三五八）、父が没すると征夷大将軍、武蔵守となる（二十九歳）。貞治《じょうじ》元年（一三六二）、斯波《しば》義将《よしまさ》を執事（のちの管領）に任じ、翌年権大納言、南朝方の大内弘世《おおうちひろよ》や直冬方の山名時氏《やまなときうじ》を帰服させる。同五年以降、直冬は消息不明となる。しかし鎌倉公方基氏との確執もあり、同六年、病のため家督を長男義満《よしみつ》に譲り、細川頼之《よりゆき》を管領としてこれを補佐させた。三十八歳で没。

足利義満《よしみつ》

一三五八～一四〇八
（延文三年八月二十二日～応永十五年五月六日）

義詮の長男、母は側室で石清水八幡宮《いわしみずはちまんぐう》社務善法寺《ぜんぽうじ》通清《みちきよ》の娘・紀良子《きのよしこ》。幼名・春王。貞治五年（一三六六）従五位下、同六年父の死により十歳で家督を継ぎ、細川頼之を管領とし、正五位下左馬頭。翌年元服、征夷大将軍となる。応安《おうあん》六年（一三七三）参議兼左中将、従四位下。永和《えいわ》元年（一三七五）十八歳で従三位、同四年、室町に邸を築造し、これより室町幕府と呼ばれる。同年権大納言兼右大将。頼之は諸将と対立したため、康暦《こうりやく》元年（一三七九）、管領を免ぜられ、斯波義将《しばよしまさ》を管領とする（康暦の政変）。以後、管領職は細川・斯波・畠山の三氏から任ぜられることになる。斯波氏は最も家柄が高く、そのため執事ではなく管領と称せられたという。同二年従一位、永徳《えいとく》元年（一三八一）、室町第に後円融院《ごえんゆういん》のが行幸があり、内大臣となる(二十四歳)。同二年左大臣、蔵人所別当《くろうどどころ》、院別当。

同三年、それまで主として村上源氏の久我氏が名乗っていた源氏の長者の地位を久我具通《ともみち》より譲られ、武家源氏として初めて長者の地位に就く。さらに淳和《じゅんな》・奨学《しょうがく》両院別当となるが、この地位はのち徳川将軍の代々が受け継いだもので、武家の頭領の地位を示すものとなる。さらに准三宮《じゅさんぐう》。嘉慶《かきょう》二年(一三八八)、駿河に下り、翌康応《こうおう》元年、厳島《いつくしま》に詣でたが、これは鎌倉公方や西国の諸大名を威圧するためであった。

明徳《めいとく》元年(一三九〇)、山名氏の内紛に乗じ、山名氏清《うじきよ》に命じて一族を攻めさせ、同二年(一三九一)、細川頼元《よりもと》を管領とし、山名満幸《みつゆき》を京から追放して挑発、挙兵した氏清・満幸を内野《うちの》の戦で討ち、六分一殿《ろくぶいちどの》と呼ばれ、全国の六分の一の国の守護を務めた中国地方の大大名山名氏の領地を三国にまで減らした。同三年、南北朝の内乱を終結させ、交代で天皇を務めさせる約束で南朝の後亀山《ごかめやま》天皇に三種の神器を北朝の後小松《ごこまつ》院に譲らせたが、約束は守られず、以後も後南朝による戦乱が続いた。同四年、三度《みたび》斯波義将を管領とする。

応永《おうえい》元年(一三九四)、三十七歳で将軍職を七歳の長男・義持《よしもち》に譲るが、実権は義満にあり、太政大臣となって平清盛の地位に並ぶ。翌年これを辞職、出家、法名を道義《どうぎ》とし、源氏長者を降りてこの地位は空位となる。同四年、北山第《きたやまだい》を造営し北山文化を栄えさせる。

北山第は義満死後、その規模を縮小して鹿苑寺《ろくおんじ》金閣となった。同五年、管領は畠山基国《もとくに》に代わり、同六年、中国西部から北九州に勢力を伸張した大内義弘《よしひろ》と対立、堺に上陸した大内軍を破って義弘を討つ（応永の乱）。かくして西国への支配を強化し、元寇以来絶えていた大陸との交易を再開、対明《たいみん》貿易を行い、明からの国書には「日本国王源道義《げんどうぎ》」とあって日本を属国として扱うものだったが、義満は「国王」の地位を認められたと見なした。同十二年、斯波義教《よしのり》が管領となる。

次男・義嗣《よしつぐ》を後継者に考えており、応永十五年、義嗣を親王の儀に準じて元服させた後、病を得て死去した。太政天皇《だいじょう》の称号を追贈されたが幕府が辞退したとされるが、太政法皇とする碑文もある。

義満の時代は、足利幕府の最盛期であり、義満はさらに一歩を進めて自ら天皇の地位に立とうと考えていたとする説が有力であり、少なくとも国王の地位は握ったと見てよい。絶海中津《ぜっかいちゅうしん》、春屋妙葩《しゅんおくみょうは》など禅僧を優遇し、五山十刹《ござんじっせつ》の制を整えた。

足利義持《よしもち》

一三八六～一四二八
（至徳三年二月十二日～応永三十五年一月十八日）

義満の長男、母は三宝院坊官《ぼうかん》安藝《あき》法眼の娘・藤原慶子《よしこ》。応永元年（一三九四）、九歳で元服し将軍職を譲られるが実権は父義満にあり、同三年参議、同十三年権大納言、右大将（二十一歳）。父は次男義嗣（母は春日局《かすがのつぼね》）を後継にしたかったが、同十五年（一四〇八）、義満が急死したため果たせず、翌年より四度管領となった実力者・斯波義将に擁立されて実権を握る。同十六年内大臣。父の政策に反抗し、父への太政天皇の尊号を辞退し、北山第を解体し、対明貿易を中止した。

応永十九年（一四一二）、後小松院のあとを北朝の称光院《しょうこう》が継いだことで南北朝和議の際の約束は破られ、南朝の残党が決起した。同二十三年、関東で、前管領の上杉氏憲《うじのり》が関東公方《くぼう》足利持氏《もちうじ》と争い（上杉禅秀《ぜんしゅう》の乱）、義嗣はこれに呼応したと疑われ、寺に幽閉されて暗殺された。義持は翌年内大臣を辞任、同二十七年源氏長者となる。同三十年（一四二三）、将軍職を嫡男義量《よしかず》に譲って出家、道詮《どうせん》と号してなおも政治の実権を握るが、同三十二年、義量が死ぬと将軍空位のまま、室町殿（足利氏当主）として幕政を執るが、四十三歳で急死。

足利義教《よしのり》

(一三九四〜一四四一)
(明徳五年六月十四日〜嘉吉元年六月十四日)

六代将軍。義満の子、義持の同母弟。応永十年(一四〇三)、十歳で青蓮院《しょうれんいん》に入り得度して義円《ぎえん》と名乗る。同二十六年(一四一九)、二十六歳で天台座主《てんだいざす》。同三十五年、兄の前将軍義持が急死し嗣子《しし》がなかったため、石清水八幡宮で義持の四人の弟を候補として、管領・畠山満家《みついえ》らによる籤《くじ》引きで後継に選ばれ、還俗して義宣《よしのぶ》と改名。翌正長《しょうちょう》二年(一四二九)左中将となり、四年間空位だった征夷大将軍となり、義教と改名(三十六歳)。時に管領は満家、斯波義淳《よしあつ》が相次ぎ、当初合議制で政務を執ったが、性格に異常なところがあり、刑罰は残虐、男色家でもあって、次第に専権の度を強める。永享《えいきょう》四年(一四三二)、久我家に移っていた源氏長者を譲られた。同六年、延暦寺を弾圧。

永享十年(一四三八)、関東公方足利持氏が関東管領上杉憲実《のりざね》と対立すると、持氏討伐を命じ、翌年持氏を自害させ、結城合戦の原因をなした。また同十二年には一色義貫《いっしきよしつら》と土《と》岐《き》持頼《もちより》を大和で殺させ、恐怖政治をしく。嘉吉元年（一四四一）赤松満祐《みつすけ》邸に招かれた際、満祐に刺殺され、ここから嘉吉の乱が始まった。管領細川持之《もちゆき》は義教の長男で当時九歳の義勝《よしかつ》を将軍にしたが一年で夭折、再度将軍職は空位となり、次男義政《よしまさ》が後継となった。

足利義政《よしまさ》

一四三六〜一四九〇
（永享八年一月二日〜延徳二年一月七日）

義教の子、母は日野重子《しげこ》、七代将軍義勝の同母弟。幼名は三寅《みとら》、はじめ義成《よししげ》と名乗る。父と、兄義勝が幼くして死んだ後、嘉吉三年（一四四三）、管領畠山持国《もちくに》らの推戴《すいたい》によって八歳で後継となる。文安《ぶんあん》二年（一四四五）、細川勝元《かつもと》が管領となり、宝徳《ほうとく》元年（一四四九）征夷大将軍となる（十四歳）。享徳《きょうとく》二年（一四五三）、久我家より源氏長者を譲られる。当初は近臣・伊勢《いせ》貞親《さだちか》が勢力を持った。父と同じく日野家から富子を正室として迎えるが、その兄日野勝光《かつみつ》が政治に介入、また乳母で愛人の今参局《いままいりのつぼね》（大館《おおだち》氏）、有力大名山名持豊《もちとよ》が権勢を揮《ふる》い、傀儡《かいらい》将軍の体を示す。康正《こうしょう》元年（一四五五）右大将。富子は今参局と対立し、長禄《ちょうろく》三年（一四五九）、富子の産んだ男子がすぐ死んだのを、今参局が呪詛《じゅそ》したからだとして流罪に処したが、富子の意向で自害させられた。

その後男子が生まれなかったため、寛正《かんしょう》五年（一四六四）、弟で出家していた義尋《よしひろ》を還俗させて義視《よしみ》と名乗らせ後継とするが、翌年富子が男児を出生（義尚《よしひさ》）、家督争いとなり、富子は山名宗全《そうぜん》（持豊）を頼って義尚を立てようとし、義視は細川勝元に頼り、これに管領家である斯波家・畠山家の内紛がからんで応仁元年（一四六七）、応仁の乱が勃発する（三十二歳）。同年、日野勝光は内大臣になりのち左大臣と、日野家としては異例の出世を遂げた。東軍（勝元、斯波義敏《よしとし》、畠山政長《まさなが》）、西軍（宗全、斯波義廉《よしかど》、畠山義就《よしなり》）に分かれて戦い、戦火は京の町を焼き尽くし全国に展開して十年に及び、将軍の権威は凋落《ちょうらく》、群《ぐん》雄割拠《ゆうかっきょ》して戦国時代に入り、二度と再び将軍の権威は元に戻らぬままなおも存続した。

文明《ぶんめい》五年（一四七三）、将軍職を義尚に譲り、その後東山に山荘を建築し東山文化を栄えさせた。政治より文化に関心の深い将軍で、同十五年ここに移住、源氏長者も義尚に譲るが、延徳《えんとく》元年（一四八九）、義尚が二十四歳で没すると中風《ちゅうぶう》を病んでいたが再び政務を見、しかし五十五歳で死去。太政大臣を追贈された。

日野富子《とみこ》

一四四〇〜一四九六
（永享十二年〜明応五年五月二十日）

蔵人右少弁《うしょうべん》日野政光《まさみつ》の娘、勝光の妹、祖父義資《よしすけ》の妹重子が足利義教夫人。日野家は藤原北家真夏《まなつ》の子孫で鎌倉時代後期から擡頭し、足利幕府成立期から協力者であった。富子は康正元年（一四五五）、八代将軍義政の正室となるが男子に恵まれず、寛正五年（一四六四）、義政が弟義視を後継に定めた翌年、義尚を出産し、ここから義視と対立、山名宗全を頼ったため、義視方の細川勝元と宗全を両軍大将として応仁の乱が起こる。

文明五年（一四七三）、義尚は九歳で将軍となるが、同六年、義政と別居し、義尚を後見して幕政に関わる。同十五年頃から、成長した義尚との間に疎隔が生じ、長享《ちょうきょう》元年（一四八七）、義尚が近江の六角高頼《ろっかくたかより》討伐のため親征に出るが病を得て、延徳元年（一四八九）陣没、翌年義政も死去すると、出家して妙善院と号し、義視と富子の妹の間に生まれた義材《よしき》（のちの義稙《よしたね》、二十四歳）を十代将軍に擁立するが、義視と対立し、明応《めいおう》二年（一四九三）、義材の毒殺を図ったのち、管領・細川政元《まさもと》とともに義材を京から追放する（明応の変）。代わって堀越公方・足利政知《まさとも》の子・義高《よしたか》（のち義澄《よしずみ》）を擁立、翌三年、将軍とする。富子没後、義稙と改名した前将軍が戻って義澄を追うが、以後将軍は管領細川家の傀儡となり不安定な地位のまま滅亡を迎えた。

かねてより、戦乱を引き起こし幕府滅亡の基を作った悪女とされてきた。それは事実で、一九九四年のNHK大河ドラマ『花の乱』は富子を主役としたが、最後に義材と敵対した事実を隠蔽していた。

細川政元《まさもと》

一四六六〜一五〇七
（文正元年〜永正四年六月二十三日）

幕府管領細川勝元の子、幼名は九郎。細川本家は代々右京大夫《うきょうたいふ》を名乗り、唐風に右京《うけい》兆《ちょう》と呼ばれ、細川京兆家《けいちょうけ》とされる。文明五年（一四七三）、父が応仁の乱の最中に山名宗全に続いて四十四歳で病死すると八歳で家督を継ぎ、摂津・丹波・土佐守護となる。同十八年（一四八六）、二十歳で管領となるがすぐに畠山政長に代わり、政長と対立して翌年再度管領となる。その後も断続的に死去まで管領を務めるが、将軍義尚の死後、日野富子と政長が推《お》した義材が将軍職に就き、政争に敗れるが、明応二年（一四九三）、政長を自害させ義材を幽閉して義高（のち義澄）を将軍に立て、傀儡として政権を掌握する。以後、斯波、畠山氏と三家で務めてきた幕府管領は、細川氏のみが継ぐことになる。今谷明《いまたにあきら》はこれを「京兆専制」と呼んでいる。

しかし男色家であり妻帯しなかったため実子がなく、文亀《ぶんき》二年（一五〇二）、関白九条政基《まさもと》の子澄之《すみゆき》を養子とするが、翌年これを廃嫡《はいちゃく》し、阿波守護細川義春《よしはる》の子澄元《すみもと》を養子とする。ために澄之と澄元の争いとなった。政元は修験道に凝っており、永正《えいしょう》四年（一五〇七）、帰宅後、湯に入っているところを澄之派の家臣・香西元長《こうざいもとなが》の刺客によって殺された（永正の錯乱）。

細川高国《たかくに》

一四八四〜一五三一
（文明十六年〜享禄四年六月八日）

備中守護・細川政春《まさはる》の子。政元の後継争いで永正四年（一五〇七）香西元長が政元を殺し澄元が近江へ逃れた後、澄之が京兆家を継ぐが、高国は反澄之派を糾合し、澄元に加担して上洛、遊初軒《ゆうしょけん》に澄之と元長を討ち、澄之は三十余日でその地位を失った。澄元は帰京して京兆家を継ぐが、家臣三好之長《ゆきなが》の権勢が強く、前将軍の義材が周防守護・大内義興《よしおき》の支援を得て上洛してくると大内方に寝返り、同五年、澄元、之長を阿波に追い、義澄を廃して義稙と改名した義材を再度将軍に立てて、細川氏家督を継ぎ管領となる。同八年、再起を図った澄元を船岡山《ふなおかやま》の合戦で破り、京では義稙・高国・大内義興によって七年間平和が続いた。

だが永正十五年（一五一八）、領国を尼子《あまご》氏に脅かされた義興が帰国すると、澄元・之長は再攻を始め、同十七年、大物浦《だいもつのうら》で高国を破る。しかし高国は近江守護・六角定頼らの支援を受けて再攻、之長は捕らえられて切腹（六十三歳）、阿波へ帰った澄元は病死した（三十二歳）。

翌大永《だいえい》元年（一五二一）、一時は澄元を支持したため、高国と関係の悪かった将軍義稙が淡路へ出奔《しゅっぽん》し、高国は播磨《はりま》にいた前将軍義澄の子義晴《よしはる》（十一歳）を将軍に擁立する。同三年、義稙は不遇の内に死去し、源氏長者の地位は久我家に戻って、以後足利将軍が源氏長者になることはなかった。同七年（一五二七）、三好勝長《かつなが》・柳本賢治《やなぎもとかたはる》らが京へ入って桂川川勝寺《せんしょうじ》の戦いで高国を破り、高国は義晴を擁して近江へ逃げ、三好之長の孫・元長は、細川澄元の子・晴元《はるもと》と、義稙の養子義維《よしつな》を擁して入洛した。義維は従五位下左馬頭となり、高国らが反攻して翌年和解するが諸人の思惑がまちまちで纏《まと》まらず、再度近江へ逃げ、京の政治は元長が行ったが、柳本賢治らと対立して元長は阿波へ退去。享禄《きょうろく》三年（一五三〇）、高国は浦上村宗《うらがみむらむね》の協力を得て再攻、賢治を殺したが、阿波から元長が戻って戦い、翌年、摂津天王寺の戦いに敗れ、捕らわれて自害した（大物崩《だいもつくず》れ）。

既にこの間、将軍は管領家の傀儡と化し、室町幕府は事実上、管領家の内紛と三好家の擡頭、またその家臣や諸大名の争いによるめまぐるしい政権の交代を見るばかりとなった。なおこの時期の歴史は頼山陽《らいさんよう》の『日本外史』に詳しい。

細川晴元《はるもと》

一五一四～一五六三
（永正十一年～永禄六年三月一日）

阿波守護・澄元の子として阿波に生まれる。七歳の時父が病没して家督を継ぎ、大永七年（一五二七）、十四歳の時、家臣の三好元長らと足利義維を推戴して泉州堺へ上陸、元長が管領・細川高国と将軍義晴を打ち破って近江へ追放した。なおこの時期、義維を将軍として堺に幕府が成立していたというのが今谷明の説である。元長はこの時、茨木《いばらき》伊賀守長隆《ながたか》を抜擢して京の代官とした。享禄四年（一五三一）、元長が高国を討つと、三好家、阿波国人の勢力伸張を恐れた摂津国人《こくじん》衆の支持を得て木沢長政《きざわながまさ》らが擡頭し、晴元と組んで、翌天文《てんぶん》元年（一五三二）、本願寺 光教証如《こうきょうしょうにょ》をして一向一揆を蜂起させて元長を攻め、堺で自害させた。しかしその後一向一揆は荒れ狂い続け、晴元は法華宗徒を使ってこれに反攻させ、総本山の山科《やましな》本願寺を焼き討ちさせた。一揆は石山本願寺に総本山を移し、同二年、晴元は淡路へ逃れるが、阿波から上陸した三好長慶《ながよし》（十二歳）の調停で和睦する。権勢は木沢長政が掌握した。

天文五年（一五三六）、将軍義晴の下で管領となり政務を執る。同十年、木沢長政が謀叛するが、翌十一年、太平寺の戦いで長政は戦死、同十二年、細川氏綱《うじつな》が高国の後継者として現れ、これと戦う。同十五年、義晴は子の義輝《よしてる》に将軍職を譲って引退するが、既に幕府の実権は三好長慶に移っていた。翌年、義輝は京を追われ近江に逃亡、しかし同十八年（一五四九）、長慶が阿波から攻め上って晴元が近江へ逃げ、長慶は氏綱を擁した。同二十一年、将軍義輝は長慶と和睦し、氏綱を管領とした。しかし義輝は再度晴元に寝返り、晴元は京へ何度か攻め上るが成功せず、永禄《えいろく》元年（一五五八）、義輝は長慶と和して京に戻り、晴元も同四年、長慶と和睦して摂津富田《とんだ》に隠棲した。

戦国時代の室町幕府は、将軍は傀儡に過ぎず、管領の細川氏の内紛に、近江の六角(佐々木)氏と阿波の三好氏との間で細川氏が右往左往する状態で、言うまでもなく各地では北条、武田、毛利、長曾我部《ちょうそかべ》、島津らが割拠し、日本がまったく統一されていなかったから、とりあえず京における権力者を挙げてみたが、とうてい安定した政権が存在したとは言いがたい。信長登場以前の室町幕府については書く人が少なく、今谷明の精力的な執筆活動が目立っている。

三好長慶《ながよし》

一五二二～一五六四
(大永二年二月十三日～永禄七年七月四日)

三好氏は清和源氏武田氏傍流の信州の小笠原氏のさらに傍流で、阿波に根づいた豪族である。曾祖父三好之長の頃より守護細川氏とともに中央政治に介入し、父元長は細川氏と争い、将軍の地位を左右した。長慶は幼名・千熊《せんくま》丸、諱《いみな》は利長、範長を経て長慶。「ちょうけい」と読まれることが多いが、「ながよし」である。

父の代から筑前守を名乗る。天文元年(一五三二)、堺で父元長が戦死し家督を継ぐ。

同二年上洛し、本願寺と幕府（細川晴元）の和平を僅《わず》か十二歳で仲介した。同三年、木沢長政の仲介で細川晴元の被官《ひかん》となり、孫二郎範長と名乗るが、一族の三好政長と宿縁があり、摂津越水城《こしみずじょう》を根拠地とし、同五年、父の仇である一向一揆を討ち、同八年、兵を率いて入洛、晴元と一戦ののち講和、同十一年、木沢長政を討ち滅ぼす。政長と和戦を繰り返し、同十八年（一五四九）、晴元に反して細川氏綱を擁し、摂津江口の戦いで政長を討つ（二十八歳）。この頃筑前守長慶を名乗る。

将軍義晴と晴元は近江へ逃れ、同十九年、将軍は義輝に代わるが、三好一族は足利義維を擁す。同二十二年、長慶は従四位下に任ぜられ、義輝と晴元の軍を破って、摂津芥川城を本拠地とし、摂津・丹波・和泉・河内・阿波・淡路・讃岐・播磨の八カ国を支配し、事実上の天下人となった。永禄元年（一五五八）、将軍義輝と和して京に迎える。管領は氏綱だが、実権は長慶にあった。同二年、織田信長、長尾景虎《かげとら》（上杉謙信）が将軍に拝謁。同三年、修理大夫に任官、飯盛城《いいもり》に本拠を移す。だが次第に家臣の松永久秀《ひさひで》が擡頭、同六年、嫡子義興《よしおき》が死去し、後を追うように翌年死去、継嗣は養子の義継《よしつぐ》となったが、既に久秀と三好三人衆の傀儡であった。

信長の先駆とも言うべき人物だが、信長のような徹底性がなく、将軍や管領を否定することもなかったので、文弱の天下人とされている。

三好三人衆

三好長逸《ながやす》（生年不明～天正元年没か）
三好政康《まさやす》（生年不明～天正元年没か）
岩成友通《いわなりともみち》 一五三一～一五七三（享禄四年～天正元年）

和辻哲郎の『鎖国』は、南蛮人の渡来から徳川幕府の鎖国政策に至る歴史を描いた著書で、かつて広く読まれたが、その中に「三好三人衆」が登場する。しかし、その三人が誰と誰なのか、どこにも書いておらず、筆者はかつて頭を抱えたものだ。他の歴史書でも、室町幕府末期から信長時代にかけてしばしばこの名は登場するが、三好の一党として行を共にし、一時は政権を掌握したとされる割に、その正体は謎が多い。

長逸は「ながやす」だが、往々にして「ちょういつ」と読まれる。三好之長の末子・長則《ながのり》の子で、元長の従弟、本名を長縁ともいい、従四位下日向守、号を北斎とされ、一族の長老である。政康は之長の次男頼澄《よりずみ》の子で、政成の弟とする説と、三好政長の子で政勝《まさかつ》の兄とする説があって、下野守、釣閑斎《ちょうかんさい》と号す。友通に至っては、三好の一族ではなく系譜は不明である。この三人が、「三人衆」とされたのは、永禄七年（一五六四）三好長慶の死に際して、十河一存《そごうかずまさ》の子で、長慶の養子で後継となった義継の後見人となってからのことである。

長慶生前の事跡としては、天文二十年（一五五一）の茶会の記に友通の名がみえ、同二十三年、長逸が播磨に戦い、永禄元年（一五五八）、長逸が山城飯岡《いいおか》城主となり、友通は瓜生《うりゅう》山攻めで功を立てている。同八年五月、三人衆は松永久秀と計らって将軍義輝を暗殺するが、十一月には久秀との間が決裂し、三人衆は義継を拉致《らち》して久秀と手を切らせ、新将軍義栄《よしひで》に久秀追討の御教書《みぎょうしょ》を書かせ、筒井順慶《じゅんけい》が三人衆方について戦となり、同九年（一五六六）、三人衆は京に政権を建て、篠原長房《しのはらながふさ》が阿波から上陸するが、義継が久秀方となって戦闘の際、東大寺大仏殿を失火から焼く。同十一年、義栄は摂津富田で将軍となるが、信長の入洛により三人衆とともに阿波へ逃亡、義栄は病死し、翌年、信長が岐阜へ帰った隙に再度上洛して将軍義昭《よしあき》が滞在する本圀寺《ほんごくじ》を襲撃するが、明智光秀らに撃退された。

元亀《げんき》元年（一五七〇）、再度挙兵し、石山本願寺の顕如《けんにょ》と結んで信長に対抗、いったん和するが翌年破れ、同四年、遂に義昭、久秀と三人衆が同盟して信長に対抗する。しかし七月、山城槙島《まきしま》城で義昭は降伏して足利幕府は滅亡し、八月、岩成友通は山城淀《よど》城に細川藤孝《ふじたか》（幽斎）と戦って戦死。この時、他の二人も行方不明となり、没年も定かでない。同年、三好義継も将軍義昭が立ち去った後の河内若江《わかえ》城で信長軍に包囲され自害、三好本家は滅びた。

それから十年、阿波三好家は、土佐から興った長曾我部《ちょうそかべ》元親《もとちか》によって滅ぼされた。戦国武将の物語は数多く流布しているが、三好一族は忘却の淵に沈んでいる。なお政康は三好清海入道として大坂の陣で戦ったとする説があるが、とうていまともな学説とはいえない。

コラム その⑩

東国政権

足利幕府は、成立当初より、鎌倉に拠点を置いて鎌倉将軍府を設けていたが、京に幕府を開いてからは、初めは二代将軍となる義詮を、義詮が将軍として京に戻るとその弟基氏を鎌倉公方に任じた。

既に基氏の当時から、兄である将軍義詮と対立の兆《きざ》しがあったが、その後、氏満《うじみつ》、満兼《みつかね》、持氏《もちうじ》と代々継承されて事実上東国政権を形作っていた。東国政権論は、平安時代の平将門以来のもので、平忠常の乱などで試みられた末、鎌倉幕府によって本格的に始められ、足利時代の鎌倉将軍府に受け継がれた。

ただし鎌倉公方は、本来、関東管領と呼ばれていたが、次第に、その執事である上杉氏が実力を握って関東管領を称した。上杉憲実が京の幕府の支援を受けて足利持氏と対立した永享の乱で持氏が殺されると、持氏の家臣結城氏朝《うじとも》は、持氏の遺子である春《はる》王《おう》、安王《やすおう》、万寿王を擁して結城の城に籠ったが、上杉軍に攻め滅ぼされた。

春王と安王は京へ護送される途中、美濃垂井《たるい》で殺されたが、万寿王のみが京に送還され、のち足利成《しげ》氏《うじ》として鎌倉公方となり下向したが、再度上杉氏と対立、管領上杉憲忠を殺したため享徳の乱を引き起こし、上杉・幕府軍に攻められて下総古河の城に立てこもり、古河公方と呼ばれた。曲亭馬琴の『南総里見八犬伝』は、この戦を題材としている。

幕府は代わりに足利政知《まさとも》を鎌倉公方として派遣したが、鎌倉までたどり着けず、伊豆堀越に留まったため堀越公方と呼ばれた。政知の死後、その子茶々丸は自ら堀越公方を名乗ったが家臣たちに暗殺され、その混乱に乗じて、無名の武士であった伊勢宗瑞（北条早雲）が伊豆から相模を治めた。

　古河公方成氏は幕府と和睦したが、あとを継いだ政氏は上杉氏の同族争いに巻き込まれ、子の高基は父と争って古河公方となった。伊勢宗瑞の子氏綱は関東へ進出して上杉氏と争い、かつて関東を支配した北条氏に倣って北条を称した。よって伊勢宗瑞が北条早雲と呼ばれるのは後世のことである。

　足利高基の子晴氏は父を追って古河公方となったが、かくして関東は、古河公方、山内・扇谷両上杉、北条氏が入り乱れた。

　晴氏の子義氏は北条氏の支持で古河公方となったが傀儡であり、ここに古河公方は滅び、のち北条氏の圧迫により上杉憲政は越後へ逃れて長尾氏に身を寄せ、遂に上杉の家督を長尾政虎（上杉謙信）に譲り、関東一円は北条氏によって制圧され、のち豊臣秀吉が北条氏を滅ぼして関八州を徳川家康に与え、東国政権は終わりを告げた。歴史学では「東国王権」とも言われる。

＊参考文献

田辺久子『関東公方足利氏四代　基氏・氏満・満兼・持氏』吉川弘文館、二〇〇二

コラム その⑪
名家の没落

斯波・畠山・細川の三家は、代々交代で幕府管領の地位を襲った足利時代の名家であり、いずれも足利氏の支流である。しかし、うち最も地位の高い斯波氏および畠山氏は、応仁の乱で家督争いをして以来漸次没落した。

斯波氏は越前と尾張の守護だったが、越前は守護代朝倉氏に奪われた。尾張は守護代織田氏が擡頭して、斯波義統《よしむね》は織田信友に殺され、その子義銀《よしかね》は信長に謀叛して追放され、各地を流浪して関が原の合戦の年に死去している。

畠山氏は山城守護で、紀伊・河内に勢力を持っていたが、幕府末期、将軍、細川、三好の戦いに加わって次第に没落、秀吉の時代に一族の多くは紀伊浅野家の家臣となった。

細川氏は、京兆家は晴元まで管領を務めたが、信長の上洛以後は没落。分家の細川幽斎藤孝が信長、秀吉に仕え、継嗣忠興《ただおき》が家康に仕えたため、徳川時代には肥後の国持大名として明治維新まで続き、大名家から初めての内閣総理大臣を出した（護煕）。

また藤原氏の流れを汲む上杉氏は、関東管領として覇を唱えたが、後北条氏に圧迫されて、遂に名を長尾景虎（上杉謙信）に譲ったが、ために徳川時代は出羽米沢の藩主として家名は生き延びた。

肝心の足利氏だが、最後の将軍義昭は、信長に追放された後も毛利などを頼って挽回を図ったが成らず、秀吉に一万石を与えられたものの、子らは出家し、武家としては断絶した。代わりに、古河公方の子孫が下野《しもつけ》喜連川《きつれがわ》に住んで喜連川氏を名乗り、一万石以下の武家として細々と続き、明治維新後、足利姓に復帰した。また「忠臣蔵」で有名な吉良上野介義央《よしなか》は足利の一族で、高家として家格が高かったのはそのせいである。

応仁の乱で一方の将軍となった中国の山名氏の末裔は、秀吉、家康に仕えて、徳川時代、但馬《たじま》に一万石以下の領地を与えられて明治まで存続した。

（織田家）

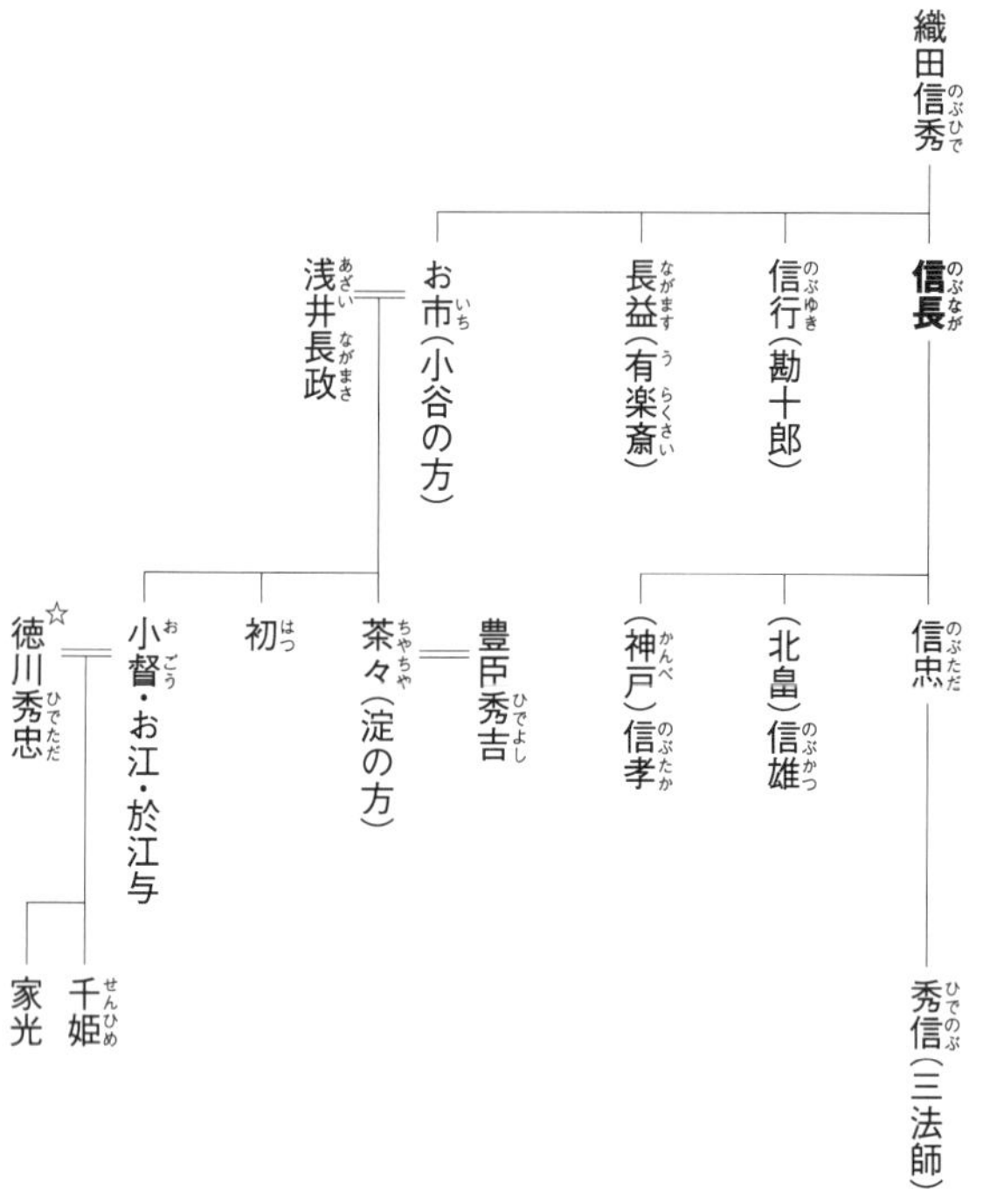

織田信秀《のぶひで》
信長《のぶなが》
信行《のぶゆき》（勘十郎）
長益《ながます》（有楽斎《うらくさい》）
お市《いち》（小谷の方）
浅井《あざい》長政《ながまさ》
信忠《のぶただ》
（北畠）信雄《のぶかつ》
（神戸《かんべ》）信孝《のぶたか》
豊臣秀吉《ひでよし》
茶々《ちゃちゃ》（淀の方）
初《はつ》
小督《おごう》・お江・於江与
☆徳川秀忠《ひでただ》
秀信《ひでのぶ》（三法師）
千姫《せんひめ》
家光

■織田家、豊臣家系図

〈権力構造〉

カリスマ専制型

（豊臣家）

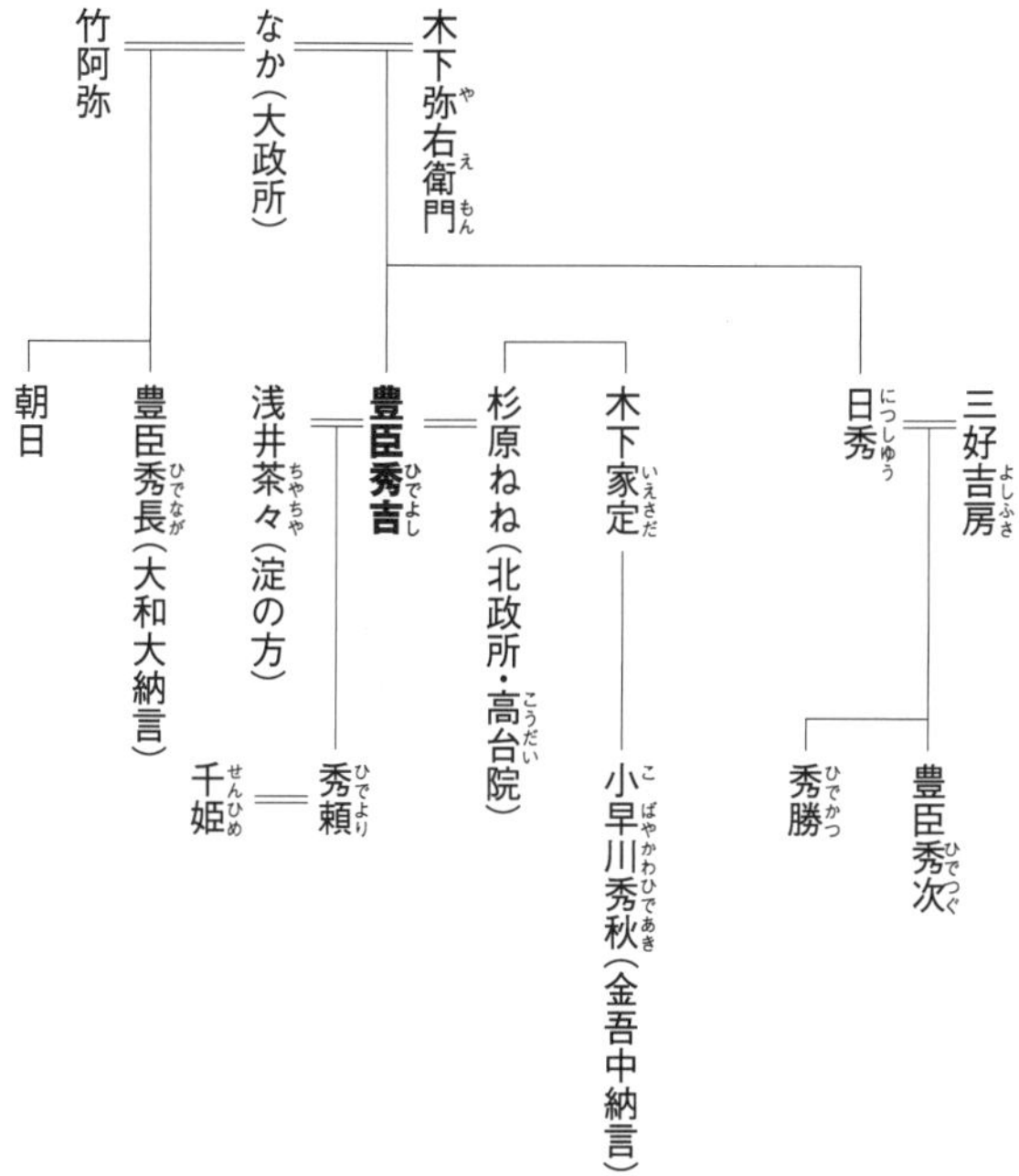

織田信長《おだのぶなが》

（一五三四〜一五八二）
（天文三年〜天正十年六月二日）

尾張《おわり》は管領家の斯波氏が守護で、守護代が織田氏だったが、信長の家はその本家織田家の傍流で家臣の家柄、父信秀《のぶひで》の代より擡頭した。信秀は駿河から進出してきた今川氏を破り、美濃を奪った斎藤道三《どうさん》と戦った。信長は尾張那古野《なごや》城にその長男として生まれた。幼名は吉法師《きっぽうし》、三郎。天文十五年（一五四六）元服。同十七年、斎藤道三の娘を妻とした。妻は美濃出身なので濃姫《のうひめ》とされるが不詳。同二十年、信秀の死により十八歳で家督を継ぐが、奇行《きこう》が多く尾張のうつけと呼ばれた。

弘治《こうじ》元年（一五五五）、清洲《きよす》城を奪い、永禄二年（一五五九）、岩倉城を攻撃し、弟信行《のぶゆき》を殺させて織田家と尾張を統一した。上総介《かずさのすけ》を名乗り、翌年、今川義元の上洛に際してこれを迎え撃ち、田楽狭間《でんがくはざま》に奇襲して義元を討った（桶狭間《おけはざま》の戦い）。義元の人質となっていた松平元康（のちの徳川家康）と協力し、斎藤道三が息子の義龍《よしたつ》に討たれた際には道三を助けるべく出兵したが間に合わず、その後義龍と戦い、義龍死後、永禄十年、その子龍興《たつおき》を追放して美濃を収め、井ノ口を岐阜と改称し本拠地とした。

京では、三好長慶の死後、その家臣松永久秀と三好三人衆が専横を極め、三好義継を擁して永禄八年（一五六五）、将軍義輝を暗殺、義栄を将軍候補とすると、義輝の弟で僧籍にあった義昭は還俗《げんぞく》し、細川藤孝（幽斎）とともに諸国をめぐり援助する武将を探すが、朝倉家に断られて、明智光秀の斡旋《あっせん》で信長に迎えられ、信長は永禄十一年（一五六八）、義昭を奉じて上洛、久秀らを追って義昭を将軍とする。元亀元年（一五七〇）正四位下弾《だん》正大弼《じょうだいひつ》。しかし信長にとっても将軍は傀儡に過ぎず、管領職を断り、堺、大津、摂津に代官を置いて岐阜へ帰る。

京の実権を握ったため義昭と対立し、義昭が反信長勢力として頼った朝倉義景《よしかげ》と対戦中、妹お市（小谷《おだに》の方）を妻とする浅井長政《あざいながまさ》と父久政《ひさまさ》の裏切りに遇い岐阜へ逃げ帰る。姉川の合戦で朝倉、浅井を破って義景、久政、長政を討ち、お市と三人の娘を救出。さらに延暦寺、一向一揆も信長に反し、窮地に陥るが、元亀二年、比叡山を襲撃して全山を焼亡させ、同四年、武田信玄《しんげん》が義昭の呼びかけに応じて上洛するが途次病没し、信長は義昭を追放して、名実ともに足利幕府を滅ぼした。

同年、天正と改元し、翌年従三位参議。同三年、越前、加賀の一向一揆を滅ぼして、加賀の百年にわたる一向一揆支配を終焉させ、長篠《ながしの》の戦いで鉄砲を駆使して武田勝頼《かつより》を破る。

権大納言、右大将。同四年、近江に安土城を築く。正三位内大臣。同五年従二位右大臣。同八年、のちの大坂の石山本願寺に立てこもる一向一揆の顕如を下す。同十年、甲斐へ出陣し天目山《てんもくざん》に武田氏を滅ぼし、続いて中国の毛利を攻めるため羽柴秀吉《はしばひでよし》を派遣したのち自身出陣のため京の本能寺に滞在中、明智光秀が謀叛を起こして自害。

荘園制度は応仁の乱で解体していたが、楽市《らくいち》を設置、座《ざ》を廃止し、検地を行い、三好一族と結びついていた堺の豪商を味方につけ、寺社勢力や関所など中世的体制の残滓《ざんし》を断ち切った。しかし本能寺で長男信忠《のぶただ》が戦死し、次男信雄《のぶかつ》、三男信孝《のぶたか》は、家臣羽柴秀吉、柴田勝家《かついえ》、徳川家康の争いの中で埋もれ、秀吉が後継に指名した信忠の子秀信《ひでのぶ》は豊臣政権下で一大名に成り下がり、一代限りの英雄として終わった。なお信長は天皇を廃止することも考えており、それゆえに光秀が反したとする説が根強い。

明治期以降、むしろ豊臣秀吉の人気が高かったが、近年信長の人気がうなぎ上りで、小説、ドラマ、ゲームなど数多い。素人の信長研究家も多く、日本史上最も有名な人物になりつつある。日本のナポレオンと言えようか。

豊臣秀吉《とよとみひでよし》

一五三七〜一五九八
（天文六年〜慶長三年八月十八日）

尾張中村生まれ。織田信秀の足軽木下弥右衛門《やえもん》の子。少年時代のことは不詳で、幼名を日吉丸といい、天文二十年（一五五一）、遠江の頭陀《ずだ》城主松下嘉兵衛之綱《かへえゆきつな》に仕えたとされ、のち郷里に帰って織田信長の草履取りとなり、木下藤吉郎《とうきちろう》と称した。永禄九年（一五六六）、美濃斎藤義龍との戦いで墨俣《すのまた》城を作って功を挙げ、織田家武将柴田と丹羽の姓を合して羽柴を姓とし、姉川の合戦で殿軍《しんがり》となり、筑前守秀吉を名乗る。

天正元年（一五七三）、浅井氏が滅びるとその旧領北近江を与えられ、長浜に築城。同五年（四十二歳）、中国平定を命ぜられて各地に転戦、同十年（四十七歳）、備中《びっちゅう》高松城を水攻めしている際に本能寺で信長が討たれたことを知り、急ぎ城主切腹の条件で和議、中国大返《おおがえ》しと呼ばれる畿内への帰還を行い、信長を討った明智光秀を山崎の戦いで破る。信長の長男信忠も本能寺で死んだため、清洲《きよす》会議で柴田勝家、丹羽長秀《ながひで》、滝川一益《かずます》と後継について協議の際、次男信雄、三男信孝の案に対して信忠の子三法師《さんぼうし》（秀信）を立てて議論に勝つが、翌年、秀吉の覇権を好まない勝家を賤《しず》ヶ岳《たけ》の戦いに破り、勝家に与《くみ》した信孝を滅ぼし、北陸を平定する。

しかし翌十二年、織田の同盟軍たる徳川家康が、信雄と盟して秀吉に挑み、小牧《こまき》・長久手《ながくて》に戦うが和睦し、従三位大納言となる。また石山本願寺の跡地に大坂城を築城、翌十三年には正二位内大臣、紀伊の雑賀党《さいがとう》、四国の長曾我部を平定して、近衛前久《さきひさ》の猶子《ゆうし》となり関白に就任、朝廷から豊臣の姓（氏）を賜った。藤原氏以外で関白となったのは豊臣氏だけである。同十四年太政大臣、同十五年、九州の島津氏を下して一円を平定、京に聚楽第《じゅらくだい》を築造して翌年、後陽成院《ごようぜいいん》が行幸、北野大茶会を開いた。同十八年（一五九〇）、小田原攻めを行って北条氏を滅ぼし、ついで奥州を平定、天下統一を成し遂げる。徳川家康に関《かん》八州《はっしゅう》を与え、同十九年、関白を養子の秀次《ひでつぐ》に譲って、太閤《たいこう》（前関白）として政治の実権は掌握し続けた。

施政の面では天正十年から信長の後を継いで検地を行い、のち太閤検地と呼ばれた。また同十六年には刀狩令《かたながりれい》を発し、戦国時代に不分明だった農民などと武士との分離を行った。文禄《ぶんろく》元年（一五九二）、大陸の併呑《へいどん》を目指して朝鮮に出兵し、一旦和議を結ぶが破れて慶《けい》長《ちょう》二年（一五九七）、再度出兵（文禄・慶長の役、朝鮮では壬申倭乱《じんしんわらん》）、秀吉の死まで続いた。無謀な出兵とされるが、戦国時代が終わったことによる経済の停滞を支えるためとする説もある。また正室は杉原氏ねね、のちに寧子だが、子ができず、多く側室を置いた中で、浅井長政と信長の妹お市の長女・茶々《ちゃちゃ》が男子を出産、秀吉は秀次を邪魔と見て、文禄四年（一五九五）、高野山へ追放し切腹させた。また千利休《せんのりきゅう》は信長以来の茶の宗匠だったが、これも秀吉の勘気に触れて切腹させられた。第一子鶴松《つるまつ》は夭折したが第二子が育って秀頼《ひでより》となった。慶長三年、六十二歳で死去。

秀吉は秀頼を後継として、五大老五奉行に後を託したが、関が原の戦いで家康が天下をとり、淀《よど》城に一時期主としてあったため淀君、淀殿などと後世呼ばれた浅井茶々が大坂城に秀頼を擁して家康を家臣扱いしたが、大坂の陣で滅ぼされた。

貧しい農民から天下人へ駆け上がった人物として「豊《ほう》太閤」などと呼ばれて徳川時代にも大坂を中心に人気が高かったが、織田家後継とした織田秀信を一介の大名にしたほか、晩年の残虐な行動があるため、吉川英治『新書太閤記』、司馬遼太郎『新史太閤記』のいずれも、その生涯を中途で終わらせている。なお小瀬甫庵《おぜほあん》『太閤記』では、日本の国王として「将軍」と呼ばれており、秀吉の侵略の被害国である北朝鮮がこの名称を現在踏襲しているのは皮肉である。

第三部

近世の権力者

合議制の始まり

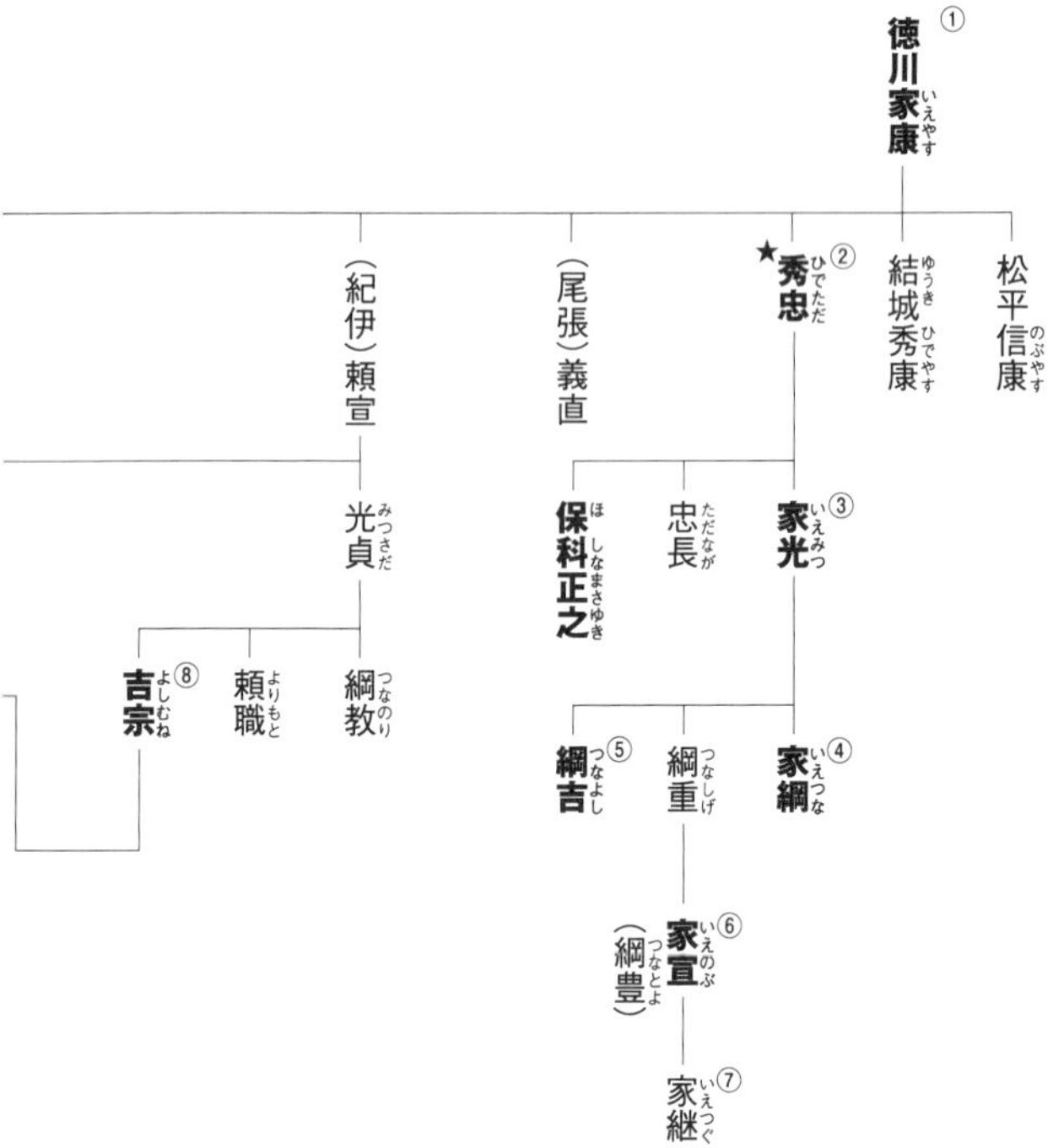
①徳川家康《いえやす》
松平信康《のぶやす》
結城《ゆうき》秀康《ひでやす》
★②秀忠《ひでただ》
（尾張）義直
（紀伊）頼宣
③家光《いえみつ》
忠長《ただなが》
保科《ほしな》正之《まさゆき》
光貞《みつさだ》
④家綱《いえつな》
綱重《つなしげ》
⑤綱吉《つなよし》
綱教《つなのり》
頼職《よりもと》
⑧吉宗《よしむね》
⑥家宣《いえのぶ》
（綱豊《つなとよ》）
⑦家継《いえつぐ》

■ 徳川家系図（家康〜慶喜）

〈権力構造〉

将軍専制〜談合型

天皇
将軍
大老・老中

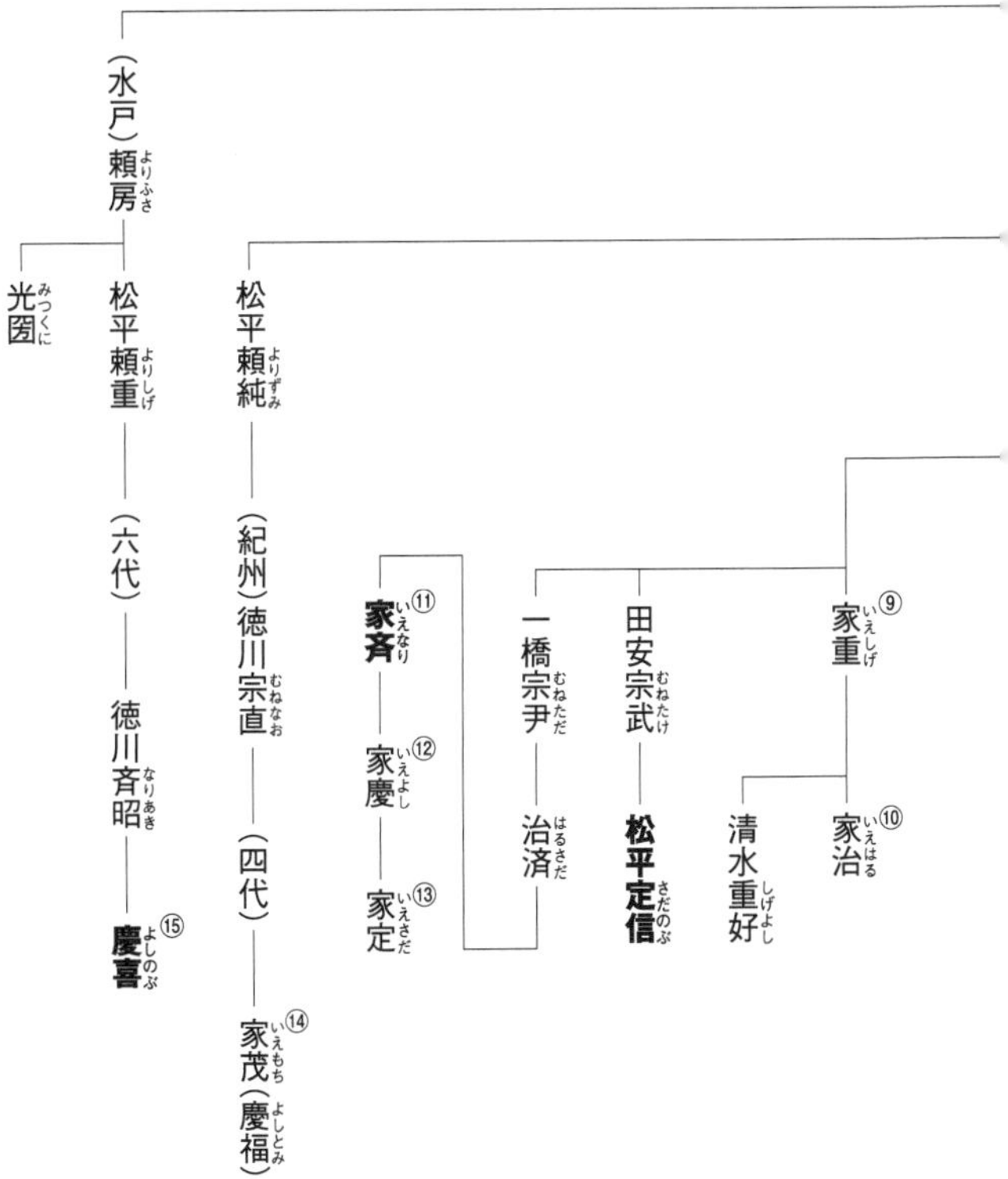

徳川家康《とくがわいえやす》

一五四二～一六一六
（天文十一年十二月二十六日～元和二年四月十七日）

三河岡崎城主松平広忠《ひろただ》の長男、母は水野氏お大《だい》、のち伝通院《でんづういん》。幼名は竹千代《たけちよ》。松平家は清和源氏新田《にった》流と称しているが、系図は贋物とする説が有力で、在地領主であった。父は今川家の庇護を受け、竹千代は幼くして今川家の人質として駿府《すんぷ》に育ち、今川義元によって元服、松平元信《もとのぶ》を名乗る。しかし永禄三年（一五六〇）、十九歳の時、義元が織田信長に討たれると反旗を翻して岡崎城に立てこもり、信長と同盟する。同五年、今川氏真《うじざね》の攻撃を受けるが撃退、同七年、三河の一向一揆を平らげ、同九年、三河を今川氏から奪い、従五位下三河守となる（二十五歳）。さらに遠江《とおとうみ》へ進出し、同十一年、左京大夫、同十二年、氏真に遠江の支配を認めさせるが、北条氏の攻撃で駿府城は落城する。

信長が入洛したのち元亀《げんき》元年（一五七〇）、居城を遠江浜松に移し、岡崎城を長男信康《のぶやす》に与えるが、その母築山殿《つきやまどの》が信康を担いでの謀叛を企み、信長の命で両人を成敗した。翌二年、北条氏に放逐された氏真を保護する。従五位上侍従。信長の戦いに与力し、朝倉との戦いの際の浅井の寝返りでは、殿軍となった羽柴秀吉を援護する。同三年、武田信玄の上洛に際して、三方ヶ原《みかたはら》に戦うが一敗地《いっぱいち》にまみれる（三十二歳）。幕府滅亡後の天正二年（一五七四）正五位下、同三年、信長との連合軍によって長篠の戦いで武田勝頼を破り、同五年従四位下右近衛権少将《うこのえごんのしょうしょう》、同八年従四位上、同十年、信長が天目山に武田氏を滅ぼした戦いに参加して戦後駿河を与えられた。

本能寺で信長が討たれた際には僅《わず》かな供回りとともに堺にあったが、浜松まで逃げ、北条氏を破って甲斐・信濃を手中にする。天正十一年（一五八三）正四位下左近衛権中将。秀吉が柴田勝家を討つと、同十二年、秀吉は家康を懐柔するため、当時の自分より高い従三位参議の官位を与えるが家康は上洛を拒み、織田信雄と連合して小牧・長久手で秀吉と戦い、和議を結んで子の秀康を人質として差し出す（のちの結城《ゆうき》秀康）。その後秀吉に従い、同十四年正三位権中納言。同十五年従二位権大納言、左大将。同十八年（一五九〇）、小田原征伐に従って北条氏が滅びると関八州を与えられ、太田道灌《どうかん》が築城した江戸城に入り、江戸の町を整備する。

朝鮮出兵に当たっては九州にて後詰《ごづめ》をなし、慶長元年（一五九六）正二位内大臣。同三年（一五九八）、秀吉の死に際して五大老の筆頭として豊臣家の後を託されるが、五奉行の筆頭・石田三成《みつなり》と、加藤清正《きよまさ》・福島正則《まさのり》らの対立を巧みに利用し、長老の前田利家《としいえ》が死ぬと三成らを挑発、同五年（一六〇〇）、上杉景勝《かげかつ》討伐の途上、毛利輝元《てるもと》が大坂城へ入り三成が家康討伐の軍を挙げて伏見《ふしみ》城を落とすと、従軍していた武将たちを味方につけてとって返し、関が原で三成の軍と戦い、毛利秀元《ひでもと》、小早川秀秋《こばやかわひであき》らの裏切りによって勝つ。

慶長七年従一位。同八年（一六〇三）二月右大臣、征夷大将軍となり、長く久我家が保持していた源氏長者の地位を譲られ、幕府を開く。同年内大臣を辞任し、同十年、将軍職を嗣子の秀忠に譲り駿府に引退するが、源氏長者はそのままで、大御所として政治の実権は握る。

秀吉の正妻・高台院《こうだいいん》は、秀吉死後、最大の実力者家康に政権が移るのをやむなしと見て家康に協力したが、秀頼《ひでより》を擁する浅井茶々（淀の方）は大坂城にあって家康を臣下扱いし続け、家康は孫娘千姫《せんひめ》を秀頼と結婚させ融和を図るが、黒衣《こくい》の宰相と呼ばれる金地院崇伝《こんちいんすうでん》をして、秀吉供養のための方広寺《ほうこうじ》の鐘銘《しょうめい》に難癖をつけるなどして挑発、慶長十九年（一六一四）、大坂城を攻める（大坂冬の陣）。大名は一人も豊臣方にはつかず、真田幸村《ゆきむら》、長曾我部盛親《もりちか》など浪人たちが加担し、一旦和議を結ぶが翌年破れ、大坂夏の陣で大坂城は落城、茶々、秀頼ともに自害した。同年七月、元和《げんな》と改元され、長い戦国の世が終わったとしてこれを元和偃武《えんぶ》と呼ぶ。翌元和二年、太政大臣となるがそれから一カ月で死去。秀吉とは五歳違いであり、長命を保ったことで徳川幕府の基礎を築いた。

霊廟《れいびょう》は日光に作られ、東照宮《とうしょうぐう》に東照大権現《だいごんげん》として祀《まつ》られた。徳川時代には、むろん家康批判は許されなかったが、大坂を中心に豊臣家の人気は根強く、十八世紀に大坂で作られた近松半二《はんじ》の浄瑠璃「近江源氏先陣館《せんじんやかた》」は、兄弟で分かれて大坂の陣に戦った真田信之《のぶゆき》・幸村を主人公とし、時代を鎌倉初期に移しながら、北条時政を家康になぞらえ、悪役として描いている。

明治末年から、坪内逍遥《つぼうちしょうよう》が大坂落城ものの歌舞伎脚本を書いて、淀君を異常性格者として描いたが、同時に大坂から出た立川《たつかわ》文庫は、真田幸村とその十勇士の活躍を描きつつ、家康を狸親爺《たぬきおやじ》として描いた。敗戦後、山岡荘八の大長編『徳川家康』が新聞に連載され、その苦難の生涯を描いて再評価が起こったが、依然、狸親爺としての捉え方は根強い。

また、桶狭間の戦いから大坂城落城までの歴史は、あまりに多く小説、映画、ドラマ化されているので、近年、日本人の歴史知識がこの時代や幕末、源平合戦に偏り、南北朝から室町時代などにあまりに疎くなりつつある。

徳川秀忠《ひでただ》

（一五七九〜一六三二）
（天正七年七月七日〜寛永九年一月二十四日）

家康の三男。母は側室の西郷氏お愛。幼名・長松。天正十五年（一五八七）従五位下侍従・蔵人頭、同十六年、正五位下武蔵守、同十八年、十二歳で元服、従四位下、同十九年、正四位下右近衛権少将・参議、文禄元年（一五九二）従三位権中納言。慶長五年（一六〇〇）、二十二歳で父の上杉討伐に同行し、石田三成の挙兵を知って別路東山道《とうさんどう》を攻め上ったが、信州上田で西軍に属した真田昌幸《まさゆき》の上田城攻めに手間取って関が原の戦いに間に合わず父の怒りを買う。ために、秀吉の養子から結城氏を継いだ兄秀康を後継に推す者もあったが、本多正純《ほんだまさずみ》のとりなしで後継に決まり、同六年権大納言、同七年従二位、同八年、父の将軍就任の年に右大将。同十年（一六〇五）正二位内大臣、征夷大将軍となるが、実権は家康が大御所として握った。

妻は浅井茶々（淀の方）の末妹・お江《ごう》（於江与《おえよ》の方）で、秀忠室となる前に二度嫁入りしている。豊臣秀頼に嫁した千姫はその腹の娘で、大坂の陣のあと本多忠刻《ただとき》に嫁《か》した。子に三代将軍家光《いえみつ》、駿河大納言忠長《ただなが》、後水尾院《ごみずのお》に入内した東福門院和子《とうふくもんいんまさこ》がある。また落胤として保科正之《ほしなまさゆき》がおり、成長ののち秀忠と対面して保科家養子となり、家光・家綱を補佐して名君とされ、会津松平家の祖となった。

慶長十九年従一位右大臣、元和二年（一六一六）、父の死後ようやく実権を握るが、同五年、旧豊臣家臣の福島正則を改易《かいえき》し、鎖国政策を進め、同九年、将軍職を家光に譲ったが、その後も大御所として死去まで実権を握った。寛永《かんえい》三年（一六二六）、太政大臣。父と家光の陰に隠れているが、家康没後の幕府を安定させた実力者である。徳川将軍歴代の中で、唯一、源氏長者になっていない。

春日局《かすがのつぼね》

一五七九～一六四三
（天正七年～寛永二十年九月十四日）

明智光秀の重臣であった斎藤内蔵頭利三《くらのかみとしみつ》の娘で、母は美濃斎藤氏の家臣だった稲葉一鉄《いってつ》の養女。名はお福。山崎の合戦で父を失い、土佐の領主長曾我部元親が親類だったため、母と姉とともに土佐岡豊《おこう》城で幼時を過ごし、のち京へ戻って父の友人だった画家海北友松《かいほうゆうしょう》の世話になり、一鉄の子稲葉重通《しげみち》の養女となり、同じく養子の正成《まさなり》と結婚、正勝《まさかつ》など四人の男児を産む。はじめ秀吉に仕えていた正成は秀吉の指示で小早川秀秋に仕え、関が原の戦いでは東軍に寝返ったが、その後小早川家を去って浪人する。

慶長九年（一六〇四）、二十六歳の時、のちの将軍徳川家光誕生に際して乳母として入り、正成と離縁（離婚と出仕の前後については説が分かれる）。家光の信頼を得て、二代将軍秀忠が次男の忠長を寵愛しているのを見て、元和元年（一六一五）、駿府の家康に直《じき》訴《そ》して家光を後継に定め、同九年、家光が将軍に就任して以後、大奥にあって絶大な権力を揮い、正勝は累進して相模小田原に八万五千石を得た。

寛永六年（一六二九）、後水尾院と幕府の間が悪くなると、上洛して参内、融和に努め、従三位に叙せられ、春日局の称号を朝廷から賜《たまわ》った。

徳川家光《いえみつ》

一六〇四～一六五一
（慶長九年七月十七日～慶安四年四月二十日）

秀忠の長男、母は浅井お江《ごう》（於江与）、幼名竹千代で、生まれながらの天下人である。生まれてすぐ明智光秀の家臣だった斎藤利三の娘お福を乳母とし、これがのち権勢を握った春日局である。しかし父母が弟の忠長を寵愛したためその嗣子としての地位が危うくなり、春日局が家康に直訴したとされる。

元和六年(一六二〇)、元服して従二位権大納言、同九年(一六二三)、二十歳で正二位内大臣、右大将、将軍職を譲られ、源氏長者、淳和・勧学両院別当となり、以後これが徳川将軍に附随する称号となる。ただその後九年間は父秀忠が大御所として政治をみた。はじめ酒井忠世《ただよ》、同忠勝《ただかつ》、土井《どい》利勝《としかつ》といった長老の補佐を受けて政務を行った。弟の駿河大納言忠長は寛永元年(一六二四)、駿河、甲斐、信濃、遠江で五十五万石の大名となったが、謀叛の罪で同八年甲斐に蟄居《ちっきょ》、翌年高崎に幽閉、切腹させられた。同年、豊臣恩顧の大名であった熊本の加藤忠広《ただひろ》を改易し、細川家をこれに代えた。

寛永十年、六人衆の制により阿部忠秋《ただあき》、松平伊豆守信綱《のぶつな》、堀田正盛《まさもり》らが補佐となり、翌年参勤交代の制を定めて大名の統制をはかった。対外的には鎖国政策を次第に固め、寛永十四年、天草・島原《しまばら》でキリシタンらが起こした反乱を鎮定し、同十六年、ポルトガル船の来航を禁じ、同十八年オランダ人商館を長崎出島に移して鎖国を完成させた。また家光時代には、幕府嫌いの後水尾《ごみずのお》上皇が、天皇が徳川家の血を引くことを嫌って古代以来の女帝として明正院《めいしょう》を即位させている(女帝は結婚できないため)。

寛永十年以降、たびたび大病をして虚弱であり、四十八歳で死去。少年時代からの男色家であり、死去の際にはその相手と見られる近臣らが殉死している。

松平信綱《のぶつな》

一五九六〜一六六二
（慶長元年〜寛文二年三月十六日）

幕府代官を務めていた大河内《おおこうち》金兵衛久綱《ひさつな》の長男で、通称・長五郎、はじめ正永と名乗る。父の弟で家康に仕えて松平姓を許され、勘定頭《かんじょうがしら》だった松平正綱《まさつな》の養子となる。身分が低くそのままでは出世ができないため叔父に直訴したもので、これが秀忠の耳に入り、慶長九年（一六〇四）、九歳で生まれたばかりの徳川家光の小姓《こしょう》となって出世を重ね、元和九年（一六二三）、家光の将軍襲封《しゅうふう》に当たって小姓組番頭となり、上洛の伴をして従四位下伊豆守となる。寛永十年（一六三三）、武蔵国忍《おし》城主として三万石を与えられて大名となり、六人衆の一人に任ぜられ実質上の老中となる。同十四年、四十二歳の時、島原の乱に上使として派遣され、翌年、指揮をとって乱を鎮圧し、その功で同十六年、武蔵川越《かわごえ》城主となり六万石を与えられた。

家光没後は保科正之らと家綱《いえつな》を補佐し、「智恵伊豆」と呼ばれ、老中在職中に六十七歳で死去した。島原の乱を同情的に描く小説などでは悪役となる。

保科正之《ほしなまさゆき》

一六一一〜一六七二
(慶長十六年五月七日〜寛文十二年十二月十八日)

秀忠の四男、母は神尾《かみお》氏お静、家光の異母弟。幼名・幸松丸《こうまつ》。はじめ秀忠は正室の嫉妬を恐れてこれを武田信玄の娘・見性院《けんしょういん》に預けて養育させたが、元和三年(一六一七)、父子の対面を果たし、信州高遠《たかとお》城主・保科正光《まさみつ》の養子とした。寛永八年(一六三一)、二十一歳で家督相続、同十三年、山形二十万石に転封、さらに同二十年(一六四三)、会津二十三万石を与えられる。慶安《けいあん》四年(一六五一)、家光の遺言で将軍家綱の後見人として幕閣に加わり、松平の姓を許された。家綱時代の安定した政治は多く正之の手腕により、また領国においても善政を敷き、近年名君・名宰相として中村彰彦らによって広く紹介されている。正四位下・左近衛中将。子孫は会津松平家として徳川宗家《そうけ》を支え、幕末の松平容《かた》保《もり》に至る。

徳川家綱《いえつな》

一六四一〜一六八〇
(寛永十八年八月三日〜延宝八年五月八日)

家光の長男として江戸城に生まれる。母は増山《ますやま》氏お楽、幼名は竹千代。正保《しょうほう》二年(一六四五)五歳で従二位権大納言、慶安四年(一六五一)、父の死に伴い十一歳で将軍職を継ぎ、正二位内大臣、右大将。その直後、由比正雪《ゆいしょうせつ》の乱(慶安事件)が起きたが、老中の松平信綱、阿部忠秋らが処理した。承応《じょうおう》二年(一六五三)右大臣。大老・酒井忠清《ただきよ》、保科正之らの補佐を得て武断政治から文治政治への転換を行った。病弱で継嗣がなく、皇室から継嗣を迎えようとした忠清に対して、老中・堀田正俊《まさとし》を通して弟の綱吉《つなよし》を次期将軍に指名し、四十歳で死去。

酒井忠清《ただきよ》

一六二四〜一六八一
(寛永元年〜延宝九年五月十九日)

徳川家康の四天王と呼ばれた武将は、井伊直政《いいなおまさ》、榊原康政《さかきばらやすまさ》、本多忠勝《ただかつ》、酒井忠次である。

いずれも譜代大名として代々徳川家に仕えたが、井伊家は大老の家柄となり、榊原家は家格が高すぎたため老中職を出さなかった。酒井家は徳川家の支流だが、本家はやはり家格が高く、分家の忠世の流れが徳川初期に老中を輩出した。忠清は忠世の孫で、上野板鼻城《こうずけいたはな》主忠行《ただゆき》の子として生まれた。母は松平定勝《さだかつ》の娘。寛永十四年（一六三七）、十四歳で父の死にあい、領地を継いで上州厩橋《うまやばし》（現在の前橋）城主となる。四代将軍家綱を補佐し、慶安四年（一六五一）、左近衛権少将・雅楽頭《うたのかみ》。

承応二年（一六五三）、二十九歳で老中に就任すると同時に老中筆頭となり、寛文六年（一六六六）大老となる。それまでに大老とされた者があるがこれは通称で、正式に大老となったのは忠清が最初である。忠清は政治の実権を握り、江戸城大手門下馬《げば》札《ふだ》前に屋敷があったため下馬将軍と呼ばれた。同十一年、伊達騒動を裁き、越後騒動の調停に当たったがこれは解決できず、病弱な家綱の後継として有栖川宮幸仁親王《ありすがわのみやゆきひと》を迎えようとし、家綱の弟の館林《たてばやし》城主綱吉を推す老中・堀田正俊と対立。この時忠清は、北条氏のように将軍を傀儡として実権を握ろうとしたといわれている（辻達也は、証拠のない伝説だとしているが、否定する根拠もない）。しかし家綱の遺志で綱吉が後継となり、延宝《えんぽう》八年（一六八〇）綱吉が将軍職に就くと隠居し、越後騒動での裁定の手落ちで処罰され、翌年死去した。

徳川幕府は、鎌倉幕府、室町幕府のように、将軍の補佐役の中から実権を握る家柄が出ないよう巧みに老中の任免を行った。

徳川綱吉《つなよし》

一六四六〜一七〇九
（正保三年一月八日〜宝永六年一月十日）

家光の四男として江戸城に生まれる。母は八百屋の娘ながら家光に見出されて本荘《ほんじょう》氏養女として側室にあがったお玉（桂昌院《けいしょういん》）。家綱の異母弟。幼名・徳松《とくまつ》。慶安四年（一六五一）、六歳で十万石の賄《まかな》い料を得て神田橋御殿に住み、承応二年（一六五三）正三位右近衛権中将、右馬頭。寛文《かんぶん》元年（一六六一）、十六歳で上州《じょうしゅう》館林《たてばやし》十五万石の大名となり、参議に任ぜられて館林宰相《さいしょう》と呼ばれた。

延宝八年（一六八〇）家綱の養子として江戸城に入り、三十五歳で将軍職を継ぎ、正二位内大臣、右大将。翌天和《てんな》元年（一六八一）、綱吉の将軍就任を支持した老中堀田正俊を大老に任じ、越後騒動を裁き儒学を奨励、自ら講義を行い文治政治を展開した（天和の治《ち》）。貞享《じょうきょう》元年（一六八四）、正俊が江戸城内で若年寄稲葉正休に刺殺され、嗣子徳松が夭折すると、生母桂昌院が尊崇《そんすう》する真言宗の僧隆光《りゅうこう》に傾倒し、その助言によって同四年以後、生類憐《しょうるいあわれ》みの令を頻発して犬のほか動物を虐待する者を処罰したため犬公方《いぬくぼう》と呼ばれた。

また元禄《げんろく》元年（一六八八）には柳沢保明《やすあき》（吉保）を側用人《そばようにん》に任じ、同三年、上野忍岡《うえのしのぶがおか》の林家《りんけ》の学塾を湯島に移し昌平坂《しょうへいざか》学問所として儒学を奨励、同七年、保明が老中格となって、これが政務を壟断《ろうだん》し、側用人政治と呼ばれた。同八年には幕府の財政窮乏を救うため貨幣の新鋳《しんちゅう》を行ったためインフレを引き起こしたが、翌九年、荻原重秀《おぎわらしげひで》を勘定奉行としてこの施策を進めた。

元禄十年には井伊直興《なおおき》が大老となり、井伊家が大老職に就く先例となったがあまり実権はなく、同十四年、江戸城中で勅使饗応役《ちょくしきょうおうやく》浅野内匠頭が指南役吉良上野介に刃傷《にんじょう》に及んで切腹させられ、同十五年、その浪士たちが吉良屋敷に討ち入る忠臣蔵《ちゅうしんぐら》事件が起きる。宝永《ほうえい》二年（一七〇五）右大臣。

宝永三年、柳沢美濃守吉保《よしやす》が大老格となるが、綱吉には継嗣が生まれず、兄の子甲府宰相綱豊《つなとよ》を後継とし、同六年、綱吉が六十四歳で死去、綱豊が家宣《いえのぶ》と改名して将軍になると、生類憐みの令は廃止され、吉保も幕閣から退いた。

綱吉の元禄時代は、大坂を中心に独自の文化が栄えたが、忠臣蔵事件がのち浄瑠璃・歌舞伎で知られた上、同時代に水戸家の隠居・徳川光圀《みつくに》がいたため、水戸黄門漫遊記と相まって、近代に入ってから、赤穂の浪士や水戸黄門を善玉とし、綱吉、吉保を悪玉とする小説や映画、ドラマが数多く作られている。ただし生類憐みの令が、江戸以外で厳しく実施されたとは考えにくい。

堀田正俊《まさとし》

一六三四〜一六八四
（寛永十一年〜貞享元年八月二十八日）

老中堀田正盛の三男に生まれ、春日局の養子となる。徳川家綱の小姓となり、奏者番《そうじゃばん》、若年寄を務め、延宝七年（一六七九）老中となる。家綱の病で将軍継嗣問題が起きると、親王将軍を主張する大老酒井忠清と対立、家綱の意を汲《く》んで綱吉を後継とする。ために綱吉就任後は信任が厚く、天和元年（一六八一）、大老となり下総古河《しもうさこが》に十三万石を与えられ、天和の治を支えるが、私怨から父の従弟に当たる若年寄稲葉正休に江戸城内で刺殺された。

柳沢吉保《よしやす》

一六五八～一七一四
（万治元年十二月十八日～正徳四年十一月二日）

上野《こうずけ》館林城主だった徳川綱吉の家臣・柳沢安忠《やすただ》の子として江戸市谷《いちがや》に生まれる。父が五十七歳の時の子で、延宝三年（一六七五）、十八歳で家督を継いで保明と名乗り、小姓組《こしょうぐみ》番衆となる。同八年、綱吉が将軍となると小納戸《こなんど》役となり、次第に累進、貞享二年（一六八五）従五位下出羽守となり、小納戸上席。元禄元年（一六八八）、一万石を与えられ側用人となり、同三年二万石を加増、従四位下、同七年、武蔵川越城主として七万石、侍従《じじゅう》に任ぜられ老中格となる（三十七歳）。同八年、駒込《こまごめ》に邸を賜り、これが後の六義園《りくぎえん》となる。同十一年左近衛権少将、大老格となり、幕閣の実権を掌握、同十四年、松平の姓と綱吉の偏諱《かたいみな》を許され松平美濃守吉保と名乗る。宝永元年（一七〇四）、甲斐・駿河に十五万石を与えられ、翌年、甲府城主となる。

宝永六年（一七〇九）の綱吉没後は出家して保山と号し、六義園に隠居した。継嗣吉里《よしさと》は吉保没後、大和郡山《こおりやま》へ転封となった。学問に熱心で、儒学において綱吉の弟子となり、荻生徂徠《おぎゅうそらい》、室鳩巣《むろきゅうそう》を重用《ちょうよう》し、また北村季吟《きぎん》から古今伝授《こきんでんじゅ》を受け、側室正親町町子《おおぎまちまちこ》は、平安朝の『栄花物語』に倣《なら》って、吉保の出世を描いた『松蔭日記《まつかげにっき》』を残し、現在岩波文庫に入っている。しかし綱吉悪政の責任者と見られて評判が悪く、忠臣蔵もののドラマなどでは悪役となる。

徳川家宣《いえのぶ》

一六六二〜一七一二
(寛文二年四月二十五日〜正徳二年十月十四日)

家光の三男で、家綱の異母弟、綱吉の異母兄の綱重《つなしげ》の長男、母は田中氏おほら。父は甲府二十五万石を領して甲府殿と呼ばれた。延宝四年(一六七六)従三位左近衛権中将に任ぜられ綱豊と名乗る。同六年、父の死により十七歳で家督を継ぐ。同八年、正三位参議となり、甲府宰相と呼ばれた。元禄三年(一六九〇)権中納言、宝永元年(一七〇四)、四十三歳で将軍後継者として江戸城に移り、甲府は柳沢吉保に与えられた。同二年従二位権大納言、名を家宣とする。同六年(一七〇九)、綱吉の死により六代将軍となり、正二位内大臣、右大将。綱吉の遺言に背いて直ちに生類憐みの令を廃し、柳沢吉保を罷免《ひめん》、悪銭を廃するなど綱吉政治の改革を断行し、正徳《しょうとく》の治と呼ばれた。寵臣間部《まなべ》詮房《あきふさ》を側用人として政務に当らせ、儒学者新井白石《はくせき》を政治顧問とした。しかし将軍就任三年で五十一歳で死去、継嗣家継《いえつぐ》が五歳で後を継ぎ、詮房と白石が補佐したが、これも三年後に没して、徳川宗家の血は絶えた。

間部《まなべ》詮房《あきふさ》

一六六七〜一七二〇
(寛文七年〜享保五年七月十六日)

徳川家宣(綱豊)の甲府城主時代の家臣西田清貞《きよさだ》の子。猿楽師喜多《きた》七太夫の弟子だったが、綱豊の近習に召され間部と改姓、綱豊について江戸城に入り、宝永三年(一七〇六)、若年寄格、一万石の大名となる。同六年、家宣が将軍になると老中格側用人となって政務を補佐、同七年、上州高崎に五万石を与えられ、老中を超えた権力を揮《ふる》って新井白石とともに政治改革を行い、家宣没後は幼少の将軍家継の側用人として実質上の政務担当者となるが、家継が没し紀州から吉宗《よしむね》が将軍になると享保《きょうほう》元年(一七一六)、辞職、翌年越後村上に移封された。子孫は越前鯖江《さばえ》の領主として存続し、幕末期に詮勝《あきかつ》が井伊直弼《なおすけ》の下で老中として安政《あんせい》の大獄を実行している。

徳川吉宗《よしむね》

一六八四〜一七五一
（貞享元年十月二十一日〜寛延四年六月二十日）

紀州徳川家光貞《みつさだ》の三男。母は巨勢氏《こせうじ》おゆり。幼名は源六、新之助。元禄十年（一六九七）、松平頼方《よりかた》の名で越前丹生《にう》に三万石を与えられる。紀伊徳川家は御三家の一つで、将軍家に継嗣がない時は御三家から選ばれることになっており、長兄綱教《つなのり》は紀州家を継いで、綱吉の後継者と目されたがならず、宝永二年（一七〇五）急死、次兄の頼職《よりもと》が後を継いだがこれも急死し、家督を継ぎ、従三位左近衛権中将となり、将軍綱吉の偏諱《かたいみな》を貰って吉宗と名乗る（二十二歳）。同三年参議、同四年権中納言。享保元年（一七一六）、将軍家継死去のあと、尾張の徳川継友《つぐとも》と将軍後継を争って勝ち、八代将軍となる。正二位内大臣、右大将。

綱吉から新井白石に至る文治政治を否定し、緊縮財政によって享保の改革と呼ばれる幕政を自ら行った。大岡忠相《ただすけ》を江戸町奉行に任じ、『公事方御定書《くじかたおさだめがき》』を制定して裁判の実務を整え、目安箱《めやすばこ》を置いて庶民の意見を聞き、足高《たしだか》制度を設けて人材を登用し、洋書輸入の禁を緩和して実学を奨励し、青木昆陽《こんよう》をして甘藷《かんしょ》の栽培を行わせて飢饉への備えとするなど、幕府中興の名君とされる。寛保《かんぽう》元年(一七四一)右大臣。

その初期には大坂で近松門左衛門の浄瑠璃が流行したが、これに倣《なら》っての心中の流行を憂え、相対死《あいたいじに》と呼んで生き残った者を処罰した。また享保十三年(一七二八)には、吉宗のご落胤を名乗る詐欺師の天一坊《てんいちぼう》が捕らえられて翌年処刑される天一坊事件が起きている。また尾張徳川家を継いだ宗春《むねはる》が、吉宗の倹約政治に逆らうように名古屋振興策をとったため、元文《げんぶん》四年(一七三九)、引退を命じている。

また次男宗武《むねたけ》に一橋家、三男宗尹《むねただ》に田安家を興させ(姓は徳川)、後に創設された清水家とともに御三卿とされ、御三家に次いで将軍継嗣がない場合の備えとした。だが長男家《いえ》重《しげ》は言語障害があり、後継問題に悩んだが長子相続で家重を後継とし、延享《えんきょう》二年(一七四五)、将軍職を家重に譲り、死去まで六年間政務をみた。家重の子で十代将軍となった家《いえ》治《はる》もまた十全に力を発揮できず、老中田沼意次《おきつぐ》の専制を許し、子がなかったため、吉宗の直系は三代で途絶えた。

名君とされつつ、虚構の世界では大岡越前が主役だったが、一九七八年からテレビドラマ『暴れん坊将軍』で主役となり、九四年から津本陽《よう》の小説『大わらんじの男』が刊行され、九五年には大河ドラマ『八代将軍吉宗』が放送されて、歴史上の人物として認知された。ドラマではしょっちゅう大岡越前と言葉を交わしているが、将軍には滅多に会えるものではなく、実際に会ったのは十四回だけである。

田沼意次《おきつぐ》

一七一九〜一七八八
（享保四年〜天明八年七月二十四日）

紀州徳川家の足軽《あしがる》田沼意行《おきゆき》の子として、江戸の田安屋敷に生まれる。父は徳川吉宗が将軍となった際、江戸に移り幕臣となった。通称・龍助。享保十九年（一七三四）、十七歳で世子徳川家重の小姓となり、翌年、父の死により家督六百石を継ぐ。元文二年（一七三七）、十九歳で従五位下主殿頭《とのものかみ》となり、延享二年（一七四五）、家重が将軍になるのに従って江戸城本丸に入り、小姓組番頭、御側御用取次《おそばごようとりつぎ》をへて、宝暦《ほうれき》八年（一七五八）、一万石の大名となる。

宝暦十一年、家重が死去し家治が将軍となり、その信任が厚く、明和《めいわ》四年（一七六七）、四十九歳で側用人となり、同六年従四位下侍従、相良《さがら》城主で二万石、安永《あんえい》元年（一七七二）、老中となり側用人を兼ね、天明三年（一七八三）には子の意知《おきとも》が若年寄となり、同五年、意次は遠州相良で五万七千石となった。

この間、田沼時代と呼ばれるほどの権勢を揮《ふる》い、収賄政治を行ったとされる。大老の井伊直幸《なおゆき》も田沼派だった。天明《てんめい》二年から印旛沼《いんばぬま》干拓を始めるが四年で中止、翌年より五年にわたる天明の大飢饉《だいききん》が起こり、天明四年、若年寄意知が江戸城内で佐野善左衛門に私怨から斬りつけられて死亡、同五年には手賀沼《てがぬま》干拓に着手して失敗、悪評が高まり、同六年(一七八六)には老中を罷免、領地と居宅を没収され、孫が陸奥下村に一万石を与えられた。これは、家治の死去により将軍後継となった家斉《いえなり》の父一橋家徳川治済《はるさだ》と、引き続いて老中首座となる松平定信など、反田沼派の策謀によるとされる。

長く賄賂政治で悪名をこうむっていたが、大正時代、辻善之助の『田沼時代』は、田沼が幕府の重農政策に対して商業を振興したことを評価し、またその後、蝦夷《えぞ》地の調査を行い、対外通商に関しても積極的であり、鎖国政策を守ろうとする勢力が田沼を陥れたとする説もある。大石慎三郎は辻著でさえ田沼を悪く書いていると主張し、田沼は清廉な政治家だったとしたが、藤田覚によって否定されている。

松平定信《さだのぶ》

（一七五八〜一八二九）
（宝暦八年十二月二十七日〜文政十二年五月十三日）

徳川吉宗の子・田安家徳川宗武の七男として江戸に生まれる。幼名は賢丸《まさまる》。幼時より聡明をもって聞こえ、将軍職を継ぐことも期待されたが、安永三年（一七七四）、十七歳で陸奥白河の領主松平定邦《さだくに》の養子となり、定信と名乗る。翌年従五位下上総介。天明三年（一七八三）、二十六歳で家督を継ぐ。倹約に努め、領地の財政を立て直すなど善政を敷く。同七年、家斉が将軍になると直ちに老中首座に任命されるが、将軍の孫が老中になるのは異例のことであった。寛政《かんせい》元年（一七八九）、奢侈《しゃし》禁止令を発して寛政の改革に着手、田沼時代の政治を刷新し、倹約、ならびに文武に励むことを奨励し、棄捐《きえん》令を発して旗本御家人の借金を免じ、備蓄米《びちくまい》の制度を勧めて、農業を重視し商業を軽視する政策をとった。同二年には江戸石川島に人足寄場《にんそくよせば》を設置し、寛政異学の禁を発して、朱子《しゅし》学を幕府の正統教学に定める。朱子学が重んじられるようになったのはこの時のことである。

田沼と逆に鎖国政策を維持しようとした。寛政四年（一七九二）、ロシヤの使節ラックスマンが漂流民大黒屋《だいこくや》光太夫《こうだゆう》を連れて根室に来航、日本との通商を求めたが拒絶、信牌《しんぱい》を渡したが、同年、沿岸防備の必要を説いて『海国兵談《かいこくへいだん》』を板行《はんこう》した仙台の林子平《しへい》を、国政に容喙《ようかい》した廉《かど》で処罰。沿岸の防備には意を用い自ら視察した。しかし商業の軽視は時代の流れに逆行し、「白河の水の清きに耐えかねて元の田沼《たぬま》の濁り懐かし」と狂歌に詠まれたという。さらに光格天皇が父に太政天皇の尊号を贈ろうとしたのに反対して将軍と対立、僅か五年で老中と将軍補佐役を罷免され領地経営に戻り、文化九年（一八一二）致仕した。楽翁《らくおう》と号した。学者・歌人でもあり、著作に『宇下人言《うげのひとこと》』『花月双紙《かげつそうし》』などがある。

徳川家斉《いえなり》

一七七三〜一八四一
（安永二年十月五日〜天保十二年閏一月三十日）

徳川吉宗の孫に当たる一橋家徳川治済の長男、母は岩本おとみ。十代将軍家重に継嗣がなかったため養子に入り世子となる。田沼意次が失脚したあと天明七年（一七八七）、十四歳で将軍職を継ぐ。白河の松平定信が老中首座となって、倹約を旨とする寛政の改革を行い、定信が退いた寛政五年（一七九三）、二十二歳で将軍親政を始めるが、老中松平信明《のぶあきら》、戸田氏教《うじのり》、本多忠籌《ただかず》らが定信の路線を引き継いで、緊縮財政、鎖国堅持、朱子学尊重の政治を行う。文政《ぶんせい》元年（一八一八）、水野忠成《ただあきら》が老中となり、賄賂政治が復活し、「水の出て元の田沼となりにけり」と詠まれ、家斉自身も側室四十人に子女五十五人を産ませるという豪奢な生活を送り、文化文政の「化政度」と呼ばれる享楽的な文化を作り出した。天保《てんぽう》八年（一八三七）、大坂で大塩平八郎《おおしおへいはちろう》の乱が起こり、将軍職を子の家慶《いえよし》に譲ったが、大御所として政治の実権を握った。家斉治世の後半を大御所時代と呼ぶ。

水野忠邦《ただくに》

一七九四～一八五一
（寛政六年六月二十三日～嘉永四年二月十日）

肥前唐津六万石の領主水野忠光《ただあき》の次男として江戸に生まれる。通称は於菟五郎《おとごろう》。文化《ぶんか》九年（一八一二）、十九歳で家督を継ぎ和泉守を名乗る。老中になることを目指して同族の老中・水野忠成に働きかけ、文化十二年奏者番、同十四年、遠江浜松に転封、寺社奉行となる。文政八年（一八二五）三十二歳で大坂城代となり、従四位下。翌年京都所司代《しょしだい》、越前守となり、同十一年、西の丸老中となって世子徳川家慶《いえよし》を補佐、天保《てんぽう》五年（一八三四）、忠成の死により本丸老中に就任（四十二歳）、仙石《せんごく》騒動を決裁し、同十年、老中首座となり、同十二年（一八四一）、四十七歳の時、大御所家斉が死去すると、その近臣として政務を壟断していた若年寄林忠英《ただふさ》、側衆水野忠篤《ただあつ》、小納戸《こなんど》頭取美濃部茂育《みのべもちなる》を罷免して天保の改革に着手。大老井伊直亮《なおあき》は辞職し、目付として蛮社の獄を指揮した鳥居《とりい》耀蔵《ようぞう》・甲斐守忠《ただ》耀《てる》を抜擢して江戸南町奉行とし、渋川敬直《ひろなお》、後藤三右衛門とともに「水野の三羽烏《からす》」、また鳥居は「妖怪（耀甲斐）」として庶民に恐れられたとされる。

　奢侈を禁じ、華美な錦絵、歌舞伎、遊廓などを弾圧した政策は、明治政府の近代化政策の先駆けでもあった。しかし大奥の反撥《はんぱつ》を招き、天保十四年、人返《ひとかえ》し令に次いで上地《あげち》令を発布、江戸の人口を減らし防備を固めようとしたが、上地令は譜代大名のみならず鳥居にも反対され、老中を罷免される。翌弘化《こうか》元年（一八四四）、再度老中に任ぜられ、この際鳥居を免職とする。だが翌年、再度辞職し、鳥居は讃岐丸亀《まるがめ》預かりとなって明治まで生きたが、忠邦は鳥居が高島秋帆《しゅうはん》を処罰した件で追罰を受け、二万石没収の上、隠居謹慎《きんしん》を命じられた。

　虚構の世界では、水野の倹約政策で江戸の町人が困窮していると申し出た北町奉行遠山景元《かげもと》（金四郎）を善玉に、水野と鳥居を悪役にするのが定石《じょうせき》だが、幕藩体制の長期化に伴う商品経済の膨張、町人文化の頽廃《たいはい》を食い止めようとしたものであり、平岩弓枝『妖怪』

は鳥居の生涯を同情的に描いている。その一方、金権腐敗を糾弾した忠邦自身が、賄賂によって出世した人物である矛盾を指摘する声もある。

阿部正弘《まさひろ》

一八一九〜一八五七
（文政二年十月十六日〜安政四年六月十七日）

備後福山十万石の領主で、老中阿部正精《まさきよ》の六男として江戸に生まれる。幼名は剛蔵、通称は主計《かずえ》。文政九年（一八二六）、父の死後、家督は兄正寧《まさやす》が継いだが、天保七年（一八三六）、十八歳で兄の養子となり、従五位下伊勢守、同年家督を継ぐ。同九年奏者番、同十一年、二十二歳で寺社奉行、同十四年、二十五歳で老中になる。阿部家は二代に一人は老中になる家柄であった。

弘化二年（一八四五）、水野忠邦の二度目の老中罷免の後、二十七歳で老中首座となる。川路聖謨《かわじとしあきら》、岩瀬忠震《ただなり》、永井尚志《なおむね》、江川《えがわ》太郎左衛門英龍《ひでたつ》などの人材を登用し幕政改革に積極的に取り組み、海防、外交の体制を作るほか、水戸家斉昭《なりあき》の子昭致《あきむね》（のちの慶喜《よしのぶ》）が一橋家を継ぐのを援助、薩摩の島津斉興《なりおき》を隠居させて斉彬《なりあきら》を襲封させるなど、逸材の登場を助けた。将軍は家慶だったが、嘉永《かえい》六年（一八五三）、ペリーの黒船が来航して開国を要求すると、譜代大名による幕閣によって政治を行う慣例を破って広く外様《とざま》・親藩《しんぱん》を含む諸大名に意見を徴《ちょう》した。しかし直後に家慶が死去、病弱な家定《いえさだ》が将軍職を継いだ。四賢侯と呼ばれた薩摩の島津斉彬、越前の松平慶永《よしなが》（春嶽《しゅんがく》）、土佐の山内豊信《とよしげ》（容堂）、宇和島の伊達宗城《むねなり》と親交が厚く、その意見を入れて、御三家水戸の徳川斉昭を海防参与としたため、ここにまったく従来の幕府政治の方針は革《あらた》まった。安政元年（一八五四）、再度来航したペリーと日米和親条約を締結し、鳥居耀蔵によって入牢《じゅろう》させられていた高島秋帆を出獄させて西洋砲術の採用を命じ、講武所《こうぶしょ》を設けるなどし、江戸湾の防備に着手した。しかし鎖国政策の堅持を唱える斉昭と関係が悪化、同二年、堀田正睦《まさよし》に老中首座の座を譲るが、過労のため三十九歳で急死した。

堀田正睦《まさよし》

一八一〇〜一八六四
（文化七年〜元治元年三月二十一日）

下総《しもうさ》佐倉の領主堀田正時《まさとき》の次男として江戸邸に生まれる。幼名は左源治。二歳で父が死去して兄正愛《まさちか》が襲封する。正篤《まさひろ》の名を与えられ、文政《ぶんせい》七年（一八二四）、後継者のない兄の養子となる。同八年、兄の死去により家督を継ぎ、従五位下相模守。同十二年奏者番、天保五年（一八三四）寺社奉行を兼ね、備中守と名乗る。この間、藩政改革を進める。同八年大坂城代、従四位下、同年、二十八歳で西の丸老中となり、同十二年、三十二歳で本丸老中となり、天保の改革に参与する。同十四年、水野と対立して老中を辞職、佐倉の改革を進め、西洋の兵制を採用、西洋医学を進め、佐倉は「西の長崎、東の佐倉」と言われるほどの蘭学の中心地となり、正篤は蘭癖《らんぺき》と呼ばれた。安政《あんせい》二年（一八五五）、阿部正弘から老中首座を譲られる（四十五歳）。翌年、島津家から篤姫《あつひめ》が将軍家定《いえさだ》に輿入《こしい》れしたため、篤の字を憚《はばか》って名を正睦と改める。

開国を進める立場をとり、米国特使タウンゼンド・ハリスと日米修好通商条約について協議し、同五年、上洛して勅許を求めるが、得られなかった。ほかに日蘭追加条約、日露追加条約などを締結するが、病弱な将軍家定の後継者として一橋慶喜を推し、朝廷に工作を行うが、紀州慶福《よしとみ》を後継者に推す井伊直弼が同年四月大老になると老中を罷免され、同六年、致仕《ちじ》を命ぜられ、家督を正倫に譲って隠居、さらに文久《ぶんきゅう》二年（一八六二）、蟄居《ちっきょ》を命じられ、佐倉に帰った。

井伊直弼《なおすけ》

一八一五〜一八六〇
（文化十二年十月二十九日〜安政七年三月三日）

江州彦根藩主井伊直中《なおなか》の十四男。通称を鉄五郎という。天保二年（一八三一）、父が死んで家督は兄の直亮《なおあき》（三男）が継ぐ。井伊家は大老の家柄だったが、十四男であるため、他の兄たちが諸家へ養子に行く中で、三十まで部屋住みの不遇時代を過ごし、居宅を埋木《うもれぎの》舎《や》と名づけ、長野主膳《しゆぜん》を側近として、禅学、国学、歌道、茶道などを学び、その教養の深さには定評がある。兄直亮は天保六年から十二年まで大老を務めたが、弘化三年（一八四六）、その世子直元《なおもと》が死去したため、急遽《きゆうきよ》兄の養子となって江戸藩邸に移り、従四位下侍従兼玄蕃頭《げんばのかみ》、嘉永二年（一八四九）左近衛権少将となり、翌年兄の死によって家督を継ぎ、掃部頭《かもんのかみ》となる（三十六歳）。同六年のペリー来航後の政情不安定の中にあって、同七年京都守護となり、安政《あんせい》二年（一八五五）左近衛権中将。

開国派に属すると同時に、将軍後継職問題では紀州慶福を推し、溜間詰《たまりのまづめ》大名らと南紀《なんき》派を結成、一橋派の老中首座・堀田正睦と対立、同五年（一八五八）、南紀派老中らの工作により大老に就任する。従来特に権力を腑与《ふよ》されていたわけではない大老職の権限を発動して、慶福（家茂）を将軍後継と定めた上、堀田が苦心した開港勅許問題に、勅許なくしてハリスと日米通商修好条約を締結した。

また堀田を罷免、無断で江戸城に登城した徳川斉昭、松平慶永に蟄居を命じて、一橋派官僚を罷免、左遷し、幕府全権を掌握、譜代大名からなる幕閣の体制を取り戻すべく、朝廷が勤皇派の水戸家に下した勅を反幕府の陰謀とみなし、吉田松陰《しょういん》、橋本左内《さない》、頼三樹三《らいみきさぶ》郎《ろう》ら勤皇の志士を処刑し、勤皇派の親王、公家を処罰する安政の大獄を断行した。しかし雛祭りの三月三日、異例の大雪の日に水戸家浪人らに、登城途次《とじ》を桜田門外で邀撃《ようげき》されて落命、四十六歳であった。なおこの暗殺事件を受けて万延と改元されたので、井伊暗殺は安政七年のことである。

彦根の家督は十二歳の子直憲《なおのり》が継いだが、大獄の責任を問われて減封、大獄の実行者長野主膳は処刑され、彦根藩は鳥羽伏見《とばふしみ》の戦い以後、直ちに勤皇を表明して新政府軍についた。舟橋《ふなはし》聖一が井伊の生涯を描いた『花の生涯』は、NHK大河ドラマ第一回の原作。また直弼の愛人でスパイ的役割を果たしたとされる村山たかも有名で、最近たかを主人公にした諸田玲子の『奸婦にあらず』は新田次郎文学賞を受賞した。

徳川慶喜《よしのぶ》

一八三七〜一九一三
(天保八年九月二十九日〜大正二年十一月二十二日)

水戸藩主徳川斉昭の七男として江戸に生まれる。幼名は七郎麿《しちろうまろ》。水戸で育つ。八、九歳の頃、昭致《あきむね》の諱《いみな》をつけられた。弘化四年(一八四七)、一橋徳川家に養子に入り、将軍家慶の偏諱を貰って慶喜と名乗り、従三位左近衛中将、刑部卿《ぎょうぶ》。安政《あんせい》二年(一八五五)参議。英邁《えいまい》をもって知られ、将軍家定の後継候補に挙げられたが、同五年、江戸城で老中らを詰問したことから、翌年、隠居謹慎の処分を受け、井伊直弼が紀州慶福を継嗣と定めた。

井伊が暗殺され、慶喜を支持する松平慶永、山内容堂、島津久光《ひさみつ》らが幕政に介入すると、文久《ぶんきゅう》二年(一八六二)中納言、二十六歳で将軍後見役となり、年若い将軍に代わって京都朝廷との間を斡旋《あっせん》するが、同三年、薩摩と会津が協力して長州勢力を京から追い出す八月十八日の政変が起き、翌元治《げんじ》元年(一八六四)将軍後見職を辞して禁裏《きんり》守衛総督《しゅえいそうとく》となり、巻き返しを図った長州の一派が京で騒擾《そうじょう》を起こした禁門の変(蛤御門《はまぐりごもん》の変)で御所防衛軍を指揮した。また同年、天皇を日本の正統な統治者と見なす水戸学の流れを汲む水戸天狗《てんぐ》党が筑波山で挙兵、東山道を抜けて、水戸家出身である慶喜に頼るべく若狭《わかさ》まで辿《たど》りついたが、慶喜は近江海津《かいづ》まで出陣し、彼らの処刑を救わなかった。

かくのごとく、尊皇思想は水戸に発したものでありながら、次第に長州を中心とするようになり、その後幕府は禁門の変の責任を問うて長州征伐の軍を起こし、水戸家出身の慶喜がその先頭に立つという皮肉を生み出した。いったん恭順した長州藩では、高杉晋作のクーデターによって再度幕府に挑戦し、二度目の長州征伐では幕府軍が劣勢となり、慶応二年（一八六六）、将軍家茂《いえもち》が死去、慶喜は徳川宗家を継いだが将軍就任を躊躇《ちゅうちょ》し、同年十二月、二条城において将軍となり、正二位権大納言、源氏長者、淳和《じゅんな》・奨学《しょうがく》両院別当、右大将、右馬寮御監《うめりょうごげん》となる（歴代将軍の地位）。

西洋列強のうち、英国は長州を支援したが、幕府はフランスの支援を仰ぎ、勝海舟《かつかいしゅう》を海軍総督に任じ、会津藩主松平容保《かたもり》および桑名藩主松平定敬《さだあき》と協力して、擡頭しつつあった倒幕論に対抗し「一会桑《いっかいそう》」と呼ばれた。同年末、佐幕派だった孝明《こうめい》天皇が急死、幼少の明治天皇が即位し、薩摩と長州は手を結んで、倒幕派の岩倉具視《ともみ》によって倒幕の密勅が下ったが、公武合体派の山内容堂の献策によって慶応三年（これより先内大臣）、大政奉還を行い、将軍を辞職、朝廷の委任を受けての幕府存続を図った。しかし十二月、薩長は王政復古の大号令を発してこれに抵抗、慶応四年（一八六八）一月、錦旗《きんき》を掲げた薩長軍と幕府軍が鳥羽伏見《とばふしみ》に戦って幕府軍が敗北すると、大坂から、艦長榎本武揚《えのもとたけあき》が留守中の幕府軍艦開陽丸《かいようまる》で、松平容保、定敬とともに江戸へ逃げ帰り、官位を全て返上、寛永寺に移って謹慎《きんしん》・恭順の意を示した。

薩長を中心とした新政府の征東軍は慶喜を朝敵として追討令を出し、処分しようとしたが、英国が反対したため、江戸城は無血開城され、慶喜は水戸へ移り、徳川宗家は田安家の亀之助家達《いえさと》が継ぎ、駿府に転封となった。しかし幕府の崩壊後も旧幕臣の抵抗は続き、彰義隊《しょうぎたい》は上野に敗れ、以後北海道での榎本、土方歳三《ひじかたとしぞう》らの五稜郭の戦いに至るまで戊辰《ぼしん》戦争が続いた。明治二年（一八六九）謹慎が解かれ、同十三年正二位、同二十一年従一位、同三十五年公爵、貴族院議員、同四十一年、大政奉還の功により勲《くん》一等旭日大綬章《きょくじつだいじゅしょう》を受章。一橋家時代の家臣だった渋沢栄一が、その伝記を纏《まと》めている。

鳥羽伏見の戦いの後、家臣を置き去りにして逃げ帰ったことや、戊辰戦争で戦った者たちを措《お》いてひとり静かに暮らしたことなどで、旧幕派からは批判もある。徳川家は明治期にもそれ相応の扱いを受け、家達は貴族院議長を務めた。

なお「一橋慶喜」が「徳川慶喜」になったわけではなく、一橋家の正式な姓は徳川であるから、ずっと徳川慶喜である。「けいき」と呼ばれることも多い。

コラム その⑫ 日本は前近代まで夫婦別姓

最近、夫婦別姓論を唱える人々がいるが、前近代日本は夫婦別姓であった。したがって、北条政子や日野富子は、源頼朝、足利義政の妻だが、源政子や足利富子ではない。

仮に静御前《しずかごぜん》が義経の正妻だったとしても（実際は愛人）、『ドラえもん』のヒロインのように「源静（香）」などではない。「細川ガラシャ」などというのは、細川忠興《ただおき》の妻だが、明智光秀の娘だから、「明智玉」とするのが正しく、たとえ洗礼名を使うにしても、「明智ガラシャ」であるべきで、「細川ガラシャ」というのは、明治以後のキリスト教徒が広めた名称である。

豊臣秀吉の愛妾だった茶々《ちゃちゃ》は、淀君とか淀殿とか淀の方とか、呼称について論争まで起きているが、淀は浅井《あざい》長政の娘だから、浅井茶々とするのが最も正しいだろう。秀吉の正妻で、北政所ねねとか高台《こうだい》院《いん》とか呼ばれる女性も、浅野氏の養女だから、浅野寧子とするのが正しい。

近世後期の読本《よみほん》作家・曲亭馬琴《きょくていばきん》（本姓滝沢）の息子の妻で、馬琴が失明したのちその口述筆記を行った路《みち》は、馬琴没後も、自身が安政《あんせい》五年（一八五八）に没するまで、滝沢家を代表して日記をつけ続けた。その日記は木村三四吾《みよご》が翻刻して、一九八八年から「滝沢路女《みちじょ》日記」として天理大学の雑誌『ビブリア』に発表、のち途中までを単行本として刊行した。

作家・森田誠吾はこれに倣《なら》って「滝沢路女のこと」を九二年、『新潮』に発表、同氏の『江戸の明け暮れ』（新潮社、同年）に収められ、ほかにも学者は「滝沢路」を使っているが、如上の理由から言ってこれは間違いであり、路は医家・土岐村《ときむら》家の出身なので、「土岐村路」とするのが正しい。

たとえどれほど滝沢家のために尽くそうとも、妻は夫の姓は名乗れず、それは、外から来た女を「家に入れない」という考え方から来ている。夫婦別姓が「女のため」とは限らないのである。

コラム その⑬ 御三家・御三卿

徳川御三家といえば、水戸・尾張・紀州だが、男子の多かった家康の子のうち、下のほうの子らがその祖となっている。これは、上のほうの男子が家康存命中に死去するなどしたため、まだ若かった子らの地位を固めた結果である。

ただし、当初「御三家」というのは、徳川宗家と尾張、紀州であって、水戸は入っていなかった。宗家に継嗣がない時は御三家から継ぐということにいつしかなり、家継の代で宗家嫡流が途絶えて紀州から吉宗が将軍となったが、吉宗は自分たちの子らに一橋、田安家を起こさせて、これまた継嗣が途絶えた時の備えとし、さらに清水家が加わり、これを御三卿という。

なお一般に田安宗武とか一橋慶喜などと呼ばれているが、これは屋敷のある場所を示す通称であり、正式にはいずれも姓は徳川である。

その後は、将軍家治死後、一橋家から家斉が将軍となり、十三代家定の後、紀州の慶福が家茂として継ぎ、さらに最後の将軍を、水戸家出身で一橋家を継いだ慶喜が継いだことはよく知られている。つまり御三家後三卿のうち、実際に将軍を継いだのは、紀州家と一橋家しかなかったことになる。

尾張・紀州家が大納言格だったのに対して水戸家は中納言で家格が低く、御三卿でも一橋家の家格が高かったから、悔しいのは尾張家である。そのせいか、「紀州」という落語ができた。

家継のあと、紀州侯と尾州侯が江戸城に呼ばれ、尾州侯は登城の途次、駕籠の中から鍛冶屋の槌《つち》の音「トンテンカン」が「天下あとる」と聞こえたので気を良くしたが、いったん辞退したために将軍は紀州に決まってしまい、がっかりして帰る途中、鍛冶屋が焼けた鉄を水の中に突っ込むと「キシュー」といったというのだ。ただ実際には、尾張家では二代にわたって殿様が死んでいたため、この時の尾州侯といえば継友だが、元から将軍の目はなかった。

ところで徳川時代の歴史を見ると、水野忠邦が水野忠成を罷免する、などといった例が多く、現代人が読んだら、兄弟か親戚ではないかと思えてしまうのだが、同姓で偏諱が同じでも、徳川初期に分かれた別の家だったりする。

山本博文の『お殿様たちの出世』には、幕末期、老中稲葉正邦を、若年寄稲葉正巳が「馬鹿」と言ったという事件が伝えられていて、しかしこの二人の姻戚関係が書かれていないので、読者は奇妙に思うだろうが、これも遠い親戚筋には違いない。

水野だの稲葉だの堀田だの阿部だのといった譜代

大名には、いくつも分家があって、どういうわけか偏諱まで同じなので、徳川幕閣史には往々にしてこういうことがある。

コラム その⑭ 実際には使われなかった「諱」

大石内蔵助《くらのすけ》良雄は「よしたか」と読むのか「よしお」と読むのか、といったことが時おり議論になるが、史料がまちまちであるとすれば、要するにどちらとも決まっていないのである。なぜなら、諱《いみな》というのは「忌み名」であって、実際にその名を使って呼ばれることなどまずなかったからである。

ドラマや映画で、たとえば将軍吉宗《よしむね》が、大岡越前守に「忠相《ただすけ》」と呼びかけたり、徳川家康が息子を「秀忠」などと呼んだりするが、こんなことは実際にはまずない。前者なら「越前」と呼んだはずだし、家康にしても、幼名の竹千代や長松、あるいは「中納言殿」などと呼んだはずである。

豊臣秀吉の母だって、息子を「秀吉」などと呼んだりはしない。「藤吉郎《とうきちろう》」である。柴田勝家のような同僚なら、「猿」と呼んだかどうかはともかく、せいぜいが「筑前」だろう。さらに下々の武家となると、一般に使われるのは、吉左衛門のような通称、あるいは内蔵助のような官名である。

『源氏物語』全編において、その実名が分かっているのは、光源氏の家来の惟光《これみつ》くらいで、あとは光源氏だろうが紫上だろうが、みな通称、仮の名であって、実名はことごとく分かっていない。明石《あかし》入道のような人でさえ、とんと分からぬ。もちろん、庶民の場合、漢字二文字を訓読みする諱などというものは持っていないから、みな通称で呼び合っている。

マンガ『デスノート』では、死神が落としたノートに名前を書き込むとその人が死ぬのだが、それが実名でなければならないという。これは現代日本ならではの設定で、昔の日本なら、どこまでが実名なのか分からないし、現代でも外国では、ヒラリー・ローダム・クリントンと全部書かなければダメなのかとか、アラブ諸国にはむやみと長い名前があって、それを「アラビア語で全部書かなければダメなのかとか、実際にはいろいろ問題のある設定ではあった。

しかし、傑作である。

第四部 近代の権力者

地方名士、集権の時代

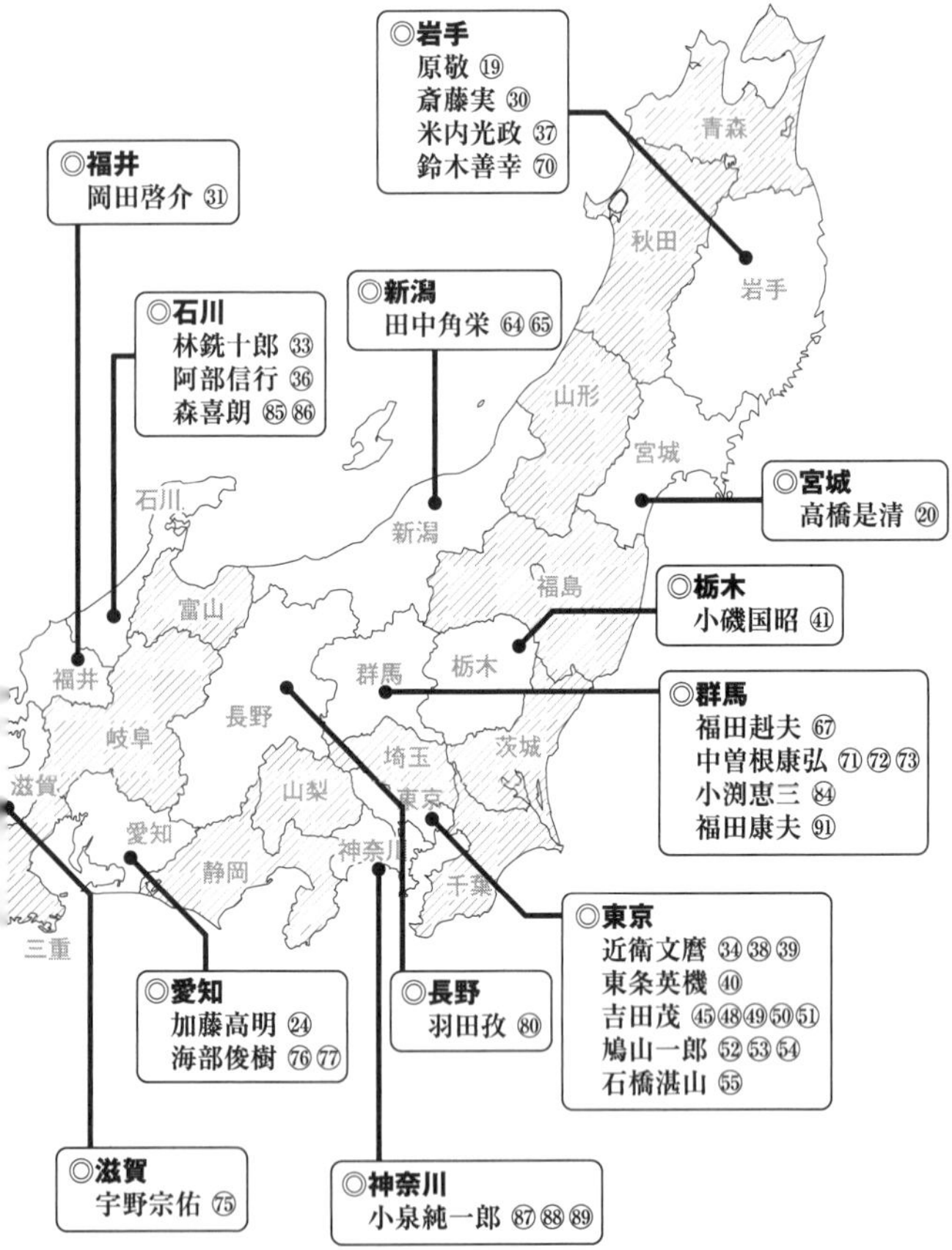

◎岩手
原敬 ⑲
斎藤実 ㉚
米内光政 ㊲
鈴木善幸 ⑰
◎福井
岡田啓介 ㉛
◎石川
林銑十郎 ㉝
阿部信行 ㊱
森喜朗 ㊽㊽
◎新潟
田中角栄 64 65
◎宮城
高橋是清 ⑳
◎栃木
小磯国昭 ㊶
◎群馬
福田赳夫 67
中曽根康弘 71 72 73
小渕恵三 84
福田康夫 91
◎東京
近衛文麿 ㉞㊳㊴
東条英機 ㊵
吉田茂 ㊺㊽㊾㊿51
鳩山一郎 52 53 54
石橋湛山 55
◎愛知
加藤高明 ㉔
海部俊樹 76 77
◎長野
羽田孜 80
◎滋賀
宇野宗佑 75
◎神奈川
小泉純一郎 87 88 89
青森
秋田
岩手
山形
宮城
石川
新潟
福島
富山
栃木
群馬
福井
長野
岐阜
埼玉
茨城
滋賀
山梨
東京
愛知
神奈川
静岡
千葉
三重

■ 出身県にみる近現代の権力者──総理大臣の出生地

※丸囲み数字は歴代数

※ ▨ 首相を出していない県

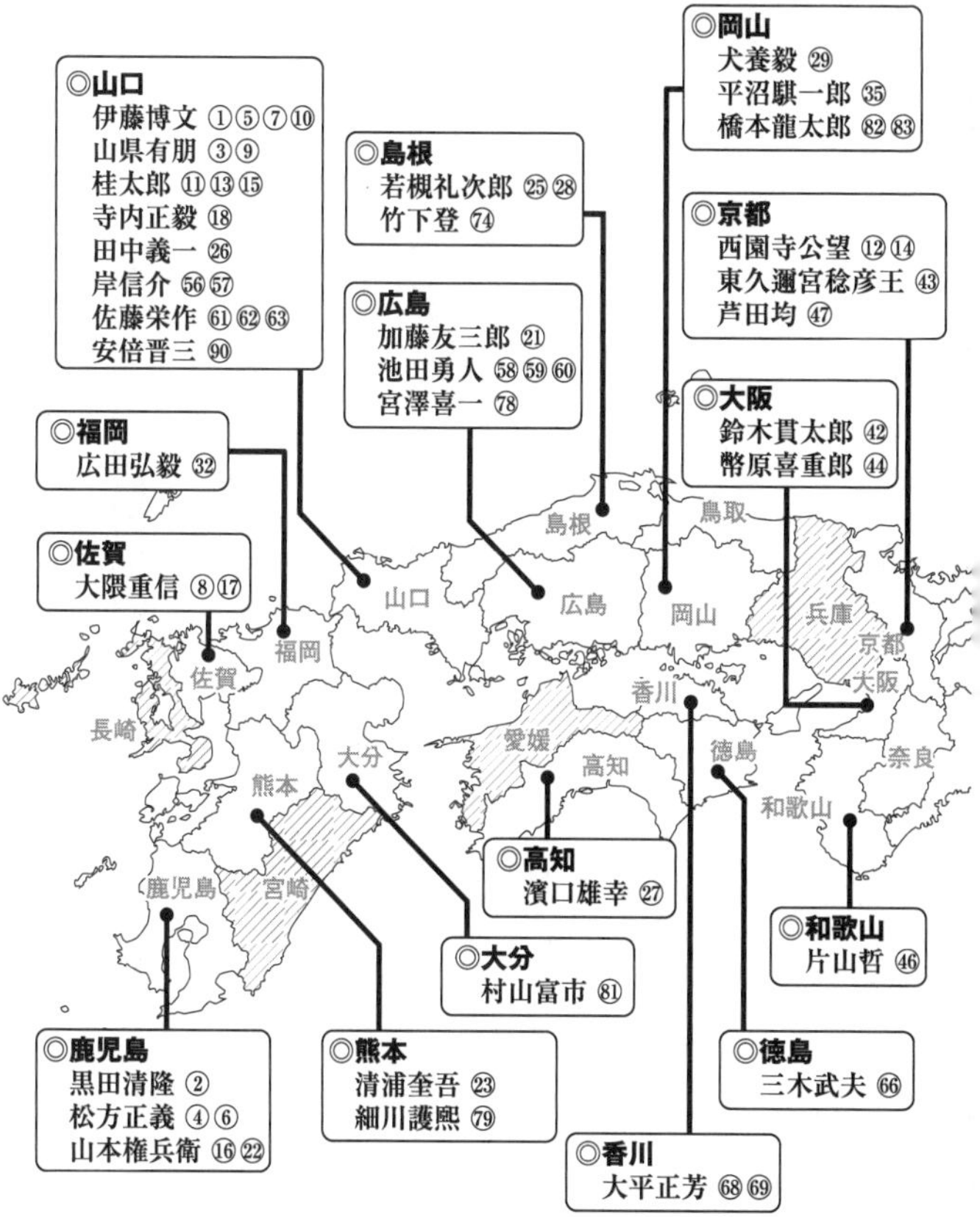

岩倉具視《ともみ》

（一八二五～一八八三）
（文政八年九月十五日～明治十六年七月二十日）

権《ごん》中納言堀河康親《ほりかわやすちか》の次男として京都に生まれる。幼名周丸《かねまる》。天保九年（一八三八）、十四歳で、村上源氏の久我家の分家・岩倉具慶《ともやす》の養子となり、従五位下、同十二年従五位上、弘化二年（一八四五）正五位下、嘉永七年（一八五四）、孝明天皇の侍従となり従四位下、安政《あんせい》五年（一八五八）、日米修好通商条約に反対し、老中堀田正睦が上洛し、関白九条尚《ひさ》忠《ただ》が幕府側に傾くと、勅許《ちょっきょ》阻止の八十八卿列参《はちじゅうはちきょうれっさん》（許可なく参内《さんだい》して意見を述べる）を画策、実現する。安政の大獄と井伊暗殺の後、万延《まんえん》元年（一八六〇）右近衛《うこのえ》権少将、同二年正四位下、この頃公武合体運動に加担し、皇女和宮《かずのみや》降嫁を推進する。

過激な尊皇攘夷派から四姦（ほかに久我建通《たけみち》、千種有文《ちぐさありふみ》、富小路敬直《とみこうじたかなお》）の一人として糾弾され、文久二年（一八六二）、左近衛権中将を辞官、落飾《らくしょく》して友山と名乗り、洛北《らくほく》岩倉村に蟄居する。

慶応二年（一八六六）、佐幕派の孝明天皇を岩倉が毒殺したとする説があるが、学界では否定されている。同三年、薩摩の大久保一蔵《いちぞう》（利通）、長州の品川弥二郎《やじろう》らが来訪し、倒幕運動の影の指導者となり、宮中に戻り、十二月九日、王政復古の大号令を発し、同日の小御所《こごしょ》会議で、徳川慶喜を擁護する土佐の山内容堂が「幼冲《ようちゅう》の天子を擁し」と言ったのを捉えて不敬であるとして容堂を沈黙させたのは有名な事件である。

明治政府では参与から議定《ぎじょう》兼副総裁となり、以後、兼海陸軍務、会計事務総督、明治二年（一八六九）には大納言、正二位となり、家柄の高い三条実美《さねとみ》を右大臣に据え、明治政府の事実上の宰相となる。同四年、外務卿を経て右大臣、特命全権大使として、木戸孝允《たかよし》、大久保利通《としみち》、伊藤博文《ひろぶみ》らとともに、条約改正のため欧米を視察。この間日本では留守政府の西郷隆盛らが征韓論を唱えており、同六年、帰国すると征韓派に反対して西郷らを下野せしめ、同七年、赤坂喰違《くいちがい》で土佐士族に襲撃される。政府の実権は内務卿の大久保に移り、同九年従一位。

戦後、長く五百円札に肖像が用いられたが、天皇暗殺説やその容貌のせいか国民的人気は低く、最近永井路子によって書かれた『岩倉具視　言葉の皮を剝きながら』は、岩倉を主人公とした初めての小説である。

西郷隆盛《さいごうたかもり》

一八二七〜一八七七
（文政十年十二月七日〜明治十年九月二十四日）

薩摩の下級武士西郷吉兵衛《きちべえ》の長男で、通称は吉之助。諱《いみな》ははじめ隆永《たかなが》。大久保利通とは家が近所で幼少時代からの友人。弘化元年（一八四四）郡方書役助《こおりかたかきやくたすけ》となり、のち書役となって二十七歳まで勤務。安政元年（一八五四）、ペリーの二度目の来航の年、藩主島津斉彬の江戸出府に随行し、お庭方《にわがた》（密偵）となり、斉彬の薫陶を受けるほか、水戸藩の藤田東湖《とうこ》の知遇を得る。同五年、斉彬の命により一橋慶喜を将軍後継とすべく江戸と京を中心に奔走《ほんそう》するが、井伊直弼によって後継が紀州慶福に定まり、出府しての幕政改革を試みた斉彬が急逝するという悲劇に見舞われる。安政の大獄による追及を受け、やはり斉彬側近だった僧月照《げっしょう》と鹿児島湾に投身自殺を試みるが、西郷のみ蘇生し、奄美《あまみ》大島に流罪とされる。新藩主の父島津久光に仕えた大久保の調停により、文久二年（一八六二）、鹿児島に帰る。

尊皇攘夷派の志士と交わるが、久光の上洛に従い、京で有馬《ありま》新七《しんしち》ら過激派藩士による京都所司代攻撃計画をやめさせるよう命じられたが、命《めい》に背いて大坂に滞留、四月、久光は寺田屋で有馬らを討ち、六月、西郷は徳之島、ついで沖永良部島《おきのえらぶ》へ流罪となる。

元治元年（一八六四）、許されて再度上洛、会津藩と結んだ薩摩藩軍賦役《ぐんぶやく》として禁門の変で長州藩と戦い、同年藩主側役となり、長州征伐で参謀となるが長州に寛大な処置を施す。慶応元年（一八六五）、長州再征に出兵を拒否、同二年、坂本龍馬《りょうま》らの斡旋で長州の桂小五郎《かつらこごろう》（木戸孝允《たかよし》）と会見し薩長同盟の密約を結び、翌年、倒幕の密勅を得て明治維新を成功させる。同四年、鳥羽伏見の戦いで慶喜が江戸へ逃げると、東征軍参謀となり事実上の指導者となるが、英国公使パークスが江戸攻撃に反対したため断念、品川東禅寺《とうぜんじ》で勝海舟と会見して無血開城を決める。

以後、戊辰戦争に転戦、明治二年（一八六九）正三位に叙せられるが、明治政府役人となった薩長武士の腐敗ぶりを見て鹿児島へ帰り、大久保・岩倉らの説得で同四年、中央政府へ戻り参議となり、廃藩置県を実施。大久保・岩倉・木戸らが欧米へ出発すると留守政府首班となり、同五年陸軍元帥《げんすい》。しかし朝鮮に対して開国を勧めたが応ぜず無礼を働いたため、同六年、征韓論を唱え、自身が大使として朝鮮に渡ると主張、帰国した大久保の内治《ないち》優先論と対立し、板垣退助《たいすけ》、江藤新平《しんぺい》らとともに下野《げや》し、鹿児島に帰る（明治六年政変）。その後、特権を奪われた不平士族の反乱が萩、熊本で起こり、江藤は佐賀の乱を起こして、西郷の挙兵が期待されたが動かず、しかし中央政府との軋轢《あつれき》はやまず、明治十年、自身の私学校生徒が挙兵したためにやむなく頭領となり、西南戦争を起こして熊本城を攻囲するが、田原坂《たばる》で政府軍に敗れ、城山で自決した。

南洲《なんしゅう》と号し、その清廉な人柄により賊軍でありながら明治期に既に神格化されていた。今なお、征韓論の真意は不明で、評価は揺れ動いているが、西郷の思想とも言うべきものは、右翼と呼ばれるものの源流の一つになっている。なお歴史学者毛利敏彦の、清廉な江藤を追い落とすために明治六年政変があったという説は、事実上既に否定されている。

木戸《きど》孝允《たかよし》

一八三三〜一八七七
（天保四年六月二十六日〜明治十年五月二十六日）

長州萩《はぎ》に藩医和田昌景の次男として生まれ、桂《かつら》九郎兵衛の養子となって桂小五郎《こごろう》と名乗り、養父の死によって八歳で当主となる。嘉永二年（一八四九）、吉田松陰《しょういん》の松下村塾《しょうかそんじゅく》に入門、同五年、江戸に出て斎藤弥九郎《やくろう》に剣を学び、造船など蘭学も修める。勤皇の志士の頭目の一人となり、文久二年（一八六二）、長州藩が公武合体策を捨て攘夷に方針が定まると右筆《ゆうひつ》副役としてその中心の一人となるが、同三年八月十八日の政変で長州藩は京を逐《お》われ、元治元年（一八六四）、新撰組《しんせんぐみ》が勤皇の志士を屠《ほふ》った池田屋事件では間一髪のところで逃れ、禁門の変で再度長州が敗れた後は但馬《たじま》に潜伏する。慶応元年（一八六五）、長州に戻り藩政に参画、木戸貫治と名乗る。のち準一郎。同二年、京で西郷隆盛と薩長同盟の密約を結び、明治維新直前に高杉晋作が病死したため長州藩の代表格となり、西郷・大久保とともに維新の三傑と呼ばれる。

慶応四年（明治元年）新政府参与、総裁局顧問となり、五箇条《ごかじょう》の御誓文《ごせいもん》の文言《もんごん》を作成し、版籍奉還《はんせきほうかん》を建言して実行、また朝鮮出兵論を主張した。明治三年（一八七〇）参議。同四年、廃藩置県を断行の後、岩倉使節団の副使として欧米を回る。同六年、帰国して文部卿を兼ね、征韓論に反対して大久保に同調し、西郷らの下野《げや》ののち、同七年、大久保の台湾出兵に反対して参議を辞め、職責のない宮内省出仕となるが、同八年の大阪会議で漸次立《ぜんじ》憲体制論で大久保らと合意して参議に復し、第一回地方官会議議長となるが、同九年、参議を辞して内閣顧問となる。同十年、西郷の挙兵による西南戦争の最中に胃がんのため死去した。昏睡状態で「西郷、もう大抵にせんか」と叫んだ話は有名である。

幕末の志士きっての美男子で、夫人松子《まつこ》は、京都祇園の名妓幾松《いくまつ》として名高い。

大久保利通《としみち》

一八三〇〜一八七八
（文政十三年八月十日〜明治十一年五月十四日）

薩摩藩の下級武士大久保利世《としよ》の長男として鹿児島に生まれ、ほどなく西郷吉之助の家近くの加治木《かじき》町に移る。はじめ通称を正助《しょうすけ》。弘化三年（一八四六）、藩の記録所書役助として出仕するが、嘉永三年（一八五〇）、父がお由良《ゆら》騒動に連座して沖永良部島へ遠島となり正助も免職、謹慎となる。幕府の介入により藩主斉興が隠居させられて島津斉彬が藩主となり、同六年復帰、安政四年（一八五七）、西郷とともに徒目付《かちめつけ》となる。

しかし斉彬が急死して安政の大獄が起こり、同六年、尊攘派の若手武士・誠忠組《せいちゅうぐみ》のリーダーとして井伊襲撃を計画するが、藩主茂久《しげひさ》（のち忠義《ただよし》）に止められる。この頃一蔵《いちぞう》と改名。万延元年（一八六〇）より久光に仕え、文久二年（一八六二）、久光に従い上洛、同三年、側役となり、公武合体論で活動するが、慶応二年（一八六六）、長州と連合を組み、倒幕運動の中心人物の一人となって維新を成し遂げ、同三年、新政府参与。同四年（明治元年）、徴士《ちょうし》、内国事務掛となる。

明治二年（一八六九）、参議となり、東京遷都、版籍奉還、廃藩置県を行う。明治四年、参議を辞任し大蔵卿、岩倉使節団の副使として欧米を回り、同六年帰国後、参議に復帰、西郷の征韓論に反対し、西郷、江藤、板垣らの下野ののち内務卿を兼ねて事実上政府を牛耳《ぎゅうじ》る。同七年、台湾出兵を断行、佐賀の乱を鎮圧して江藤新平を処刑、全権弁理《べんり》大臣として清国《しんこく》に赴き、琉球を日本の領土と認めさせる。同十年、西南戦争では旧友西郷を討ち滅ぼした。十一年、地方官会議を開くが、五月、東京紀尾井《きおい》坂で、石川県士族島田一郎らに襲撃され落命。

征韓論を退け、不平士族の乱を平らげて近代国家を創設した人物として知識人の間では評価が高いが、感情的に西郷に贔屓《ひいき》する者が多く、独裁的とみられて大衆的な人気はない。号は甲東。

伊藤博文《ひろぶみ》

一八四一～一九〇九
（天保十二年九月二日～明治四十二年十月二十六日）

周防《すおう》国の農民の家に生まれ、はじめ林利助《としすけ》といった。父が長州藩中間《ちゅうげん》永井家の養子となり、下級武士の身分を得る。永井はのち伊藤と改姓。通称を俊輔《しゅんすけ》。吉田松陰の松下村塾に学び、同窓の井上聞多《もんた》（馨）とは生涯にわたる親友となる。安政の大獄で松陰が刑死した後は同塾の高杉晋作と行を共にする。文久三年（一八六三）、井上とともに密留学生として英国に渡って西洋文明に接し、攘夷が不可能であることを悟り、英米蘭仏四カ国連合艦隊が報復のため下関を襲撃して敗北した際、帰国して講和条約締結に当たる。以後長州藩は桂小五郎に指導され、二度目の長州征伐で幕府軍を悩ませるが、高杉は病死、維新成立の後、兵庫県知事、大蔵少輔《おおくらしょうゆう》兼民部《みんぶ》少輔、工部大輔《こうぶたいふ》を歴任。

明治四年（一八七一）、三十一歳で岩倉具視の欧米視察団に副使として随行、同六年帰国後、参議兼工部卿、地方官会議議長、法制局長官を歴任する。同十一年、大久保が暗殺されると後任の内務卿として、木戸亡き後の長州閥を率い、明治十四年の政変で大隈重信《おおくましげのぶ》を政府外に逐《お》った。十五年、憲法調査のため再度ヨーロッパに渡り、岩倉の立憲君主制確立の意向を受け、十一年に来日していたロエスレルの影響により決定したプロイセン憲法に倣《なら》った憲法策定に当たる。

明治十八年（一八八五）、内閣制度が発足すると、四十五歳で初代内閣総理大臣となる。以後しばらく首相は長州と薩摩から交代で出る。薩摩の黒田清隆《きよたか》が二代目首相となり、伊藤は二十一年枢密院《すうみついん》議長となり、二十二年（一八八九）、大日本帝国憲法を公布。二十三年貴族院議長、二十五年、第二次伊藤内閣首班となり、日清戦争を指揮し、二十八年（一八九五）、李鴻章《りこうしょう》と下関講和条約を締結。三十一年、第三次伊藤内閣首班、三十三年、政党政治期待論に応えて立憲政友会を組織して総裁となり、第四次伊藤内閣を組織、この間、事実上の政府指導者だった。三十八年、初代韓国統監となる。

日韓併合の計画が進む中、その推進者と見なされてハルピンで韓国の義士・安重根《あんじゅうこん》に暗殺された。安は今なお韓国の英雄とされているが、伊藤自身は韓国併合に消極的であり、たまたま統監職にあったため殺されたと見るべきだろう。

号は春畝《しゅんぽ》、妻の梅子《うめこ》は元藝妓《げいぎ》である。戦後、長く千円札に肖像が使われた。

黒田清隆《きよたか》

一八四〇〜一九〇〇
（天保十一年十月十六日〜明治三十三年八月二十三日）

薩摩藩の下級武士黒田清行《きよゆき》の長男。通称・了介《りょうすけ》。文久三年（一八六三）の薩英戦争に参加、その後倒幕運動に従い、薩長同盟の成立に携わり、戊辰戦争では五稜郭の戦いで勲功を挙げたが、敵方の榎本武揚の助命に奔走し、以後榎本とは僚友となる。明治三年（一八七〇）、樺太《からふと》専務の開拓次官となり、同四年長官代理、同七年、三十五歳で陸軍中将《ちゅうじょう》、参議兼開拓長官として北海道開拓に従事。同九年、対韓交渉の特命全権弁理大臣となり、日朝修好条規を締結する。十年の西南戦争では征討参軍として西郷軍と戦い、勲一等旭日大綬章。しかし翌年、酔って妻を蹴り殺したとの噂があり、大久保利通が庇《かば》って不問に付されたが、大久保暗殺はそれが一因となったという。

大久保死後、薩摩閥の頭目となり、明治十四年には開拓使官有物払い下げ事件で非難を浴びたが、大隈を下野させたのち開拓長官を辞任。二十年農商務大臣、二十一年、伊藤のあとを受けて二代目内閣総理大臣となる。しかし翌年、外相大隈重信の条約改正の失敗と遭難のため辞任、枢密《すうみつ》顧問官となり、二十五年、第二次伊藤内閣で逓信《ていしん》大臣ののち、二十八年、枢密院議長。伯爵。洋画家・黒田清輝《せいき》とは遥かに遠い親戚。

山縣有朋《やまがたありとも》

一八三八〜一九二二
（天保九年閏四月二十二日〜大正十一年二月一日）

長州藩の下級武士・山縣有稔《ありとし》の子として生まれる。幼名を辰之助、小輔。安政五年（一八五八）、松下村塾に入門するが、本格的に吉田松陰に学んだとはいえず、むしろ松陰死後の高杉晋作との関係から政治活動は始まり、文久三年（一八六三）、高杉の留守中、奇兵隊軍監となり、狂介《きようすけ》と称する。慶応二年（一八六六）、第二次長州征伐で幕府軍と戦い、維新の後は戊辰戦争で北陸道鎮撫《ちんぶ》総督として転戦、明治二年（一八六九）欧米を視察、三年帰国して従五位兵部少輔《ひようぶしようゆう》となり、新政府の軍事を掌握していた大村益次郎《ますじろう》暗殺ののち軍事担当者となり、徴兵制を敷き、四年、兵部大輔となるが兵制改革により陸軍大輔、陸軍中将となり、同六年、山城屋事件（汚職事件）でいったん辞職するが陸軍卿として復帰（三十六歳）。同七年、佐賀の乱で征討参軍、参議として廟堂《びようどう》に加わり、同十年、西南戦争で征討参軍、功あって勲一等旭日大綬章。十一年参謀本部長兼参議、十五年参事院議長、十六年内務卿、十七年従三位、十八年より、第一次伊藤内閣、黒田内閣で内務大臣、地方制度、警察制度の改革を行う。

明治二十二年（一八八九）、黒田の後をうけて内閣総理大臣（五十二歳）、二十三年、教育勅語《ちよくご》を発布、陸軍大将となり、二十五年、伊藤内閣で司法大臣、二十六年枢密院議長、二十七年（一八九四）、日清戦争に第一軍司令官、大本営監軍となり、二十八年、陸軍大臣、正二位、二十九年、特命全権大使としてペテルスブルグでロシヤ外相ロバノフとの協定に調印する。三十一年元帥となり、第二次内閣を組閣、三十七年（一九〇四）より日露戦争で参謀総長兼兵站《へいたん》総監、四十年、公爵。長命を保ち、以後元老として長州閥を率いるが、大正十年（一九二一）、皇太子妃に内定した久邇宮良子《くにのみやながこ》について色盲を理由に内定取消しを主張したことが問題となり（宮中某重大事件）、政界から退き、ほどなく死去。国葬。目白の椿山荘《ちんざんそう》は山縣の邸。

日本陸軍の基礎を作り、自由民権運動や社会主義を弾圧、大逆《たいぎゃく》事件のでっち上げを行った帝国主義政治家として評判は良くない。

松方正義《まさよし》

一八三五〜一九二四
（天保六年二月二十五日〜大正十三年七月二日）

薩摩藩の下級武士松方正恭の子。幼名金次郎。通称助左衛門。文久二年（一八六二）、藩主の父・島津久光の側近となり、寺田屋事件、生麦《なまむぎ》事件に対処、公武合体運動、禁門の変に関わり、慶応二年（一八六六）、軍艦掛となり海軍軍事に従事、明治元年（一八六八)、長崎裁判所参事、日田《ひた》県(のち大分県)知事、同三年民部大丞《たいじょう》、同八年大蔵大輔、同九年勧業頭、同十年内務省勧農局長を兼務、明治十一年のパリ万博で事務局副総裁兼事務局長としてヨーロッパに渡り、諸国を視察し財政について学び、帰国後十三年(一八八〇)、内務卿、明治十四年の政変後、参議兼大蔵卿として財政再建に当たり、松方財政と呼ばれる。十五年日本銀行設立、十七年伯爵、十八年より伊藤、黒田、山縣内閣で大蔵大臣、二十四年(一八九一)内閣総理大臣兼大蔵大臣となるが、選挙干渉事件で翌年辞職、二十八年、第二次伊藤内閣蔵相、二十九年(一八九六)再度内閣首班となり蔵相を兼ね、日清戦争後の財政整理に当たり、金本位《きんほんい》制を実施した。

明治三十一年に第二次山縣内閣でも蔵相、その後元老として活動、三十六年枢密顧問官、四十年侯爵、大正六年(一九一七)内大臣となり、十一年、公爵雅号は海東。歴代内閣総理大臣のうち最年長者である。

大隈重信《おおくましげのぶ》

一八三八〜一九二二
（天保九年二月十六日〜大正十一年一月十日）

佐賀藩士大隈信保《のぶやす》の長男として生まれる。通称は八太郎。蘭学、英学を学び、幕末には佐賀藩の尊皇攘夷派として活動する。明治元年（一八六八）徴士参与、外国事務局判事、同二年、大蔵大輔《おおくらたいふ》、民部大輔を務めた後、明治三年、参議として肥前派の頭目となる（三十三歳）。六年、参議兼大蔵卿となるが、自由民権運動に左袒《さたん》し、国会即時開設論と開拓使官有物払い下げ問題での黒田清隆の追及のため薩長閥と対立、明治十四年の政変で下野。

十五年、立憲改進党総理となり、早稲田大学の前身である東京専門学校を創立する。二十年伯爵、二十一年、伊藤内閣の外務大臣、次の黒田内閣でも外相を務め条約改正に当たるが、二十二年、右翼・玄洋社の来島恒喜《くるしまつねき》に爆弾を投げつけられ右足を切断（来島はその場で自刃）、外相を辞職、枢密顧問官となるが二十四年辞任。二十九年、民権各派が合同した進歩党党首となり、第二次松方内閣外務大臣（松隈《しょうわい》内閣）、翌年、農商務大臣を兼ねるが、三十一年、板垣退助の自由党と進歩党が合併した憲政党を基盤とする最初の政党内閣総理大臣となり外相を兼ね、板垣を内務大臣に据えて隈板《わいはん》内閣と呼ばれたが、ほどなく憲政党が分裂して四カ月で辞職。三十三年、憲政本党総理。四十年早稲田大学総長、大正三年（一九一四）、第二次内閣を組織し、第一次世界大戦でドイツに宣戦布告し、対華二十一か条要求を行い、のちのシナ侵略の先鞭《せんべん》をつけた。同五年侯爵。

早稲田出身の学者による大隈伝は概して弁護的で、中村尚美の人物叢書《そうしょ》版など、第二次内閣の事跡については触れていないという驚くべきものである。

桂《かつら》太郎《たろう》

一八四七〜一九一三
（弘化四年十一月二十八日〜大正二年十月十日）

長州藩士桂與一右衛門《よいちえもん》の子として生まれる。桂家は元就当時からの毛利家重臣の家柄。世子元徳《もとのり》の小姓となり、禁門の変、戊辰戦争に従軍し、維新後、ドイツへ留学。ドイツ駐在武官、参謀本部管西局長を経て、明治十九年（一八八六）、四十歳で陸軍次官となり、山縣有朋の後継の位置につく。日清戦争では第三師団長を務める。明治二十九年（一八九六）台湾総督、三十一年、第三次伊藤内閣で陸軍大臣（五十二歳）、陸軍大将となり、以後大隈、山縣、第四次伊藤内閣で三十三年まで陸相を留任。三十四年（一九〇一）内閣総理大臣となり、日露戦争を指導する。四十一年、第二次内閣を組織、この内閣の時に大逆事件が起こり、社会主義運動を弾圧、韓国併合を強行した。大正元年（一九一二）、第三次内閣を組織したが憲政擁護運動のため三カ月で辞職した。元老、公爵。

十二年にわたり、西園寺公望と交代で総理を務めたため、この時代を桂園《けいえん》時代という。日本陸軍の性格を定め十五年戦争を準備した人物として敗戦後批判されたが、日露戦争のポーツマス条約調印の際、外相小村寿太郎《じゅたろう》が条約に不満を抱く暴徒の怨嗟《えんさ》の的となって帰国した際、新橋駅で小村の脇につき、銃弾を浴びたら共に斃《たお》れる覚悟をしたなど、しかるべき覚悟の持ち主であり、近年伝記の公刊が続いている。

西園寺《さいおんじ》公望《きんもち》

一八四九〜一九四〇
（嘉永二年十月二十三日〜昭和十五年十一月二十四日）

右大臣・徳大寺《とくだいじ》公純《きんいと》の次男として京都に生まれ、右中将・西園寺師季《もろすえ》の養子となる。いずれも藤原家道長流の清華家《せいがけ》の家柄。文久元年（一八六一）、右近衛権中将《うこのえごんのちゅうじょう》。慶応三年（一八六七）、十九歳で新政府参与となり、明治元年（一八六八）の戊辰戦争では各地に総督として転戦、権中納言、新潟府知事。同三年（一八七〇）、官費留学生としてフランスに赴き、自費で留学を続け、中江兆民《ちょうみん》と交友を持った。十三年（三十二歳）帰国し、翌年、明治法律学校（のちの明治大学）の創立に参加、また自由民権運動に加わり、兆民とともに『東洋自由新聞』を創刊し社長となるが、勅命により一カ月で退社。

十五年、伊藤博文の憲法調査のためのヨーロッパ行きに随行し、十六年参事院議官。十八年オーストリア公使、二十年ドイツ公使、二十四年帰国して賞勲局《しょうくんきょく》総裁、二十六年貴族院副議長、二十七年（一八九四）、四十六歳で枢密《すうみつ》顧問官、第二次伊藤内閣から第二次松方内閣まで文部大臣、第三次伊藤内閣でも文相、伊藤を助けて立憲政友会創立委員となり、三十三年、同会結成に参加、枢密院議長、三十六年、政友会第二代総裁となる。三十九年、桂太郎の後を受けて五十七歳で内閣総理大臣、桂の後に四十四年、再度首相。大正三年（一九一四）政友会総裁を辞任し、以後元老として、同七年、原敬内閣を成立させ、八年、第一次大戦後のパリ講和会議の首席全権。

長命を保ち、山縣、松方の没後、最後の元老として政局を左右し、後継総理についての内奏を行い、昭和十二年（一九三七）、広田内閣辞職の後、宇《う》垣一成《がきかずしげ》を後継首相に推薦したが陸軍の反対で挫折、以後、天皇を輔《ほ》弼《ひつ》し、軍部の暴走と戦争を抑えようとしたが叶わなかった。秘書を務めた原田熊雄の記録は「原田文書」（『西園寺公と政局』岩波書店）と呼ばれ、天皇とその側近が戦争に反対し続けたことを明らかにした。号は陶庵《とうあん》。

山本権兵衛《ごんひょうえ》

一八五二〜一九三三
（嘉永五年十月十五日〜昭和八年十二月八日）

薩摩藩鹿児島の右筆《ゆうひつ》の家の三男として生まれる。慶応三年（一八六七）、藩主島津忠義に随行して上京、鳥羽伏見の戦いに加わる。明治二年（一八六九）、西郷隆盛の紹介で勝海舟の食客となり、箱館戦争に従軍。海軍兵学寮に入る。七年、帰国して下野した西郷を問い詰めるが、説得されて兵学寮に戻り、同年卒業し海軍少尉補。十一年中尉。二十年、海軍次官樺山資紀《かばやますけのり》に随行して欧米を視察。二十二年、大佐となり軍艦高雄《たかお》艦長。二十四年、西郷従道《つぐみち》海軍大臣の下で官房主事、日清戦争に従軍し、二十八年海軍少将、軍務局長（四十四歳）、三十一年中将、第二次山縣内閣で海軍大臣、伊藤、桂内閣でも留任し、薩摩派の領袖《りょうしゅう》として海軍軍務を総攬《そうらん》する。この間三十三年、清国義和団《ぎわだん》事件に従軍、三十五年、日英同盟の成立を推進した。三十七年、海軍大将となり日露戦争を指揮。

明治三十九年、桂内閣の辞職で海相を辞職、軍事参議官、大正二年（一九一三）、内閣総理大臣となり、初の軍人出身の総理となるが、シーメンス事件で翌年辞職、十二年、再度首相となるが、摂政宮裕仁《ひろひと》（のちの昭和天皇）が襲撃された虎ノ門事件で翌年辞職。日本海軍育ての親とされ、海軍の家系に連なる江藤淳が唯一の長編小説『海は甦《よみが》える』の主人公とした。

なお長く「ごんのひょうえ」と読まれ、本来は「ごんべえ」だとする説もあるが、正しくは「ごんひょうえ」らしい。

寺内正毅《まさたけ》

一八五二〜一九一九
（嘉永五年二月五日〜大正八年十一月三日）

周防国に長州藩士宇多田《うただ》正輔の三男として生まれ、母方の寺内家養子となる。通称・寿三郎。戊辰戦争に従軍ののち明治五年（一八七二）陸軍大尉。十年、西南戦争に従軍、陸軍士官として、以後、長州閥の中で出世し、十七年陸軍中佐、二十年（一八八七）陸軍士官学校長、二十七年陸軍少将、三十一年教育総監、中将、三十四年陸軍大学校長などを経て、三十五年、第一次桂内閣で陸軍大臣（四十九歳）。四十四年、第二次桂内閣の辞職まで在職する。この間、三十九年陸軍大将、四十三年、日韓併合がなると初代朝鮮総督となる。大正五年（一九一六）、元帥《げんすい》となり、山縣有朋の推薦で内閣総理大臣。七年、ロシヤ革命を受けてシベリア出兵を行い、軍国主義的政策をとった。当時流行していたビリケン人形に頭の形が似ていたので、「非立憲」とかけてビリケン宰相と悪口を言われた。米騒動が起こると新聞に言論弾圧を行い、非難を浴びて辞職。伯爵。

原敬《さとし》

一八五六〜一九二一
（安政三年二月九日〜大正十年十一月四日）

盛岡藩（南部家）家老の家柄に生まれる。維新後、朝敵の家の生まれとして苦学ののち明治十二年（一八七九）、郵便報知新聞の政治記者となる。退社後十五年、外務省入りし、翌年天津《てんしん》領事、十八年からパリ公使館書記官、二十二年、農商務大臣井上馨《かおる》の書記官となる（三十四歳）。二十六年、再度外務省に戻り通商局長、二十八年、同じ佐幕の紀州藩出身の陸奥宗光《むつむねみつ》が外務大臣の時に外務次官に抜擢されるが、のち陸奥に連袂《れんぺい》して辞職、官界を退いて明治三十年、大阪毎日新聞社に入り、翌年、社長となって関西財界の大立者となる。

明治三十三年、伊藤博文が立憲政友会を組織するとこれに加わり、同年十二月、星亨《とおる》に代わり、逓信大臣として伊藤内閣に入閣、三十五年衆議院議員に当選し、以後死去まで連続当選した。三十九年、西園寺内閣で内務大臣（五十一歳）、四十四年、第二次西園寺内閣内相、大正二年（一九一三）、山本権兵衛内閣で内相、同三年、西園寺の辞職に伴い政友会の第三代総裁となる（五十八歳）。大正七年（一九一八）、寺内内閣辞職の後内閣総理大臣となり、薩長土肥《さっちょうどひ》以外から出た「平民宰相」と呼ばれ、初の本格的政党内閣とされた。しかし普通選挙を拒否、社会主義運動を弾圧し、シベリア出兵を継続、経済恐慌や汚職事件があり、同十年、東京駅頭で大塚駅員・中岡艮一《こんいち》によって刺殺された。

「はらけい」「たかし」などと呼ばれるが、「さとし」が正しい読み。長く平民宰相として美化されてきたが、近年、平民となったのは明治以後で、元々は明治の元勲たち（大久保、西郷、伊藤など）より遥《はる》かに高い家柄の出であることが指摘され、その謀略家ぶりについても批判的記述がされるようになった。

高橋是清《これきよ》

一八五四〜一九三六
（嘉永七年閏七月二十七日〜昭和十一年二月二十六日）

幕府の御用絵師・川村庄右衛門の庶子として江戸に生まれ、和喜次と命名、仙台藩の足軽高橋是忠《これただ》の養子となる。慶応三年（一八六七）、十四歳で学問のため渡米するが、騙されて奴隷《どれい》契約書にサインし、苦役ののち明治元年帰国、森有礼《ありのり》の書生となる。明治六年（一八七三）、文部省に出仕、東京大学予備門英語教員などをへて十四年、農商務省に入り、ここで出世して二十年特許局長（三十四歳）。二十五年日本銀行に入り、三十二年副総裁。日露戦争で外債の募集を行って成功し、三十八年貴族院議員。三十九年横浜正金《しょうきん》銀行頭取《とうどり》、四十四年日銀総裁などをへて、大正二年（一九一三）、第一次山本内閣の大蔵大臣となり、立憲政友会に入党（六十歳）。同七年、原内閣でも蔵相、九年子爵に叙せられ、十年、原暗殺ののち政友会第四代総裁となり内閣総理大臣、蔵相を兼ねるが政友会内部の分裂のため約半年で総辞職。十三年、護憲三派運動を推進して衆議院議員に当選、加藤高明《たかあき》内閣で農商務大臣となる。十四年、政友会総裁を田中義一《ぎいち》に譲って政界を引退する（七十二歳）。

昭和二年（一九二七）、金融恐慌が起こり田中義一が首相となると大蔵大臣に再起用され、支払猶予《ゆうよ》緊急勅令《ちょくれい》（モラトリアム）を発して恐慌を乗り切り、金解禁に反対し、六年より犬養毅内閣で蔵相、金輸出再禁止を行う。続けて斎藤実《まこと》、岡田啓介《けいすけ》内閣でも蔵相を務めるが、二・二六事件で暗殺された。

加藤友三郎《ともさぶろう》

一八六一～一九二三
（文久元年二月二十二日～大正十二年八月二十四日）

広島浅野家下級藩士の子として生まれる。明治六年（一八七三）海軍兵学校入学、十三年卒業するが引き続き在籍、十六年海軍少尉となる。十九年大尉、二十七年から日清戦争に従軍、三十年中佐、三十七年少将となり、日露戦争の日本海海戦（一九〇五）では連合艦隊参謀長（四十五歳）。三十九年海軍次官、四十一年中将、大正四年（一九一五）、大隈内閣の海軍大臣となり海軍大将、以後寺内、原、高橋内閣で海相を留任し、同十年ワシントン軍縮会議では全権委員として条約に調印。十一年、高橋のあとを受けて内閣総理大臣（六十二歳）。十二年元帥となったが、首相在任中に病死した。

加藤高明《たかあき》

一八六〇〜一九二六
（安政七年一月三日〜大正十五年一月二十八日）

尾張の下級武士服部家に生まれ、総吉と名づけられる。明治五年（一八七二）、加藤家へ養子に入り、翌年東京へ出る。七年、高明と名乗る。東京大学（帝国大学になる前）第一期生として十四年、法学部卒、郵便汽船三菱会社に入社し、二年間の英国勤務ののち、十九年、岩崎弥太郎の女婿《じょせい》となる。明治二十年（一八八七）、外務省に入り、翌年、大隈重信外相秘書官となる。二十八年駐英公使、三十三年、第四次伊藤内閣で外務大臣（四十一歳）。日英同盟を推進し、三十五年、衆議院議員となり、三十九年、第一次西園寺内閣で外相、大正二年（一九一三）、第三次桂内閣外相、立憲同志会総裁、三年、第二次大隈内閣外相、五年憲政会総裁、十三年、清浦奎吾《きようらけいご》内閣が五カ月で倒壊した後を受けて護憲三派内閣の総理大臣となる。十四年、普通選挙法と治安維持法を成立させ、第二次内閣を組織したが、在職中に病死。伯爵。

若槻礼次郎《わかつきれいじろう》

一八六六〜一九四九
(慶応二年二月五日〜昭和二十四年十一月二十日)

松江の松平家足軽奥村仙三郎の次男として生まれる。明治十七年(一八八四)、十九歳で上京、十九年、従妹の若槻トク子と婚約し若槻家に入る。二十五年、帝国大学仏法科卒、大蔵省に入り、三十七年主税《しゅぜい》局長、三十九年大蔵次官、大正元年(一九一二)、第三次桂内閣で大蔵大臣となる(四十七歳)。同三年から四年まで第二次大隈内閣で再度蔵相、五年、加藤高明らと憲政会結成に参加し、副総裁。大正十三年(一九二四)、加藤内閣で内務大臣となり、翌年、普通選挙法と治安維持法を成立させる。十五年、加藤高明が病死したため憲政会総裁となり、内閣総理大臣(六十一歳)。しかし金融恐慌のため翌昭和二年(一九二七)、辞職。憲政会は立憲民政党となり濱口雄幸《おさち》が総裁となる。同五年、ロンドン海軍軍縮会議に首席全権として出席し条約締結。六年、首相濱口が狙撃されて体調がすぐれないため立憲民政党総裁の座を譲られ、第二次内閣を組織するが、軍部の圧力のため僅か八カ月で辞職、九年総裁を辞任、町田忠治《ちゅうじ》が後を継ぐが以後政党の力は衰えていく。

敗戦後、東京裁判では証人として出廷した。

田中義一《ぎいち》

（一八六四〜一九二九
（元治元年六月二十二日〜昭和四年九月二十九日）

長州藩萩の下級武士の家に生まれる。明治九年（一八七六）、前原一誠《いっせい》の乱に加わる。十二年、長崎へ出て裁判所判事笠原十九郎を頼り、以後笠原の転任に従い、対馬、松山と移り、十五年上京。十九年、陸軍士官学校を卒業、歩兵少尉となる（二十三歳）。二十五年、陸軍大学校を卒業し、日清戦争に従軍して陸軍大尉、三十一年、ロシヤに留学、三十五年、帰国して参謀本部ロシヤ課主任。日露戦争では満州軍参謀、中佐。四十三年少将。四十四年陸軍軍務局長（四十八歳）、大正四年（一九一五）陸軍中将、参謀次長、七年（一九一八）、原敬内閣で陸軍大臣となる（五十五歳）。二個師団増設、シベリア出兵などを推進し、九年男爵。十年陸軍大将となるが陸相は辞任、軍事参議官。十二年、第二次山本内閣で再度陸軍大臣となるが虎ノ門事件で辞任。

大正十四年、予備役《えき》となり、高橋是清の後を受けて立憲政友会総裁となり、十五年貴族院議員、昭和二年（一九二七）、若槻内閣倒壊の後を受けて内閣総理大臣兼外相となる

（六十四歳）。組閣後直ちに山東《さんとう》出兵を行い、東方会議を召集して、満州の利権を守る考えを明らかにし、三年には三・一五事件で日本共産党の大弾圧を行い、治安維持法を改正強化して最高刑を死刑とし、反共・大陸の権益確保の強硬政策をとった。同年、張作霖《ちようさくりん》爆殺事件（満州某重大事件）が起こり、翌四年には四・一六事件で再度共産党弾圧を行った。張作霖事件が日本軍の仕業だとして軍法会議を開こうとしたが陸軍に反対され、天皇から強い叱責を受けて七月に辞職、ほどなく狭心症の発作で死去した。

濱口雄幸《おさち》

一八七〇～一九三一
（明治三年四月一日～昭和六年八月二十六日）

高知県で藩の御山方・水口家に生まれる。正しくは「おさじ」。明治二十二年（一八八九）、濱口夏子と婚約、濱口家養子となる。二十八年、東京帝国大学法科卒業後、大蔵省に入り、各地の税務局勤務を経て、三十五年東京税務監督局長、大正元年（一九一二）、第三次桂内閣で逓信次官となり（四十三歳）、翌年、立憲同志会に入党、三年、第二次大隈内閣で大蔵次官。四年、衆議院議員初当選。五年、憲政会総務となり、十三年、加藤高明内閣で大蔵大臣（五十五歳）。十五年、若槻内閣で蔵相ののち内務大臣。

昭和二年（一九二七）、立憲民政党初代総裁となり、四年七月、田中義一の後を受けて、明治生まれで初の内閣総理大臣となる。十月、米国ウォール街の暴落に始まる世界恐慌を受け、五年、金輸出解禁を断行し、総選挙で民政党の大勝を導く。外務大臣に幣原喜重郎《しではらきじゆうろう》を起用して協調路線の幣原外交を展開せしめ、同年五月若槻礼次郎を全権として派遣し、ロンドン海軍軍縮条約に調印するが、これが天皇の統帥権干犯《とうすいけんかんぱん》であると政友会、陸海軍軍人らの攻撃を受け、同年十一月十四日、東京駅で佐郷屋留雄《さごやとめお》にピストルで撃たれる。一命は取り留めたが症状が悪く、翌年総辞職。

その風貌から「ライオン宰相」と呼ばれ、暗殺の危険を感じつつ、たとえ斃《たお》れても男子の本懐《ほんかい》であると言ったことはよく知られている。

犬養毅《いぬかいつよし》

一八五五〜一九三二
（安政二年四月二十日〜昭和七年五月十五日）

備中国《びつちゆうのくに》に庄屋の子として生まれる。幼名は仙次郎、字《あざな》は正毅《まさき》。明治八年（一八七五）上京、九年慶應義塾に入学、郵便報知新聞の記者として西南戦争（一八七七）に従軍（二十三歳）。十三年慶應を中退、『東海経済新報』を創刊、十四年統計院権少《ごんしょう》書記官となり大隈重信につくが明治十四年の政変で辞職。十五年立憲改進党結成に参加する。新聞と政界に活動し、十八年、東京府議会議員に当選、二十一年、後藤象二郎《しょうじろう》の大同団結運動に参加するが、二十二年袂別《けつべつ》。二十三年、第一回衆議院議員選挙に当選（三十六歳）、以後十八回連続当選。

明治二十九年、第二次松方内閣に大隈が外相として入閣するとその参謀役を務め、三十一年、憲政党成立に参加、大隈内閣で文部大臣となるが一カ月後に内閣が倒れ、憲政党が分裂すると憲政本党に属す。三十二年、清国革命派の孫文《そんぶん》が亡命してくるとこれを保護、援助する。四十三年、立憲国民党総理となり、護憲運動、普通選挙運動を展開、四十四年、辛亥《しんがい》革命が成功すると招かれて頭山満《とうやまみつる》らとシナに渡る。

大正十一年（一九二二）、国民党が分裂すると革新倶楽部の総裁となり（六十八歳）、十二年、第二次山本内閣で文相兼逓信大臣、十三年、加藤高明内閣で逓信相、十四年、政友会と革新倶楽部が合同すると政界引退を表明したが、昭和四年（一九二九）、田中義一の後を受けて立憲政友会総裁（七十五歳）。六年十二月、満州事変勃発により若槻内閣が倒れると内閣総理大臣となるが、七年五月、五・一五事件で暗殺された。

号を木堂《ぼくどう》、名は「つよし」「こわし」「つよき」などさまざまに読まれる。息子の犬養健《たける》は白樺派の小説家だったが、父の死後政治家に転じた。作家の犬養道子は健の娘。

斎藤実《まこと》

一八五八〜一九三六
（安政五年十月二十七日〜昭和十一年二月二十六日）

陸奥水沢《みずさわ》藩士の子として生まれる（岩手県）。幼名・富五郎。明治五年（一八七二）上京、十二年、海軍兵学校卒業、十五年海軍少尉。十七年駐米公使館付き武官、二十一年帰国、日清戦争に従軍し、三十年大佐、三十一年（一八九八）、海軍次官（四十一歳）。日露戦争の際軍務局長を兼ね中将、山本権兵衛海軍大臣を補佐する。三十九年、西園寺内閣で海軍大臣（四十九歳）となり、以後、桂、第二次西園寺、第三次桂、第二次山本内閣と、大正三年（一九一四）まで八年にわたり海相を留任。その間大正元年（一九一二）海軍大将。三年、シーメンス事件に連座して予備役となる。八年朝鮮総督、十四年子爵。

昭和二年（一九二七）、ジュネーヴ軍縮会議全権委員となる。四年、再度朝鮮総督。七年、犬養毅暗殺の後を受けて挙国一致内閣の総理大臣（七十四歳）。九年、帝人疑獄《ていじんぎごく》事件で総辞職。十年十二月内大臣となるが、十一年、二・二六事件で暗殺された。

牧野《まきの》伸顕《のぶあき》

一八六一〜一九四九
（文久元年十月二十二日〜昭和二十四年一月二十五日）

大久保利通の次男として鹿児島に生まれ、生後すぐ利通の従兄の牧野家の養子となり、明治四年（一八七一）、十一歳で岩倉使節団に父とともに参加、帰国後大学（後の東大）に入るが十三年中退、外務省に入る。福井県知事、茨城県知事ののち、イタリア駐在公使、オーストリア駐在公使、三十九年（一九〇六）、西園寺内閣で文部大臣（四十六歳）、四十四年、第二次西園寺内閣で農商務大臣、その後枢密顧問官を経て大正二年（一九一三）、山本内閣で外務大臣（五十三歳）。伊藤博文、西園寺公望らと近く、第一次大戦のパリ講和会議に次席全権大使として出席、近衛文麿《ふみまろ》、女婿の吉田茂らが随行して采配を揮う。

大正十年（一九二一）、宮内《くない》大臣となり、天皇側近となる。十四年内大臣。軍部、政党の対立を仲介する役割を務めたが、昭和十一年（一九三六）、二・二六事件で湯河原の宿を襲われるが難を逃れる。以後も和平推進のために尽力、戦後も、平和勢力として人望が厚かった。

岡田啓介《けいすけ》

一八六八〜一九五二
（慶応四年一月二十日〜昭和二十七年十月十七日）

越前松平藩士の子として生まれる。明治十八年（一八八五）上京、二十二年、海軍兵学校卒業、二十三年海軍少尉、二十四年、海軍大学校卒業、日清戦争に従軍。三十二年少佐、日露戦争に従軍し、四十一年大佐、大正二年（一九一三）少将。第一次世界大戦で対独戦争に従軍し、六年中将。大正十二年（一九二三）、海軍次官（五十六歳）、十三年海軍大将となり、昭和二年（一九二七）田中義一内閣で海軍大臣。七年には斎藤内閣で海相。九年、内閣総理大臣（六十七歳）、外務大臣に広田弘毅《こうき》を起用、平和路線を実行しようとし、十年、挙国一致内閣のため内閣審議会を設置したが、政友会の反対のため構想は流産した。

十一年二月の総選挙で与党の民政党は勝利したが、二十六日、二・二六事件で襲撃され、義弟で秘書官の松尾伝蔵《でんぞう》が誤認されて殺害された。三月辞職。開戦後は、和平に尽力した。

敗戦時の内閣書記官長・迫水久常《さこみずひさつね》は女婿。

広田弘毅《こうき》

一八七八～一九四八
(明治十一年二月十四日～昭和二十三年十二月二十三日)

福岡県の石材店の子として生まれる。幼名・丈太郎。明治三十八年(一九〇五)東京帝国大学法科大学卒、翌年外務省に入る。四十年北京在勤、四十二年英国在勤、大正二年(一九一三)帰国し本省勤務、八年米国在勤、十二年欧米局長(四十六歳)、対ソ国交回復に尽力、十五年(一九二六)、オランダ駐在公使(翌年着任)、昭和五年ソ連駐在大使、八年、斎藤内閣で外務大臣となる(五十六歳)。次の岡田内閣でも留任し、協調外交に務める。十一年、二・二六事件で岡田が辞職した後、内閣総理大臣兼外相(五十九歳)。「石工の息子が総理になった」と出世物語として喧伝《けんでん》された。

擡頭する軍部の圧力に抗しきれず軍部大臣現役武官制を復活させたが、寺内寿一《ひさいち》陸相と対立し、翌年総辞職、軍縮派の軍人である宇垣一成が総理として推薦されたが、現役武官制を盾に陸軍が大臣を出さず、林銑十郎《せんじゅうろう》が後継首班となったが、これも四カ月で総辞職した。広田は貴族院議員となり、十二年成立の近衛文麿内閣で外務大臣。太平洋戦争勃発後、ソ連を仲介した和平工作に努めたが失敗。

敗戦後、近衛内閣外相などの閲歴のためA級戦犯とされ、天皇を守るため証言を拒み、絞首刑となった。和平派でありながら文官で唯一死刑となった悲劇の人物とされ、その生涯は城山三郎の実録小説『落日燃ゆ』で広く知られる。

木戸《きど》幸一《こういち》

一八八九〜一九七七
（明治二十二年七月十八日〜昭和五十二年四月六日）

木戸孝允の甥で養子の木戸孝正《たかまさ》の子として東京に生まれる。京都帝国大学卒業後、農商務省に入り、同省分離後は商工省に所属。昭和十二年（一九三七）、近衛文麿内閣で文部大臣と初代厚生大臣に就任（四十九歳）。十四年、平沼騏一郎《きいちろう》内閣で内務大臣、十五年、内大臣となり、天皇側近として力を揮う。十六年、東条英機を首相に奏請《そうせい》したが、その後反東条となって倒閣のため動き、戦争末期には和平を推進した。

敗戦後、A級戦犯として終身禁固刑、昭和三十年（一九五五）、病気のため仮釈放され、以後は隠棲《いんせい》して過ごした。『木戸幸一日記』は東京裁判で証拠資料とされた。

近衛文麿《このえふみまろ》

一八九一〜一九四五
(明治二十四年十月十二日〜昭和二十年十二月十六日)

五摂家《ごせっけ》筆頭近衛家の公爵・篤麿《あつまろ》の長男として東京に生まれる。京都帝国大学卒、大正五年(一九一六)、二十六歳で貴族院議員。八年、西園寺公望の随員としてパリ講和会議に出席。華族中の名家の俊英として若い頃から期待され、昭和八年(一九三三)、四十三歳で貴族院議長となる。十一年、二・二六事件の後で組閣を命じられたが辞退、十二年六月、再度の大命《たいめい》降下により、四十七歳というこの時代では異例の若さで内閣総理大臣となり国民の輿望《よぼう》を担《にな》うが、直後、盧溝橋事件に端を発した支那事変が発生、「国民政府を相手とせず」の声明を発して戦火の拡大を抑えきれず、十四年一月、辞職し枢密院議長。

後を継いだ平沼騏一郎は、独ソ不可侵条約の締結を聞いて「欧州情勢は複雑怪奇」と表明して七カ月で辞職、阿部信行《のぶゆき》が首相となるが第二次大戦勃発ののち、米内光政《よないみつまさ》が代わるが日独伊三国同盟に反対したため陸軍の協力を得られず辞職と短命内閣が続き、十五年、新体制運動を行い七月、米内の後を受けて第二次内閣を組織、大政翼賛会《よくさんかい》を設立して政党を糾合《きゅうごう》し、三国同盟を締結。南部フランス領インドシナに軍を進めて対米関係を悪化させ、十六年七月、日ソ中立条約を締結し、そのうえで日米関係打破をもくろんだ外相松岡洋右《ようすけ》を更迭《こうてつ》して第三次内閣を組織。しかし対米交渉に失敗して十月辞職、東条英機に譲った。

対米英戦争の戦局が不利になると早期終結の上奏文を提出したが、敗戦後、戦犯に指名され服毒自殺した。弟に音楽家の秀麿がいる。

東条英機《とうじょうひでき》

一八八四〜一九四八
（明治十七年十二月三十日〜昭和二十三年十二月二十三日）

陸軍中将となった東条英教《ひでのり》の長男として東京に生まれる。明治三十八年（一九〇五）、陸軍士官学校卒業、大正四年（一九一五）陸軍大学校卒。八年より駐在武官としてスイス、ドイツに滞在、昭和八年（一九三三）陸軍少将に昇進し、十年、関東軍憲兵隊司令官、十二年関東軍参謀長、十三年、近衛内閣で陸軍次官に就任、十五年（五十七歳）、第二次近衛内閣で陸軍大臣となる。シナからの撤兵に反対し続けて戦線を拡大、近衛が辞職した十六年、内閣総理大臣となる。陸相、内務大臣を兼任し、大将に昇進するが、ほどなく英米蘭に宣戦布告、大東亜《だいとうあ》戦争を開戦する。
十九年二月、戦況悪化に際して参謀総長を兼任するが、七月二十二日総辞職、重臣待遇の予備役となる。敗戦後、ピストル自殺を試みるが未遂に終わり、東京裁判でA級戦犯として絞首刑となる。

小磯国昭《こいそくにあき》

一八八〇〜一九五〇
（明治十三年四月一日〜昭和二十五年十一月三日）

栃木県宇都宮に士族の子として生まれる。陸軍士官学校、陸軍大学校卒、昭和七年（一九三二）、陸相荒木貞夫《さだお》の下で陸軍次官。関東軍参謀長、特務部長となり、満州国を指導。十二年陸軍大将、十三年予備役。十四年、平沼内閣で拓務《たくむ》大臣、十七年朝鮮総督、十九年七月、東条の辞職後、内閣総理大臣。二十年四月、沖縄戦の最中に総辞職。東京裁判でA級戦犯として終身刑となり、獄死した。東条辞職後も戦争が継続したことを見れば、東条をヒトラーやムッソリーニのような独裁者と考えることはできない。

鈴木貫太郎《かんたろう》

一八六七〜一九四八
（慶応三年十二月二十四日〜昭和二十三年四月十七日）

和泉国の下総関宿《しもうさせきやど》藩飛び地に藩士の子として生まれる。群馬県で育ち、海軍兵学校、海軍大学校を卒業。日清・日露戦争に従軍して、大正三年（一九一四）、大隈内閣で海軍次官となりシーメンス事件の事後処理を行う。同十二年海軍大将（五十七歳）。十三年連合艦隊司令長官、十四年軍令部長。昭和四年（一九二九）、侍従長兼枢密顧問官として天皇側近となる。十一年、二・二六事件で襲撃され重傷を負って侍従長を辞任。

十九年枢密院議長、二十年四月、戦争終結のため、七十九歳で内閣総理大臣となり、本土決戦の準備をさせ対ソ交渉による終戦を画策、軍部を懐柔《かいじゅう》するが、結果として原爆投下、ソ連参戦となり、主戦派を抑えて天皇の決断を引き出しポツダム宣言受諾、無条件降伏とともに総辞職、東久邇宮稔彦《ひがしくにのみやなるひこ》王が後継首相となった。十二月、枢密院議長。

コラム その⑮

総理大臣の出身地

福田康夫が総理になった時、「群馬県から四人目の総理」と言われた。福田赳夫、中曽根、小渕に続いてのことだ。内閣総理大臣の出身地は、実際の出生地と本籍地あるいは選挙区を併せて考えても、草創期においては圧倒的に薩長、つまり鹿児島と山口が多く、戦後も岸、佐藤、安倍が山口なので、百二十年の歴史がありながら、総理を出していない県はかなりある。

東京の場合、本籍地が地方でも出生者は多く、京都の場合、元公家の西園寺などがいるが、ほかには芦田《あしだ》がいる。岩手県は四人（原、斎藤、米内、鈴木善幸）、三人出しているのが石川県（林銑十郎、阿部信行、森）と広島県（加藤友三郎《ともさぶろう》、池田、宮澤）、岡山県（平沼、橋本、犬養）、京都（西園寺、東久邇宮、芦田）、鹿児島（黒田、松方、山本権兵衛）。二人が大阪（鈴木貫太郎、幣原）、愛知県（加藤高《たか》明《あき》、海部《かいふ》）、熊本県（清浦奎吾《きようらけいご》、細川）、島根県（若《わか》槻《つき》、竹下）だけで、あとは一人出しているのが新潟県（角栄《かくえい》）、栃木県（小磯）、神奈川県（小泉）、長野県（羽田）、福井県（岡田）、滋賀県（宇野）、和歌山県（片山）、徳島県（三木）、高知県（濱口）、香川県（大平）、大分県（村山）、福岡県（広田）、佐賀県（大隈）というありさまで、北海道およびほかの県からは一人も出ていない。

しかも見ていると、愛媛県、兵庫県、静岡県、茨城県、千葉県、また東北の岩手以外の諸県など、戊辰戦争で佐幕方だった県が、総理を出していない。

有力政治家がいながら総理に手が届かなかったのは、大野伴睦《ばんぼく》の岐阜県、緒方竹虎《おがたたけとら》の山形県、河本敏《とし》夫《お》の兵庫県、伊東正義《まさよし》の福島県などがある。北海道などは明治以来の反政府的な気質があるせいで出していないのだろう。

現在、将来の首相候補と目されている人でいうと、麻生太郎《あそうたろう》は福岡県、谷垣禎一《たにがきさだかず》は京都府、平沼赳夫は岡山県、額賀福志郎《ぬかがふくしろう》は茨城県、高村《こうむら》正彦は山口県、小沢一郎は岩手県なので、額賀が就任すれば茨城県初ということになる。

コラム　その⑯

首相になれなかった人たち

明治期の外務大臣・井上馨《かおる》は、幕末、井上聞多《もんた》といって、のちの伊藤博文（俊輔）とともに高杉晋作《しんさく》門下で行をともにし活躍したが、他の薩長閥の出身者が次々と首相になる中、「三井の番頭さん」と言われたりして評判が悪く、元老にはなったが遂に首相にはなり損ねた人である。

あるいは板垣退助は、大隈内閣に副総理格で入り「隈板《わいはん》内閣」と言われたが、自身で首相にはなれなかった。同じ土佐の後藤象二郎《しょうじろう》もなり損ね組だし、紀州出身の陸奥宗光《むつむねみつ》、佐賀の副島種臣《そえじまたねおみ》など、有力政治家でありながら首相になれなかった人々というのがいる。もっとも大正期まで、薩長以外で首相になったのは大隈だけだから、これはやむをえない。

戦後になると、吉田茂のあと自由党総裁になった緒方竹虎《おがたたけとら》もなり損ねた口だし、自民党になってからは、総裁を目指しつつなれなかった有力政治家として、河野一郎、水田三喜男《みずたみきお》、藤山愛一郎《あいいちろう》などがいた。

藤山は実業家出身の代議士だったが、池田、佐藤首相の時代に、実に四度総裁選に挑んで敗れている。河野の場合、息子の洋平が、いったん自民党を出て新自由クラブを結成したが、自民党へ戻り、細川連立政権の時に総裁になりながら、総理にはなれず、唯一総理になれなかった自民党総裁になっている。

佐藤栄作の長期政権のあと、「三角大福中」と呼ばれた、三木、田中角栄、大平、福田、中曽根の五人が派閥領袖として擡頭したが、これはいずれも首相になっている。三木、福田政権の頃から、次の総裁候補として、「大中小」「安竹小」と言われたが、これは大平、中曽根、安倍晋太郎、竹下登だが、「小」はいずれも小坂徳三郎である。

小坂も実業界出身で田中派に属し、兄の善太郎も大臣を務めたが、大平内閣当時にはもはや総裁候補としての名前は完全に消えており、八〇年代前半、大学生だった私は、小坂が以前は総裁候補だったと知って驚いたほどである。

大平死去後、総裁候補とされたのは中曽根、河本敏夫、宮澤だった。河本は鈴木退陣後の総裁選で二位になったが、遂に総裁にはなれず、三位の安倍は病に倒れてなれなかった。中曽根長期政権の終わり頃の一九八七年、『別冊宝島　自民党という知恵』では、竹下、安倍に続くネオ・ニューリーダーとして七人が挙げられていたが、それは安倍派の森喜朗《よしろう》、竹下派の橋本、小沢、小渕、羽田、宮澤派の加藤紘《こう》一《いち》、河本派の高村正彦だった。うち首相になったのは四人である。

ほかにこの当時、総裁を目指した人として、中曽根派の後継、渡辺美智雄がいたが、どうにも柄《がら》が悪くて、病死したが、長命を保っても総裁の芽はなかっただろう。安倍派を一時継いだ三塚博《みつづかひろし》も総裁選に出たが、首相の柄ではなかった。小泉純一郎などはそんな中で、実現する直前まで、まさか首相になるとは多くの人が思わなかった。

第五部 現代の権力者

エリート学閥、集権の時代

総理大臣氏名(生年)	出身大学	在任期間
岸信介 (1896)	東京帝国大学	第56・57代 1957.2〜1960.7
池田勇人 (1899)	京都帝国大学	第58・59・60代 1960.7〜1964.11
佐藤栄作 (1901)	東京帝国大学	第61・62・63代 1964.11〜1972.7
田中角栄 (1918)	(中央工学校)	第64・65代 1972.7〜1974.12
三木武夫 (1907)	明治大学法学部	第66代 1974.12〜1976.12
福田赳夫 (1905)	東京帝国大学	第67代 1976.12〜1978.12
大平正芳 (1910)	東京商科大学(現一橋大学)	第68・69代 1978.12〜1980.7
鈴木善幸 (1911)	農林省水産講習所(現東京海洋大学)	第70代 1980.7〜1982.11
中曽根康弘 (1918)	東京帝国大学	第71・72・73代 1982.11〜1987.11
竹下登 (1924)	早稲田大学商学部	第74代 1987.11〜1989.6
宇野宗佑 (1922)	神戸商業大学(現神戸大学、中退)	第75代 1989.6〜8
海部俊樹 (1931)	早稲田大学第二法学部	第76・77代 1989.8〜1991.11
宮澤喜一 (1919)	東京帝国大学	第78代 1991.11〜1993.8
細川護熙 (1938)	上智人学法学部	第79代 1993.8〜1994.4
羽田孜 (1935)	成城大学経済学部	第80代 1994.4〜6
村山富市 (1924)	明治大学専門部政治経済科	第81代 1994.6〜1996.1
橋本龍太郎 (1937)	慶應義塾大学	第82・83代 1996.1〜1998.7
小渕恵三 (1937)	早稲田大学第一文学部、 大学院政治学研究科中退	第84代 1998.7〜2000.4
森喜朗 (1937)	早稲田大学第二商学部	第85・86代 2000.4〜2001.4
小泉純一郎 (1942)	慶應義塾大学経済学部	第87・88・89代 2001.4〜2006.9
安倍晋三 (1954)	成蹊大学法学部	第90代 2006.9〜2007.9
福田康夫 (1936)	早稲田大学政治経済学部	第91代 2007.9〜2008.9

(欄外参考)
津島雄二(1930)東京大学法学部／伊吹文明(1938)京都大学経済学部／
古賀誠(1940)日本大学商学部／麻生太郎(1940)学習院大学政経学部／
高村正彦(1942)中央大学法学部／町村信孝(1944)東京大学経済学部／
谷垣禎一(1945)東京大学法学部

■ 出身大学でみる現代の総理大臣

総理大臣氏名（生年）	出身大学	在任期間
加藤高明 (1860)	東京大学（第一期生）	第24代 1924.6～1926.1
若槻礼次郎 (1866)	帝国大学	第25・28代 1926.1～1927.4/1931.4～12
田中義一 (1864)	陸軍大学校	第26代 1927.4～1929.7
濱口雄幸 (1870)	東京帝国大学	第27代 1929.7～1931.4
犬養毅 (1855)	慶應義塾大学（中退）	第29代 1931.12～1932.5
斎藤実 (1858)	海軍兵学校	第30代 1932.5～1934.7
岡田啓介 (1868)	海軍大学校	第31代 1934.7～1936.3
広田弘毅 (1878)	東京帝国大学	第32代 1936.3～1937.2
林銑十郎 (1876)	陸軍大学校	第33代 1937.2～6
近衛文麿 (1891)	京都帝国大学	第34・38・39代 1937.6～1939.1/1940.7～1941.10
平沼騏一郎 (1867)	帝国大学	第35代 1939.1～8
阿部信行 (1875)	陸軍大学校	第36代 1939.8～1940.1
米内光政 (1880)	海軍大学校	第37代 1940.1～7
東条英機 (1884)	陸軍大学校	第40代 1941.10～1944.7
小磯国昭 (1880)	陸軍大学校	第41代 1944.7～1945.4
鈴木貫太郎 (1867)	海軍兵学校	第42代 1945.4～8
東久邇宮稔彦王 (1887)	陸軍大学校	第43代 1945.8～10
幣原喜重郎 (1872)	帝国大学	第44代 1945.10～1946.5
吉田茂 (1878)	東京帝国大学	第45・48・49・50・51代 1946.5～1947.5/1948.10～1954.12
片山哲 (1887)	東京帝国大学	第46代 1947.5～1948.3
芦田均 (1887)	東京帝国大学	第47代 1948.3～10
鳩山一郎 (1883)	東京帝国大学	第52・53・54代 1954.12～1956.12
石橋湛山 (1884)	早稲田大学	第55代 1956.12～1957.2

ダグラス・マッカーサー

（一八八〇年一月二十六日〜一九六四年四月五日）

米国アーカンソー州に、軍人だった父の兵営で生まれる。父アーサーはフィリピン総督《そうとく》も務めた。ウェストポイントの陸軍士官学校を一九〇三年に卒業して少尉任官。卒業時の成績はトップで、学校の歴史の上でも抜群のものだった。卒業後、フィリピンに配属。一九〇五年、父が駐日大使館付き武官となったため副官として来日。第一次世界大戦に従軍の後、士官学校校長。一九三〇年、史上最年少の五十歳で陸軍参謀総長となる。三五年、フィリピン軍軍事顧問。三七年の一時帰国以降、長く本国へは帰らなかった。

一九四一年、日米開戦が近づくと在フィリピン米国極東《きょくとう》陸軍司令官となり、開戦後、ルソン島で日本軍と戦い、バターンで日本軍を迎撃するがコレヒドールに追い詰められ、「アイ・シャル・リターン」の有名な台詞《せりふ》を残してオーストラリアに脱出。四四年十月、フィリピンへ反攻してその言葉を実現させ、十二月、元帥となる（六十五歳）。一九四五年六月、山下奉文《ともゆき》大将の率いる日本軍を壊滅させた。当時日本では、海軍提督《ていとく》のニミッツと合わせて、「いざ来いニミッツ、マッカーサー、出てくりゃ地獄へ逆落とし」という歌が西條八十《さいじょうやそ》の作詞で作られていたが、この部分は西條の歌詞に軍部が付け加えたものである。

日本の無条件降伏後、対日連合国軍および米国極東軍の最高司令官総司令部（GHQ）の司令官として、厚木《あつぎ》基地に降り立って日本を占領下に置き、日本の民主化、およびソ連の共産勢力に対する米国覇権の防波堤とした。しかし米国が支援する蔣介石《しょうかいせき》の国民党がシナ大陸で敗れ、中華人民共和国が成立し、朝鮮戦争が始まると国連軍総司令官となり、水爆の使用を提言してトルーマン大統領と対立、五一年四月、総司令官を解任されて後任のリッジウェイ中将に代わった。ワシントンの上下《じょうか》両院で演説し「老兵は死なず、ただ消え去るのみ」と発言したのも有名である。

吉田茂《しげる》

一八七八～一九六七
（明治十一年九月二十二日～昭和四十二年十月二十日）

土佐出身の自由民権運動家・竹内綱《たけうちつな》の五男として東京に生まれ、吉田家の養子となる。明治三十九年（一九〇六）、東京帝国大学政治科卒、外務省に入り、牧野伸顕の娘雪子と結婚、シナ、ヨーロッパを転任し、大正十一年（一九二二）、天津《てんしん》総領事、翌年奉天《ほうてん》総領事、昭和三年（一九二八）、田中義一内閣で外務次官（外相は田中兼任）、五年駐イタリア全権大使、十一年駐英国全権大使を経て、十四年退官（六十二歳）。

その後は政界に暗躍するが、親英米派として開戦に反対し、開戦後も近衛文麿らと和平工作を行い、二十年四月、憲兵隊に検挙、拘留される。敗戦後、東久邇宮内閣で外務大臣（六十八歳）、続く幣原喜重郎内閣でも留任する。二十一年（一九四六）、自由党総裁となり、内閣総理大臣兼外相。マッカーサーの指導の下で、日本国憲法制定、農地改革に当たる。二十二年、戦後初の総選挙で衆議院議員に当選するが、日本社会党が第一党となり総辞職。二十三年、民主自由党を結成し総裁となり再度首相兼外相。二十四年、第三次内閣を組織、二十六年、サンフランシスコ講和条約に全権大使として参加、対日講和条約、日米安全保障条約に調印し日本の独立を果たし、二十七年第四次内閣、二十八年第五次内閣を組織するが、造船疑獄事件で自由党の佐藤栄作の逮捕を法相犬養健《たける》が指揮権を発動して止め、第五福龍丸《ふくりゅうまる》事件での対米外交を責められて二十九年十二月、辞職。

内閣首班は民主党の鳩山一郎に移り、自由党総裁は緒方竹虎に譲る。三十九年、総選挙に出馬せず政界を引退したが、その後も保守本流の元老として影響力を持ち続けた。死去の際は国葬。従一位大勲位。

自身を「臣茂《しんしげる》」と称するほどの尊皇家であり、敗戦後、天皇が戦争責任をとっての退位を申し出た時も、国民への謝罪の意を表明しようとした時も吉田が止めたという。

鳩山一郎《はとやまいちろう》

一八八三〜一九五九
(明治十六年一月一日〜昭和三十四年三月七日)

衆議院議長を務めた弁護士・政治家の鳩山和夫《かずお》と、女子教育家・鳩山春子《はるこ》の長男として東京に生まれる。東京帝国大学法学部卒後、弁護士。大正元年(一九一二)、父(東京市議兼衆議院議院)の死去に伴う補欠選挙で東京市議会議員となる。四年、立憲政友会から出馬して衆議院議員に当選。昭和二年(一九二七)、田中義一内閣で書記官長。六年、犬養内閣で文部大臣となる(四十九歳)。斎藤実内閣でも留任するが、八年、京大教授瀧川《たきがわ》幸辰《ゆきとき》の筆禍《ひっか》事件が起こり、九年、帝人事件で疑いをかけられ、総辞職に先立って辞職。

近衛の新体制に抵抗し、十七年の翼賛《よくさん》選挙では非推薦で出馬し当選した。二十年、日本自由党を結成し総裁となり、二十一年の総選挙で第一党となり組閣に着手するが、GHQ

から公職追放とされ総裁・総理を吉田茂に譲る。二十六年、追放解除となって吉田と総裁の座を争うが、二十九年、反吉田の日本民主党を結成、総裁となり、吉田の辞職後、内閣総理大臣（七十二歳）。三十年（一九五五）、緒方竹虎率いる自由党と合同して自由民主党を結成、翌年、初代総裁となり、五十五年体制はここに始まる。翌年、日ソ共同宣言によりソ連と国交を回復し直後に引退を表明する。正二位大勲位。

自由党のうち、吉田系はその後佐藤栄作、池田勇人《はやと》の派閥、鳩山系は岸信介《のぶすけ》、中曽根康弘の派閥に分かれた。息子の威《い》一郎《いちろう》は外相、その長男由紀夫《ゆきお》は民主党代表などを務め、次男邦夫《くにお》は自民党議員として活動中である。

岸信介《きしのぶすけ》

一八九六〜一九八七
（明治二十九年十一月十三日〜昭和六十二年八月七日）

山口県の佐藤家に生まれ、父の実家である岸家養子となる。弟は佐藤栄作。大正九年（一九二〇）、東京帝国大学卒。上杉慎吉《しんきち》に師事し、学者の道を勧められたが農商務省に入り、大正十四年省分離により商工省に移る。昭和十一年（一九三六）、満州国実業部総務司長となり（四十一歳）、東条英機らと満州国統治を行う。十四年帰国し、商工次官となるが商工大臣の小林一三《いちぞう》と対立して辞任、十六年、東条内閣で商工大臣。十七年、翼賛選挙で衆議院議員に当選。だが東条と対立し倒閣に加わった。敗戦によりA級戦犯として逮捕されるが不起訴となり二十三年釈放、公職追放。

二十七年（一九五二）、追放解除となり政界に復帰。自主憲法制定などを綱領とする日本再建連盟を結成、会長となる。二十八年、自由党に入るが吉田茂と対立して翌年、鳩山一郎らと日本民主党を結党、幹事長となる。三十年の保守合同で成立した自由民主党で初代幹事長となり、三十一年、鳩山の引退に伴う総裁選の決選投票で石橋湛山《たんざん》に僅差《きんさ》で敗れ、石橋内閣外務大臣に就任するが、石橋が病気のため三カ月で辞職すると、三十二年、内閣総理大臣に就任（六十二歳）。三十五年（一九六〇）には日米安保条約改定が激しい反対に遭い、戦後最大の国民闘争である安保闘争を引き起こし、多くの学生が警官隊と衝突、東大生樺美智子《かんばみちこ》が圧死した。新安保条約が強行採決され自然成立すると退陣。

反共を掲げ、韓国・台湾ロビーとしてその後も活動、戦犯の閲歴《えつれき》と長命から「昭和の妖怪」と呼ばれた。一九七九年、政界を引退、タカ派とされる岸派は福田赳夫《たけお》に引き継がれた。女婿・安倍晋太郎は総裁候補とされたが死去し、孫の安倍晋三は二〇〇六年、首相に就任した。正二位大勲位。

池田勇人《はやと》

（一八九九〜一九六五 明治三十二年十二月三日〜昭和四十年八月十三日）

広島県生まれ。京都帝国大学卒。大正十四年（一九二五）大蔵省に入り、昭和二十一年（一九四六）、吉田内閣で大蔵事務次官、二十四年、衆議院議員に当選、第三次吉田内閣の大蔵大臣に抜擢（五十一歳）。インフレ鎮静のための超均衡予算、シャウプ勧告に基づく税制改革などを取り仕切る。二十五年、通商産業大臣を二カ月兼任したが、「貧乏人は麦を食え」という趣旨の問題発言があった。二十七年、第四次吉田内閣で再度通産大臣となるが、この際も中小企業の倒産や経営者の自殺について質問され、仕方のないことだという趣旨の答弁をしたため、不信任決議が通過して二カ月で辞職した。

二十八年自由党政務調査会長として米国のロバートソン国務次官補と今後の日米関係について会談、二十九年自由党幹事長。佐藤栄作とともに吉田門下の双璧《そうへき》をなした。三十一年、保守合同による石橋内閣で大蔵大臣、岸内閣でも留任し、積極財政を推進した。三十四年、第二次岸内閣で通産大臣。
三十五年、岸退陣の後を受けて自民党総裁、内閣総理大臣となり、所得倍増計画を掲げて高度経済成長を導き、社会・共産勢力の沈滞と自民党一党独裁の基礎を築いた。三十九年、病気のため総裁総理を佐藤栄作に譲って辞職し、ほどなく死去。池田の派閥（宏池《こうち》会《かい》）は前尾《まえお》繁三郎《しげさぶろう》に引き継がれた。

佐藤栄作《えいさく》

一九〇一〜一九七五
（明治三十四年三月二十七日〜昭和五十年六月三日）

山口県生まれ。岸信介の弟。大正十三年（一九二四）東京帝国大学卒、鉄道省に入り、門司《もじ》駅勤務、昭和九年（一九三四）研究員として米英に渡り、十一年帰国、十三年監督局鉄道課長、十六年監督局長、十九年大阪鉄道局長を務めて敗戦を迎える。昭和二十二年（一九四七）運輸次官。翌年退官して民主自由党に入党、吉田茂の恩顧を受け、第二次吉田内閣で非議員の官房長官となる。二十四年衆議院議員に当選。民自党政調会長、二十五年自由党幹事長、二十六年、第三次吉田内閣で郵政大臣兼電気通信大臣、二十七年、第四次吉田内閣で建設大臣。二十八年（一九五三）、自由党幹事長となる。しかし翌年、造船疑獄で逮捕されかかるが、法務大臣犬養健が指揮権を発動し逮捕を免れ、幹事長を辞任。三十年の自民党結党に際しては、吉田に倣《なら》って入党を拒否するが、三十二年、鳩山の引退に伴って入党、岸総裁の下で総務会長、三十三年大蔵大臣、三十六年、池田内閣で通商産業大臣。

三十九年（一九六四）の自民党総裁選で池田に敗れるが、同年十一月、池田の引退により禅譲《ぜんじょう》を受け自民党総裁、内閣総理大臣となる（六十四歳）。以後、一九七二年七月まで七年八カ月首相の座にあり、継続しては歴代最長（通算では桂太郎が七年十一カ月）。池田の高度経済成長路線を引き継ぎ、四十年には日韓基本条約を締結して賠償問題を解決、非核三原則を声明するが、四十三年から学生運動が吹き荒れ、これを鎮圧、一九七〇年の日米安保自動延長を乗り切り、沖縄返還を実現させ、一九七四年、ノーベル平和賞を受賞した。従一位大勲位。

後継問題では、自派に属し幹事長を務めた田中角栄ではなく岸派の後継者である福田赳夫を支援したが、佐藤派は田中に掌握《しょうあく》されて田中派となり、総裁選でも田中が勝利し、後継総裁・総理となった。以後、「三角大福《さんかくだいふく》」と呼ばれる、田中、福田、大平、三木がほぼ二年ごとに政権を交代する自民党の不安定時期に入った。

田中角栄《かくえい》

大正七年（一九一八）五月四日～一九九三年十二月十六日

新潟県の牧畜業者の家に生まれるが、生家が事業に失敗、高等小学校卒業後上京、昭和十一年（一九三六）、中央工学校を卒業。建築技師となり、十八年、田中土建工業を創立。戦後の二十一年、日本進歩党に入り出馬するが落選、二十二年（一九四七）民主党から衆議院議員に当選。しかし民主党を脱退して同志クラブを結成、翌年、民主自由党結成に参加、吉田内閣の法務政務次官となるが炭鉱国家管理疑獄で辞任、起訴されるが、二十六年、無罪が確定し、二十八年、母校中央工学校長となる。二十九年、自由党副幹事長。三十年、自由民主党結党に参加し、三十二年、岸内閣で郵政大臣となり（満三十九歳）、戦後初の三十代の閣僚となる。三十六年自民党政務調査会長、三十八年、池田内閣で大蔵大臣（四十六歳）。佐藤内閣でも留任するが、四十年辞職し、自民党幹事長。

一九七一年、佐藤内閣で通商産業大臣となり、七二年、佐藤後継の座を福田赳夫と争うが、佐藤派から田中派を独立させ、総裁選に勝利し、近衛文麿以来の若さで、大正生まれで初めて内閣総理大臣に就任した（五十五歳）。これに先立って『日本列島改造論』を上《じょ》梓《うし》、学歴なくして首相になったというので今太閤《いまたいこう》と持て囃《はや》された。同年、社会主義シナを訪問し台湾の中華民国政府と断交した（一般に日中国交回復とされるが、ポツダム宣言を発した中華民国政府とは、サンフランシスコ講和条約の際に国交回復しているから、正しい呼称とは言えない）。

だが、日本列島改造計画は、土建業者の活発な経済活動を引き起こし、土地への投機、物価上昇を招き、七三年のオイル・ショックに続いて七四年に立花隆が『文藝春秋』にその金脈を追及する記事を掲載し、同年十一月総辞職。さらに七六年、ロッキード事件で逮捕、起訴されたが、田中派は自民党内に大きな力を持ち続け、大平、鈴木、中曽根内閣は「角影内閣」と言われた。八五年、脳梗塞《のうこうそく》で倒れ、八七年、自派の竹下登《のぼる》が竹下派を結成して田中派を割り、一九九〇年、政界を引退した。ロッキード事件は、職務権限問題で無罪になるだろうとの見通しだったが、結審せずに終わった。号を越山といい、支援団体の越山会は有名である。

「高等小学校卒」と言われているが、実際には中央工学校（現在は専門学校）卒が正しい。

七〇年代以後、数多くの論評の対象となり、ロッキード事件をめぐっては論争も起きた。娘の田中眞紀子《まきこ》は小泉内閣で外務大臣を務めたが、更迭《こうてつ》され、離党して現在無所属。

福田赳夫《たけお》

明治三十八年（一九〇五）一月十四日〜一九九五年七月五日

群馬県の庄屋の家柄に生まれる。東京帝国大学法学部卒業、大蔵省に入る。昭和二十二年（一九四七）主計《しゆけい》局長となるが、翌年、昭和電工疑獄事件で逮捕され、二十五年、退官。二十七年、衆議院選に出て当選、自民党岸派に属し、三十三年政務調査会長。同年、無罪判決が出る。三十四年幹事長、岸内閣農林大臣（五十五歳）。三十五年政調会長、池田の所得倍増路線を批判して三十七年、党風刷新連盟を結成する。四十年、佐藤内閣で大蔵大臣、四十二年幹事長、四十三年再度蔵相となり、田中角栄とともに佐藤の後継候補と目される。一九七一年外務大臣。

佐藤は福田後継を考えたが七二年、総裁選で田中に敗れ、七三年蔵相。田中が退陣した後、弱小派閥を率いる三木武夫が組閣すると副総理格で経済企画庁長官となるが、党内の三木おろしを先導し、七六年内閣総理大臣（七十二歳）。七八年、日中平和友好条約を締結したが、総裁予備選挙で、田中の支援を受けた大平正芳に敗れ、本選を辞退、二年で総辞職した。しかし二年後の一九八〇年、大平内閣不信任案を中曽根康弘の協力を得て可決させ、田中角栄との「角福戦争」は終生のものとなった。

派閥「清和会《せいわ》」を率い、岸の女婿の安倍晋太郎に譲ったが首相就任ならず死去、領袖《りょうしゅう》は三塚博《みつづかひろし》を経て森喜朗《よしろう》に引き継がれた。「昭和の黄門」と自称し、滑舌《かつぜつ》のよい語り口を特徴とした。

大平正芳《おおひらまさよし》

明治四十三年（一九一〇）三月十二日〜一九八〇年六月十二日

香川県の農家に生まれる。昭和十一年（一九三六）東京商科大学（現一橋大学）卒業、大蔵省に入る。横浜税務署長を振り出しに、興亜院《こうあ》、主計局などに勤めて敗戦を迎える。昭和二十六年（一九五一）、大蔵大臣池田勇人の秘書官となって目をかけられ、二十七年、衆議院議員に当選。宮澤喜一、黒金泰美《くろがねやすみ》らと池田側近の秘書官グループと呼ばれ、三十五年、池田内閣で官房長官となり、池田を支える。三十七年外務大臣（五十三歳）。四十二年政調会長、四十三年（一九六八）通商産業大臣。

一九七一年、池田の派閥（宏池会）の領袖・前尾《まえお》繁三郎《しげさぶろう》を降ろして派閥の長となり、一九七二年総裁選に出て三位となったが、田中角栄とは盟友関係にあり、田中内閣で外務大臣、七四年大蔵大臣となり、田中辞任後の首班を狙った。しかし、椎名《しいな》悦三郎《えつさぶろう》の裁定で三木内閣が成立、蔵相に留任。三木おろしに際して福田赳夫と将来の禅譲について密約を結び、七六年、福田政権が発足すると党幹事長となるが、福田が約束を破って七八年の総裁選に出るとこれを破り、内閣総理大臣（六十九歳）。しかし七九年の総選挙で党が敗北すると、大平の退陣を求める非主流派の福田らが辞職を要求して党内抗争に発展し（四十日抗争）、八〇年五月、社会党提出の内閣不信任案が、福田、中曽根派の欠席により可決され、衆院を解散し衆参ダブル選挙に臨むが、心筋梗塞で倒れ、急死した。官房長官・伊東正義《まさよし》が首相代理となり、選挙戦は幹事長の櫻内義雄《さくらうちよしお》が先頭に立ち、大平への同情票により自民党は大勝、中曽根、竹下登、宮澤喜一が後継候補に上がったが、国際的に無名の鈴木善幸《ぜんこう》が、田中角栄の盟友だったため後継となり、二年務めた。

「鈍牛《どんぎゅう》」と呼ばれ、言語が不明瞭だというのでよく大平の「アーウー」と揶揄《やゆ》された。大平派は鈴木のあと、宮澤喜一が引き継いだ。

中曽根康弘《なかそねやすひろ》

大正七年（一九一八）五月二十七日〜

群馬県生まれ、東京帝国大学卒、内務省に入り、海軍主計将校として戦時下フィリピンに従軍し、敗戦時に少佐。昭和二十二年（一九四七）、民主党から立候補して衆議院議員。反吉田の「青年将校」と呼ばれ、二十八年、首相公選制、自主憲法制定を主張する。三十年の保守合同で自民党に入り、河野一郎派に所属した。三十四年、岸内閣で科学技術庁長官として入閣（四十二歳）、四十年、河野が死去すると派閥を継承する。四十二年、佐藤内閣で運輸大臣、一九七〇年防衛庁長官。

一九七一年党総務会長、七二年、田中内閣で通商産業大臣、七四年、三木総裁の下で幹事長を務め、大平、中曽根、小坂《こさか》徳三郎とともに将来の総裁候補「大中小」と呼ばれた。「三角大福中」とも称され、自民党五大派閥の一つを率いた。その時々に角栄と結んだり福田と結んだりしたため「風見鶏《かざみどり》」と呼ばれ、タカ派として左翼の警戒を受けた。八〇年の大平死去の際は、三木派を継いだ河本敏夫と並んで後継候補とされたが鈴木善幸が継ぎ、八二年、鈴木退陣後、総裁予備選挙で河本を破り(三位安倍晋太郎、四位中川一郎で、二カ月後中川は自殺)、内閣総理大臣(六十五歳)。

当初は組閣に田中角栄の影響が強く「田中曽根内閣」などと呼ばれたが、米国との同盟を強化し、全斗煥《チョンドゥファン》大統領の韓国と連携する外交を行い、レーガン大統領と「ロン・ヤス」と呼び合い、日本は不沈空母と発言し、日米関係を軍事同盟と位置づけた。左翼の批判は強かったがパフォーマンスの巧みさで国民の支持は高く、八六年の衆参同日選挙で自民党を圧勝に導き、二期四年の総裁任期を延長して五年間政権を維持し、後継総裁候補とされた竹下・安倍・宮澤の中から、最大派閥を率いる竹下を指名した。辞職後も長く政治活動を行ったが、二〇〇三年、高齢を理由として小泉総裁の説得を受け引退。拓殖《たくしょく》大学総長も務めた。従六位大勲位菊花大綬章。

中曽根派からは二年後に宇野宗佑《そうすけ》が思いがけず首相になる。派閥は渡辺美智雄《みちお》に受け継がれたが総裁になれず病死、その後分裂し、村上正邦《まさくに》、江藤隆美《たかみ》らに亀井静香《しずか》が合流、残りを山崎拓《やまさきたく》が継いだが、亀井は小泉首相と対立して離党、現在は伊吹文明《いぶきぶんめい》が会長であり、中曽根派の後身派閥からはその後総裁は出ていない。

竹下登《のぼる》

大正十三年（一九二四）
二月二十六日〜二〇〇〇年六月十九日

島根県生まれ。昭和十九年（一九四四）学徒動員、二十二年、早稲田大学商学部卒。中学校教諭をへて二十六年島根県議会議員、三十三年（一九五八）衆議院議員に当選（三十五歳）、自民党の佐藤派、ついで田中派に属する。三十九年通産政務次官、四十一年国会対策副委員長となり、国会対策に習熟。

一九七一年、佐藤内閣で官房長官（四十八歳）。七四年、田中内閣で再度官房長官、七六年、三木内閣で建設大臣、七九年、大平内閣で大蔵大臣、八二年、中曽根内閣で蔵相、八六年、蔵相から党幹事長に変わり、安倍、宮澤とともにニューリーダーと呼ばれる。娘が金丸信《かねまるしん》の息子に嫁いでおり金丸との関係が深く、八六年来、田中派内に自派「経世会《けいせいかい》」を結成、派閥を譲らない田中に反逆して八七年、竹下派として自立させ、党内最大派閥の長となり、中曽根の指名を受けて内閣総理大臣就任（六十四歳）。小沢一郎、羽田孜《はたつとむ》、奥田敬和《けいわ》、橋本龍太郎《りゅうたろう》、渡部恒三《わたなべこうぞう》、小渕恵三《おぶちけいぞう》、梶山静六《かじやませいろく》は竹下派七奉行と呼ばれた。しかし八八年、リクルート事件が起こり、二年で総辞職、後継となるべき安倍や宮澤も事件に関わっていたため後継選びは難航し、まったくのダークホースだった中曽根派の外相・宇野宗佑が総裁・総理になるが、宇野の女性問題で参院選で大敗、二カ月で退陣すると、河本派の海部《かいふ》俊樹《としき》が総裁・総理となり（昭和生まれ初の首相）二年務めたが、その間も竹下派支配が続いた。しかし竹下派は、後継争いから小沢・羽田が離脱して羽田派を作り自民党を離党したため、細川護熙《もりひろ》による四十年ぶりの政権交代が実現した。党内では小渕恵三、橋本龍太郎が派閥を継承、総裁・総理となったが、小渕が死去すると、小泉総裁の下で旧小渕派は衰退、田中派以来の最大派閥の地位を失った。

宮澤《みやざわ》喜一《いち》

大正八年（一九一九）十月八日〜二〇〇七年六月二十八日

東京生まれ。本籍地は広島県福山。昭和十七年（一九四二）、東京帝国大学法学部卒、大蔵省に入る。二十四年、第三次吉田内閣で池田勇人蔵相の秘書官となって、池田の恩顧を得、サンフランシスコ講和条約締結に随行、二十七年退官し、翌年広島県から出馬し参議院議員（満三十四歳）。三十七年、池田内閣で経済企画庁長官として入閣（四十三歳）、四十一年再度経企庁長官、四十二年衆議院に鞍替《くら》えし、一九七〇年、佐藤内閣で通商産業大臣、七五年、三木内閣で外務大臣、七七年、福田内閣で三度経企庁長官を務める。池田派から前尾派、大平派に所属し、日米繊維交渉、日中平和友好条約の調印などに参画《さんかく》、英語ができ経済に強い政治家として頭角を現し、竹下、安倍とともにニューリーダーの一人に数えられ、八〇年、大平死去後、総裁候補の一人と目された。

鈴木内閣で官房長官（六十二歳）、八四年、中曽根総裁の下で総務会長。宏池会の後継争いでは、田中六助《ろくすけ》と「一六戦争」と呼ばれる争いの末、八六年会長に就任、宮澤派を率い、同年大蔵大臣。八七年の中曽根後継争いで竹下が指名されて涙を呑《の》むが、竹下内閣で副総理蔵相となる。しかし、八八年、リクルート事件で辞任。九一年、海部俊樹を引き摺《ず》り下ろし、竹下派の支持を得てようやく党総裁・内閣総理大臣に就任（七十二歳）。九三年、総選挙の結果、羽田派が離党した自民党は過半数割れし、細川護煕の日本新党を中心とした連立政権が成立、自民党の一党支配が崩れた。

しかし一九九八年、小渕恵三が首相になると、経済危機を救うため大蔵大臣に就任、首相経験者の蔵相としての入閣が高橋是清を思わせ、図らずも高橋是清まで有名になった。森内閣でも留任し、省の改名で財務大臣。二〇〇三年、小泉総裁の説得により政界を引退した。宮澤派は加藤紘一《こういち》が引き継いだが、森内閣の時の加藤の乱で分裂、谷垣《たにがき》派と古賀《こが》派に発展したが、二〇〇八年、合同して宏池会（古賀派）が再建された。

橋本龍太郎《りゅうたろう》

昭和十二年（一九三七）七月二十九日〜二〇〇六年七月一日

大蔵省官僚・橋本龍伍《りょうご》の長男として東京に生まれる。本籍は岡山県。三歳で実母を失い、継母に育てられた。高知県知事を務めた橋本大二郎《だいじろう》は異母弟。昭和二十二年（一九四七）、父は政界入りし、民主自由党代議士、二十七年、吉田内閣で厚生大臣兼行政管理庁長官、岸内閣で厚相、ついで文部大臣を務めた。龍太郎は慶應義塾大学法学部卒、会社員となるが、三十七年、父が死去して政界入りし、翌年初当選。初登院に母親がついてきたことで話題となった。佐藤栄作の恩顧を受けるが、田中派に所属、一九七八年、大平内閣で厚生大臣として初入閣（四十二歳）。八六年、竹下派旗揚げに加わり、竹下派七奉行の一人とされ、中曽根内閣で運輸大臣となり国鉄民営化を実現。八九年、宇野総裁の下で幹事長に就任（五十三歳）、七月の参院選でテレビへの露出が増え、ハンサムだったため女性人気れた。

が上昇するが、参院選で自民党が大敗し、「ちっくしょう」と呟《つぶや》く姿がテレビに映し出さ

退陣した宇野の後継候補とされたが、竹下に抑えられ、海部に決定して擬似的な総裁選が行われ、擬似対立候補として林義郎《よしろう》が立てられたが、石原慎太郎も立ち、「なぜこの場に国民的人気のある橋本君がいないのか」と自民党を批判した。海部内閣では大蔵大臣となるが、九一年十月、証券不祥事などで辞任。九四年、宮澤内閣が倒れ、細川連立政権が成立し自民党が下野、河野洋平《ようへい》が総裁になると政務調査会長。九四年、連立政権が崩壊し、自民・社会党・さきがけ連立政権で村山富市《とみいち》が首相になると通商産業大臣に就任。九五年、党総裁選で小泉純一郎を破って総裁となり、九六年一月、内閣総理大臣（六十歳）。同年十一月に自民党単独政権を復活させる。行政改革を軌道に乗せたが、九八年の参院選で自民党が惨敗し、総辞職した。

二〇〇〇年には派閥会長に就任、翌年、森改造内閣の行政改革担当大臣兼沖縄開発庁長官となる。蔵相に就任した宮澤と並ぶ、元首相の入閣だった。森の後継選びで、元総裁として異例ながら総裁選に出馬するが小泉に破れ、二〇〇四年、日本歯科医師会連盟からの闇献金疑惑で派閥会長を辞任。

橋本派は現在会長を津島雄二《つしまゆうじ》が務め津島派と呼ばれている。

小渕恵三《おぶちけいぞう》

昭和十二年（一九三七）六月二十五日～二〇〇〇年五月十四日

群馬県に、のち自民党代議士を務めた小渕光平《みつへい》の次男として生まれる。昭和三十七年（一九六二）、早稲田大学第一文学部卒業、大学院政治学研究科に進学。五十代で死去した父に代わって政治家を目指す。三十八年、衆議院選に出馬して当選、自民党入りし、佐藤派に所属、一九七〇年、郵政政務次官となる。続いて田中派に属し、七九年、大平内閣で総理府総務長官兼沖縄開発庁長官として初入閣（四十三歳）。竹下登の田中派からの独立に従い、竹下派七奉行の一人とされ、八七年、竹下内閣で官房長官となり、八九年、昭和天皇の死去に際し「平成」の新元号を発表して、以後この映像が繰り返し流れたため、平成の人として記憶された。九一年、海部内閣の時、幹事長小沢一郎が、東京都知事選での敗北の責任をとって辞職すると幹事長に就任するが、同年中に宮澤総裁に代わり、短期間の幹事長職で、他に党三役は務めていない。

一九九二年、竹下派内での後継争いのため、小沢一郎らが離脱して羽田派を旗揚げすると、派閥会長となる。九四年、党副総裁となるが、実際に派閥は竹下が掌握しており、代《だい》貸《が》し的存在だった。九七年、第二次橋本改造内閣で外務大臣、九八年、橋本が参院選敗北の責任をとって辞任、総裁選で同派閥の梶山静六、小泉純一郎を破って総裁となり内閣総理大臣（六十二歳）。

当時、ＹＫＫと呼ばれた山崎拓、加藤紘一、小泉の同盟が強く、竹下派でも野中広務《ひろむ》や青木幹雄《みきお》が擡頭する中で、竹下派の傀儡《かいらい》的な総裁だったが、九九年、離党した小沢の自由党と連立し安定政権を作り、再度の総裁選で加藤、山崎を破って再選され、第二次内閣で公明党と連立、「自自公連立政権」を作るが、二〇〇〇年四月、自由党と対立、紛議の最中に脳梗塞《のうこうそく》で倒れ、意識不明の重態のまま辞任、一カ月後に死去した。

小沢《お》一郎《ざわいちろう》

昭和十七年（一九四二）五月二十四日〜

のち自民党代議士となる小沢佐重喜《さえき》の長男として東京に生まれる。本籍地は岩手県で、幼時は同県水沢で育つ。昭和二十三年（一九四八）、父は吉田内閣の運輸大臣となり、以後、逓信《ていしん》大臣、郵政大臣、電気通信大臣を歴任。一郎は中学生の時東京に移り、二十九年、父は建設大臣、三十五年、池田内閣で行政管理庁長官。慶應義塾大学経済学部在学中に父が死去、卒業後日本大学大学院法学研究科に進学するが、昭和四十四年（一九六九）、衆院選で当選、田中派に属する。

一九八五年、中曽根内閣で自治大臣として初入閣（四十四歳）、翌年、竹下派の独立に伴い、竹下派七奉行の一人に数えられる。八九年、海部俊樹が総裁総理になると、四十七歳の若さで党幹事長に就任、豪腕と呼ばれ、事実上自民党を牛耳る。しかし九一年、東京都知事選で現職の鈴木俊一《しゅんいち》を切り捨てて磯村尚徳《いそむらひさのり》を擁立、敗北したため辞職。同年、総裁候補と目されながら総裁選に出馬せず、チャンスを逃した。

九二年、派閥後継の座を巡って反小沢派と争い、羽田孜《はたつとむ》とともに羽田派を旗揚げし、翌年自民党を離党して新生党を結成、九四年の総選挙で自民党が過半数割れすると、国民新党の細川護熙《もりひろ》を首相に担《かつ》いで社会党、公明党、民社党、新党さきがけと連立内閣を成立させる。しかし細川と齟齬《そご》が生じて細川は辞任、後継総理を模索したが、社会党を除く会派結成の計画が漏れて社会党が連立を離脱、羽田を総理とするが、少数与党のため二カ月で崩れ、自社さ連立内閣が村山富市《とみいち》社会党委員長を首班として成立した。

小沢は自民党で元首相ながら冷遇されている海部俊樹を説いて離党させ、国民新党、新生党、公明党、民社党を糾合《きゅうごう》して新進党を結成、海部を党首に据えるが、九五年、羽田と決裂して自ら党首に就任、翌年、羽田らは離党して太陽党を結成した。九八年、新進党は分裂、公明党が復活し、小沢は自由党を結成するが、野党第一党は、鳩山由紀夫が太陽党を糾合した民主党であった。九九年、自由党は自民党と連立政権を組み、さらに公明党が加わって自自公政権が成立。しかし二〇〇〇年、自由党は分裂して野田毅《たけし》らが保守党を結成、自由党は連立を離脱し、自公保政権が成立した。二〇〇三年、自由党は民主党と合併(保守党は自民党へ戻る)、ここに二大政党が成立する。寄り合い所帯の民主党では、菅直《かんなお》人《と》、岡田克也《かつや》、前原誠司《せいじ》が相次いで党首となるが、二〇〇六年、ようやく小沢が党首となり、以後、政権交代の時期を狙っている。

政権の中枢にあったのは、自民党幹事長時代のみで、「小沢自民党」などと言われ、その後も政局の台風の目であり続けたが、首相になる機会を悉く《ことごと》失ってきた。

森喜朗《もりよしろう》

昭和十二年（一九三七）七月十四日〜

石川県生まれ。高校時代ラグビーをやり、スポーツ推薦で早稲田大学第二商学部に入学、卒業後新聞社に勤め、昭和四十四年（一九六九）衆議院議員に当選、福田派に所属し、一九八三年、中曽根内閣に文部大臣として初入閣（四十七歳）。派閥領袖《りょうしゅう》が安倍に代わると、将来の総裁候補と目されるようになり、九一年、宮澤総裁の下で政調会長、九二年、宮澤改造内閣で通商産業大臣、九三年、自民党が下野し河野洋平が総裁になると幹事長に起用される（五十七歳）。

九五年、村山連立内閣で建設大臣、九六年、橋本総裁の下で総務会長、九八年、小渕総裁の下で再度幹事長と、党三役を全て務め、安倍派を継いだ三塚博を継いで清和会（森派）会長となり、二〇〇〇年四月、小渕が倒れると、党の有力者である小渕派の野中、青木、村上・亀井派の領袖二人で後継を森と決め、総裁、内閣総理大臣に就任（六十四歳）、小渕内閣の閣僚をほぼ引き継いだ「居抜《いぬ》き内閣」を作るが、この総裁決定が、密室でのものではないかと批判された。亀井は政調会長だったが、総務会長の池田行彦《ゆきひこ》が加わっておらず、党三役による決定でさえないと言われた。

政権のスローガンとして「IT革命」への対応を掲げたが、「日本は天皇を中心とする神の国」をはじめとする多くの失言が攻撃され、同年十一月、野党が提出した内閣不信任案に、加藤紘一と山崎拓が賛成する意向を示したが、幹事長の野中らに抑えられ、欠席した(加藤の乱)。二〇〇一年四月、両院議員総会で総裁選の繰上げを決め、退陣、同じ派の小泉が総裁選に勝利し後継総理となった。

小泉自身は森派を抜けたが、同派は小泉政権時代に、橋本派を抜いて最大派閥となり、森自身も、郵政民営化が参議院で否決された際の小泉の衆議院解散を止めようとするなど、長老として在任中よりも重みを増している。また退陣後の二〇〇二年七月、首相就任直前に前立腺がんの疑いが濃厚だと診断され、病気を隠し、放射線治療を受けていたことを明らかにし、心身の不調を抱えての在職だったことが分かった。小泉退陣後、派閥の会長を町村信孝《まちむらのぶたか》に譲った。

小泉純一郎《こいずみじゅんいちろう》

昭和十七年（一九四二）一月八日〜

鹿児島出身の政治家・小泉純也の長男として横須賀市に生まれる。父は入り婿で、母方の祖父・小泉又次郎も逓信《ていしん》大臣を務めた政治家。父は戦後、公職追放となるが、復帰後、自民党岸派に属し、昭和三十九年（一九六四）、池田内閣で防衛庁長官として入閣。純一郎は四十二年、慶應義塾大学経済学部卒後、英国へ留学するが、四十四年、父の死去により帰国、衆議院選に出馬するが落選。一九七二年当選し、自民党福田派に所属する。

一九八八年、竹下内閣に厚生大臣として初入閣し（四十七歳）、宇野内閣でも留任。加藤紘一、山崎拓と盟友関係を結び、頭文字をとって「ＹＫＫ」と呼ばれた。郵政民営化を持論としたが、九二年、宮澤改造内閣で郵政大臣に就任する。九五年、自民党が下野していた際、総裁選に出るが橋本龍太郎に敗れる。九六年、第二次橋本内閣で再度厚生大臣、九八年の総裁選で再度本命の小渕に挑んで敗れる。当時小泉は総裁になれるはずがないのに総裁選に出馬する変人と見られていた。

森喜朗が総裁・総理になると、小泉は森派（清和会《せいわかい》）会長となるが、これはあくまで

「代貸し」であった。だが、「加藤の乱」で宏池会《こうち》が分裂し、最も有力な後継候補だった加藤が自滅すると、各派閥は有力な後継候補を持たず、二〇〇一年の総裁選では派閥を離脱した小泉と、橋本、亀井静香、麻生太郎が立ったが、森派とＹＫＫの両天秤での政略が成功し、三度目の挑戦で総裁に就任、内閣総理大臣となった（六十歳）。

首相になると、かつてない明瞭な口跡による叩きつけるような演説で、自民党を壊す、派閥を壊すと宣言して国民の絶大な支持を受け、二〇〇二年、北朝鮮を電撃訪問して金正日《キムジョンイル》総書記と会見、拉致《らち》された人々を戻して拉致問題の実在を明らかにし、二〇〇五年には郵政民営化法案が参議院で否決されると衆議院を解散、反対する亀井、綿貫民輔《わたぬきたみすけ》らは離党したが、総選挙に勝利し、二期四年の任期を延長して、中曽根の在職期間を破り、五年四カ月にわたって政権を維持した。その間、北朝鮮拉致問題への対応で人気が出た若い安倍晋三を幹事長に起用し、安倍が後継の座に就いたが、批判攻撃に耐え切れず一年で辞任。福田赳夫元首相の子の福田康夫が後継となったが、四代続けて清和会出身の総裁であり、また細川護熙以後、十五年間九代続けて私学出身の首相だったが、一年たたずに辞任した。

コラム その⑰

派閥にみる力関係

自由民主党の「派閥」といえば以前はよく諸悪の根源のように語られたものだ。どんな組織でも派閥はつきものだが、自民党は、選挙で大敗しても第一党に変わりはないという状態を半世紀も続けるほどの大政党なので、巨大派閥は時に党内党の様相を呈する。

また、以前は中選挙区制であり、同じ選挙区から二人以上が自民党から立候補していたので派閥ができたともいい、小選挙区制の導入と小泉政治以後、派閥は力を失ったが、それで政治が良くなったとは言えない。

自民党の派閥は、非公式なものではなく、「宏池会」「清和会」「木曜クラブ」などの名称を持つ政治団体である。派閥の長はだいたい「会長」だが、一般には「領袖《りょうしゅう》」と呼ばれ、実質的な長と名目上の会長が異なる場合は、前者を「オーナー」などといい、後者を「代貸し」と呼ぶ。「竹下派」などの名称は最近ではもっぱら新聞が決めるもので、中曽根派の後身は、村上正邦《まさくに》、江藤隆美《たかみ》が会長を務めていた時も、亀井《かめい》静香《しずか》の力が強かったため、新聞辞令で「村上・亀井派」「江藤・亀井派」と呼ばれていた。

自民党の派閥の変遷を見ると、大きく旧自由党系と旧民主党系に分かれ、前者は経済優先、社会主義シナとの融和を目指すハト派、後者は防衛力増強、親台湾派などのタカ派であり、前者は佐藤派―田中派―竹下派・二階堂派―小渕派―橋本派―津島派、また池田派―前尾派―大平派―鈴木派―宮澤派―加藤派・河野グループに分かれ、加藤の乱以後は加藤派から堀内派が分立してその後古賀派、残りは小里派、ついで谷垣派になったが、二〇〇八年五月に谷垣派と古賀派が統合して宏池会を再興した。

　民主党系では岸派―福田派―安倍派―三塚派―森派―町村派、また河野派―中曽根派―渡辺派―村上・亀井派と山崎派に分かれ、村上・亀井派は江藤・亀井派を経て現在伊吹派。途中、福田派から中川グループが分離したことがあったが中川の自殺により消滅。「グループ」というのは、派閥といえるほどの人数がいない時に新聞が使う名称で、河野グループはその後河野派となり、現在麻生派。また三木派―河本派―高村《こうむら》派の流れがある。

　かつては、派閥の領袖は総裁を狙うものだったが、小泉時代以降そうでもなくなり、海部俊樹のように派閥を継ぐはずだったのが首相になった後党を離れた（現在復党）ため領袖にならなかった者、橋本のように首相を務めてから派閥会長になった者もいて、小泉、安倍晋三、福田康夫の三代はいずれも派閥の領袖ではない。

　また、田中派が佐藤派から、竹下派が田中派から分立したように、なかなか領袖を譲ってもらえないために反逆して派閥を事実上継承する例もあり、派閥の観察はおもしろい。

総括　天皇はローマ法王である

こんな本に総括だの総論だの要りはしないのだが、こうしたデータブック的な本でも、執筆しているうちに気づくことというのはある。その大なるものが、なぜ天皇家は滅びなかったのか、という問題である。藤原氏の権力がいかに強まろうと、自ら天皇になろうとはしなかったし、北条義時《よしとき》が三上皇を配流《はいる》しても、朝廷そのものは潰《つぶ》そうとはしなかった。足利義満《よしみつ》は「王権」を握ろうとしたとか、信長《のぶなが》は天皇家を潰そうとしたから光秀《みつひで》が謀叛《むほん》したのだとかいろいろ言われる。

日本にとっての規範文明であるシナの中華帝国は、神話によると、当初、世襲をよしとせず、三皇五帝《さんこうごてい》の時代には、堯《ぎょう》は自分の子を後継者にせず、舜《しゅん》に「禅譲《ぜんじょう》」した。しかし、夏《か》王朝は世襲の王が治めたが、悪王桀《けつ》は商《しょう》（殷《いん》）に滅ぼされ、その殷もまた紂王《ちゅうおう》の代、妖妃に惑わされて悪政を行い、周《しゅう》の武王に滅ぼされた。いずれも伝説ではあるが、あとのほうの商周革命については、多くの物語が作られている。

これは紀元前一三〇〇年から一〇〇〇年頃のできごとだが、その後は、周王朝が正統と見なされ、紀元前七七〇年頃に周が東遷してからは春秋時代となって諸王朝が栄え、四〇三年に強大な晋《しん》王朝ができても、周は滅ぼされず、二五六年にようやく秦《しん》王朝が周を滅ぼした。だから周の正統王朝としての地位は七五〇年くらいは続いたのである。

しかしシナでは、王朝交代を易姓《えきせい》革命と呼び、天の命が革《あらた》まり新しい王朝を指名したのだと考え、以後、たびたび王朝が交代し、漢民族以外のモンゴルや満州族も王朝を建てた。ここから、日本は易姓革命のない国であり万世一系の天皇が治める国だという考え方が生まれたのだ。

そしてヨーロッパでも、十七世紀のイングランドや十八世紀のフランスで、革命によって王が斬首されたりしており、日本は特異な国柄であるという議論がある。ところが、最終的に共和制になった国はともかく、王朝交代といっても、ヨーロッパでは諸国の王家が親戚同士なので、イングランドの王朝交代も、やはり血縁にある者を連れてきて王にしていたりするから、それなら、徳川時代に光格《こうかく》天皇を立てたように、日本でもあることだ。

しかし、フランスやドイツのもとであるフランク王国では、当初メロヴィング王朝だったが、宮宰《きゅうさい》カール・マルテルが実権を握り、その子であるピピン三世になって、とうとう国王になる。これは日本でいえば、藤原氏が天皇になったようなもので、やはり日本は特殊なのかと思えるのだが、ピピン三世の子カールは、ローマ法王から戴冠《たいかん》されている。つまり国王以上の権威というものが、ヨーロッパ世界にはローマ法王として存在したのである。

日本では、道鏡《どうきょう》を天皇にせよという神託について、和気清麻呂《わけのきよまろ》が宇佐《うさ》まで確かめに行ったことがあるが、天皇より上の権力というものは、人間としては存在しない。天皇が「権力」ではなく「権威」だと言われる所以《ゆえん》である。しかしヨーロッパを、フランスとかイングランドとかに分けずに一つの世界として捉えるなら、神聖ローマ皇帝というものが、ローマ法王から戴冠される者として、八〇〇年以来存在し、ナポレオンもまた、ローマ法王によって戴冠されたのである。

初代ローマ法王は、キリストの弟子のペテロだとされるが、もちろんその当時から大きな権力を持っていたわけでも、ローマがカトリック教会の中心地だったわけでもない。初めは、ローマ、コンスタンティノープル、アレクサンドリア、アンティオキアの四つの総主教座は同格だったが、やはりローマ帝国の首都であるローマゆえに、キリスト教の浸透とともにローマ総主教の権威が高まって法王となったのであり、ローマ帝国が東西に分裂すると、東ローマ皇帝はコンスタンティノープルの総主教から戴冠されるようになった。そののち、ローマ以外の総主教座はイスラーム教徒の国に併呑《へいどん》されるが、その際、コンスタンティノープルの主教座はモスクワへ逃げ、ロシヤの王（モスクワ公）のイヴァン四世（雷帝）が皇帝（ツァーリ）と名乗ったのは、このモスクワ総主教に戴冠されたからである。

そう考えると、日本以外の国には天皇のような存在はいない、というのは間違いではないのか。ローマ法王やモスクワ総主教は、まさに「祭祀王」とされる天皇に相当すると考えればいいのではないか。むろん、ローマ法王は世襲ではない。そこが大きく違うのだが、たとえばイングランドのヘンリー八世は、カトリックと決別してアングリカン・チャーチ（英国国教会）の首長となったというが、現在に至るまでイングランドにはウェストミンスター大聖堂《カテドラル》があり、ローマ教会を無視できるには至っていない（英国国教会の施設はウエストミンスター寺院《アベイ》で、別のもの）。

とすれば、ローマ教会は、今日のヴァティカンに至るまで二〇〇〇年の歴史を持つわけで、一五〇〇年程度の歴史をもつ日本の天皇家より長いのである。しかも、天皇は武装しない権威であると言われるが、後鳥羽院《ごとばいん》や後醍醐《ごだいご》天皇のように武家に戦いを挑んだ者もある。ローマ法王もまた聖職者だが、一〇〇〇年前後にはヨーロッパ世界に強大な力を持ち、一〇七七年、皇帝ハインリヒ四世が法王グレゴリウス七世に破門された「カノッサの屈《くつ》辱《じょく》」があり、しかしそれから三百年もたつと教権が衰え、法王クレメンス五世はフランス国王フィリップ四世によってアヴィニョンへ拉致されるアヴィニョン虜囚《りょしゅう》が起きている。なんとまあ、平安末から南北朝時代における、天皇と武家の関係によく似ているではないか。たとえば白河法皇《しらかわ》が関白忠実《ただざね》を圧倒した事件、あるいは後白河院と平家や源氏との確執、そして承久の乱による三上皇の配流、南北朝時代の観応《かんのう》の擾乱《じょうらん》における、北朝方《ほくちょう》三上皇が南朝方《なんちょう》に拉致された事件を思わせる。そして一四〇〇年前後、教会大分裂（グレート・シスマ）によって、ローマとアヴィニョンに二人の法王がいる状態になったのは、奇《く》しくも日本の南北朝時代と重なっている。

宗教改革以後、ローマ法王庁の権力は低下したが、それでも潰れはせず、ナポレオンは法王を権威として用いたし、法王庁を国内に抱えるイタリアでは、ムッソリーニがラテラノ協約でヴァティカン市国を成立させた。そして、第二次世界大戦の際、法王ピウス十二世は、ナチスによるユダヤ人虐殺を知りながら、ドイツとの協約を絶とうとせず、結果的にナチスの蛮行を許したというので、戦後、ドイツの劇作家ホーホフートの戯曲『神の代理人』（邦訳、白水社）で批判されている。ピウスを擁護する議論もあるが、この関係はまさに、昭和天皇と軍部の関係と相同的ではあるまいか。

昭和天皇が積極的に戦争を行ったとする論者もあるが、イデオロギーを離れて冷静に結論を出すなら、やはり軍部の暴走であり、だからこそ二・二六事件で天皇側近たちが狙われたのだと言うほかない。もしピウス十二世がヒトラーに反逆したら、ヒトラーは法王庁を潰したかもしれず、天皇が真剣に軍部を止めようとしたら、やはり暗殺された可能性もゼロではない。それは昭和二十年八月十五日の、『日本のいちばん長い日』に描かれた抵抗を見ても分かるだろう。

明治以後、天皇は「エンペラー」と訳されてきたが、そもそもこれが間違いだった。また、一九八〇年代から、天皇を「王権」として論じることが流行したが、それも間違いだった。天皇は、ローマ法王のような「教権」つまり宗教的権力と見るのが、より正確であろう。西洋人は、日本人の天皇に対する態度を奇妙なものだと思うとされて久しいが、それは天皇を皇帝や国王として紹介するからで、あれはローマ法王なのだ、ジャパニーズ・ポープなのだ、しかも「神の代理人」どころか、現人神《あらひとがみ》だと考えられた存在だったのだ、と説明したほうが、たとえばキリストを冒瀆《ぼうとく》すればそれ相応の騒ぎになる西洋の人々にとって、あるいはムハンマドを冒瀆すれば死刑宣告さえ出されるイスラーム社会に照らしても、よく分かることではあるまいか。

ただやはり違うのは、世襲であるという点と、明治から敗戦までは「現人神」だったという点だが、天皇を現人神とするのは水戸学から出てきた思想に過ぎず、歴史的事実ではない。古代天皇家は、天皇の近親の皇女を、伊勢神宮に斎宮《さいぐう》（斎王《さいおう》）として、賀茂大社に斎院《さいいん》として派遣しており、これは天皇が神の親戚となることをさすが、天皇自身が神であれば、そのような制度は不要なはずである。斎院は承久の乱で、斎宮は後醍醐の建武《けんむ》親政の崩壊によって廃れたが、ここから見れば天皇もまた「神の代理人」である。

つまり、天皇を英国国王やフランス国王、神聖ローマ皇帝などと比較すべきでないということで、天皇は「王権」ではないのである。とすれば、明治憲法で天皇をドイツ皇帝と同じような地位に置いた者たちからして、既に間違っていたということになるだろう。「王権」は、むしろ、藤原道長や足利義満、信長や秀吉や家康にあるのである。後醍醐天皇は、網野善彦が言うような「異形の王権」ではなくて、「武装した教権」と呼ぶのが正しいのだ。

参考文献

第一部

『斑鳩の白い道のうえに―聖徳太子論』上原和（一九七五）講談社学術文庫／『隠された十字架―法隆寺論』梅原猛（一九七二）新潮文庫／『聖徳太子』坂本太郎・吉川弘文館・人物叢書・一九七九／『信仰の王権聖徳太子―太子像をよみとく』武田佐知子・中公新書・一九九三／『〈聖徳太子〉の誕生』大山誠一・吉川弘文館・一九九九／『聖徳太子』吉村武彦・岩波新書・二〇〇二／『聖徳太子虚構説を排す』田中英道・PHP研究所・二〇〇四／『蘇我蝦夷・入鹿』門脇禎二・吉川弘文館・人物叢書・一九七七／『謎の豪族　蘇我氏』水谷千秋・文春新書・二〇〇六／『悪人列伝』海音寺潮五郎（一九六一）文春文庫／『藤原不比等』上田正昭・朝日選書・一九七八／『梅原猛著作集』第八巻・集英社・一九八一／『持統天皇と藤原不比等　日本古代史を規定した盟約』土橋寛・中公新書・一九九四／『藤原不比等』高島正人・吉川弘文館・人物叢書・一九九七／『悲劇の宰相長屋王　古代の文学サロンと政治』辰巳正明・講談社選書メチエ・一九九四／『長屋王』寺崎保広・吉川弘文館・人物叢書・一九九九／『奈良時代の人びとと政争』木本好信・おうふう・二〇〇三／『光明皇后』林陸朗・吉川弘文館・人物叢書・一九六一／『光明皇后』岸俊男・平凡社・一九七九／「紫微中台考」瀧川政次郎『法制史論叢4』角川書店・一九六七／『藤原仲麻呂』岸俊男・吉川弘文館・人物叢書・一九六九／『人物日本の歴史2　天平の明暗』小学館・一九七五／『藤原仲麻呂政権の基礎的考察』木本好信・高科書店・一九九三／『王朝政治』森田悌（一九七九）講談社学術文庫／『藤原氏千年』朧谷寿・講談社現代新書・一九九六／『平安王朝―その実力者たち』竹内理三編・人物往来社・一九六五／『日本の歴史4　平安京』北山茂夫（一九六五）中公文庫／『日本の歴史05　律令国家の転換と「日本」』坂上康俊・講談社・二〇〇一／『藤原道長』北山茂夫・岩波新書・一九七〇／『日本の歴史06　道長と宮廷社会』大津透・講談社・二〇〇一／『藤原道長　男は妻がらなり』朧谷寿・ミネルヴァ日本評伝選・二〇〇七／『藤原頼通の時代　摂関政治から院政へ』坂本賞三・平凡社選書・一九九一／『藤原忠実』元木泰雄・吉川弘文館・人物叢書・二〇〇〇／『王朝の映像―平安時代史の研究』角田文衞・東京堂出版・一九七〇／『待賢門院璋子の生涯―椒庭秘抄』角田文衞朝日選書・一九七五／『藤原頼長』橋本義彦・吉川弘文館・人物叢書・一九六四／「日記にみる藤原頼長の男色関係」東

野治之『ヒストリア』八四・一九七九／『院政期社会の研究』五味文彦・山川出版社・一九八四／『藤原信西』『人物日本の歴史5』杉本苑子・小学館・一九七五／『院政―もうひとつの天皇制』美川圭・中公新書・二〇〇六／『平清盛』五味文彦・吉川弘文館・人物叢書・一九九九／『源頼朝』山路愛山・平凡社・東洋文庫・一九八七／『源頼朝』永原慶二・岩波新書・一九八二／『源頼朝像』米倉迪夫・平凡社・一九九五

第二部

『鎌倉将軍執権列伝』安田元久・秋田書店・一九七四／『鎌倉北条一族』奥富敬之・新人物往来社・一九八三／『北条政子』渡辺保・吉川弘文館・人物叢書・一九六一／『北条政子　尼将軍の時代』野村育世・吉川弘文館・歴史文化ライブラリー・二〇〇〇／『北条政子　母が嘆きは浅からぬことに候』関幸彦・ミネルヴァ日本評伝選・二〇〇四／『北条義時』安田元久・吉川弘文館・人物叢書・一九六一／『北条泰時』上横手雅敬・吉川弘文館・人物叢書・一九五八／『執権時頼と廻国伝説』佐々木馨・吉川弘文館・歴史文化ライブラリー・一九九七／『時頼と時宗』奥富敬之・日本放送出版協会・二〇〇〇／『吾妻鏡の思想史　北条時頼を読む』市川浩史・吉川弘文館・二〇〇二／『北条時宗　史上最強の帝国に挑んだ男』奥富敬之・角川選書・二〇〇〇／『北条時宗と蒙古襲来』村井章介・日本放送出版協会・NHKブックス・二〇〇一／『北条時宗』川添昭二・吉川弘文館・人物叢書・二〇〇一／『北条高時のすべて』佐藤和彦編・新人物往来社・一九九七／『足利尊氏』高柳光寿・春秋社・一九五五／『足利将軍列伝』桑田忠親・秋田書店・一九七五／『悪人列伝』海音寺潮五郎・文春文庫／『足利義満』臼井信義・吉川弘文館・人物叢書・一九六〇／『足利義満　中世王権への挑戦』佐藤進一・平凡社・平凡社ライブラリー・一九九四／『室町の王権　足利義満の王権簒奪計画』今谷明・中公新書・一九九〇／『天皇になろうとした将軍』井沢元彦・小学館・一九九二（文庫）／『籤引き将軍足利義教』今谷明・講談社選書メチエ・二〇〇三／『日野富子―闘う女の肖像』吉村貞司・中公新書・一九九三／『日野富子とその時代』青木重数・新人物往来社・一九九四／『戦国期歴代細川氏の研究』森田恭二・和泉書院・一九九四／『戦国時代の室町幕府』今谷明（一九七五）講談社学術文庫／『近江から日本史を読み直す』今谷明・講談社現代新書・二〇〇七／『三好長慶』長江正一・吉川弘文館・人物叢書・一九六八／

『戦国三好一族―天下に号令した戦国大名』今谷明（一九八五）洋泉社MC新書・二〇〇七／『織田信長』桑田忠親・角川書店・（角川新書）文庫一九六四／『織田信長』鈴木良一・岩波新書・一九六七／『織田信長―中世最後の覇者』脇田修・中公新書・一九八七／『豊太閤』山路愛山（一九〇八―九）『豊臣秀吉』の題で岩波文庫／『豊臣秀吉』鈴木良一・岩波書店（岩波新書）一九五四／『豊臣秀吉』桑田忠親・角川書店（角川新書）文庫・一九六五

第三部

『徳川家康』山路愛山（一九一五）岩波文庫／『徳川家康　組織者の肖像』北島正元（一九六三）中公文庫／『徳川家康』桑田忠親（一九六六）角川文庫／『徳川家康』二木謙一・ちくま新書・一九九八／『徳川将軍列伝』北島正元編・秋田書店・一九七四／『徳川秀忠―「凡庸な二代目」の功績』小和田哲男・PHP新書・一九九九／『春日局―知られざる実像』小和田哲男・講談社・一九八八／『徳川家光』藤井讓治・吉川弘文館・人物叢書・一九九七／『知恵伊豆と呼ばれた男　老中松平信綱の生涯』中村彰彦・講談社・二〇〇五／『江戸幕府　その実力者たち』北島正元編・人物往来社・一九六四／『保科正之　徳川将軍家を支えた会津藩主』中村彰彦（一九九五）中公文庫／『酒井忠清』福田千鶴・吉川弘文館・人物叢書・二〇〇〇／『お殿様たちの出世―江戸幕府老中への道』山本博文・新潮選書・二〇〇七／『徳川綱吉』塚本学・吉川弘文館・人物叢書・一九九八／『黄門さまと犬公方』山室恭子・文春新書・一九九八／『柳沢吉保』森田義一・新人物往来社・一九七五／『徳川吉宗』辻達也・吉川弘文館・人物叢書・一九五八／『徳川吉宗とその時代―江戸転換期の群像』大石慎三郎（一九八二）中公文庫／『徳川吉宗』笠谷和比古・ちくま文庫・一九九五／『田沼時代』辻善之助（一九一五）岩波文庫／『悪名の論理　田沼意次の生涯』江上照彦・中公新書・一九六九／『田沼意次の時代』大石慎三郎（一九九一）岩波現代文庫／『田沼意次　御不審を蒙ること、身に覚えなし』藤田覚・ミネルヴァ日本評伝選・二〇〇七／『松平定信　政治改革に挑んだ老中』藤田覚・中公新書・一九九三／『水野忠邦』北島正元・吉川弘文館・人物叢書・一九六九／『水野忠邦　政治改革にかけた金権老中』藤田覚・東洋経済新報社・一九九四／『阿部正弘のすべて』新人物往来社編・新人物往来社・一九九七／『開国への布石　評伝・老中首座阿部正弘』土居良三・未来社・二〇〇〇／『評伝堀田正睦』土居良三・国書刊行会・

二〇〇三／『井伊直弼』吉田常吉・吉川弘文館・人物叢書・一九六三／『井伊直弼　はたして剛毅果断の人か?』山口宗之・ぺりかん社・一九九四／『徳川慶喜公伝』渋沢栄一（一九一八）一―四・平凡社・東洋文庫・一九六七―六八／『徳川慶喜　将軍家の明治維新』松浦玲・中公新書・一九七五／『徳川慶喜　近代日本の演出者』高野澄・日本放送出版協会・NHKブックス・一九九七／『徳川慶喜　幕末維新の個性1』家近良樹・吉川弘文館・二〇〇四／『最後の将軍　徳川慶喜』司馬遼太郎（一九六七）文春文庫

第四部

『岩倉具視―維新前夜の群像7』大久保利謙・中公新書・一九七三・増補版一九九〇／『岩倉具視　幕末維新の個性5』佐々木克・吉川弘文館・二〇〇六／『西郷隆盛』田中惣五郎・吉川弘文館・人物叢書・一九五八／『西郷隆盛』圭室諦成・岩波新書・一九六〇／『永遠の維新者』葦津珍彦（一九七五）葦津事務所／『西郷隆盛　西南戦争への道』猪飼隆明・岩波新書・一九九二／『木戸孝允―維新前夜の群像4』大江志乃夫・中公新書・一九六八／『木戸孝允　幕末維新の個性8』松尾正人・吉川弘文館・二〇〇七／『大久保利通と明治維新』佐々木克・吉川弘文館・歴史文化ライブラリー・一九九八／『〈政事家〉大久保利通』勝田政治・講談社選書メチエ・二〇〇三／『大久保利通　幕末維新の個性3』笠原英彦・吉川弘文館・二〇〇五／『伊藤博文伝』春畝公追頌会（一九四〇）原書房・一九七〇／『伊藤博文』（三代宰相列伝）中村菊男・時事通信社・一九五八／『暗殺・伊藤博文』上垣外憲一・ちくま新書・二〇〇〇／『明治の宰相　伊藤博文伝』杉森久英（一九六九）角川文庫／『初代総理伊藤博文』豊田穣（一九八七）講談社文庫／『史伝伊藤博文』三好徹（一九九五）徳間文庫／『黒田清隆』井黒弥太郎・吉川弘文館・人物叢書・一九七七／『山県有朋』（三代宰相列伝）御手洗辰雄・時事通信社・一九五八／『山県有朋　明治日本の象徴』岡義武・岩波新書・一九五八／『山県有朋』藤村道生・吉川弘文館・人物叢書・一九六一／『松方正義　我に奇策あるに非ず、唯正直あるのみ』室山義正・ミネルヴァ日本評伝選・二〇〇五／『大隈重信』中村尚美・吉川弘文館・人物叢書・一九六一／『知られざる大隈重信』木村時夫・集英社新書・二〇〇〇／『桂太郎』宇野俊一・吉川弘文館・人物叢書・二〇〇六／『桂太郎　予が生命は政治である』小林道彦・ミネルヴァ日本評伝選・二〇〇六／『西園寺公望』（三代宰相列伝）木村毅・時事通信社・一九五八／『西園寺公望　最後の元老』岩井忠熊・岩波新書・二〇〇三／『山本権兵衛』（三代宰相列伝）山本英輔・時事通信社・一九五八／『元帥寺内伯爵伝』黒田甲子郎（一九二〇）大空社・一九八八／『原敬』（三代宰相列伝）前田蓮山・時事通信社・一九五八／『評伝原敬』山本四郎・東京創元社・一九九七／『高橋是清』（三代宰相列伝）今村武雄・時事通信社・一九五八／『高橋是清　奴隷から宰相へ』南条範夫・人物往来社・一九六七／『高橋是清　財政家の数奇な生涯』大島清・中公新書・一九六九／『高橋是清自伝』上塚司編・中公文庫・一九七六／『元帥加藤友三郎伝』加藤元帥伝記編纂委員会・一九二八／『加藤友三郎』（三代宰相列伝）新井達夫・時事通信社・一九五八／『加藤高明』（三代宰相列伝）近藤操・時事通信社・一九五九／『凜冽の宰相加藤高明』寺林峻・講談社・一九九四／『若槻礼次郎・浜口雄幸』（三代宰相列伝）青木得三・時事通信社・一九五八／『宰相・若槻礼次郎　ロンドン軍縮会議首席全権』豊田穣・講談社・一九九〇／『田中義一』（三代宰相列伝）細川隆元・時事通信社・一九五八／『浜口雄幸　政党政治の試験時代』波多野勝・中公新書・一九九三／『浜口雄幸　たとえ身命を失うとも』川田稔・ミネルヴァ日本評伝選・二〇〇七／『男子の本懐』城山三郎（一九八〇）新潮文庫／『犬養毅』（三代宰相列伝）岩淵辰雄・時事通信社・一九五八／『斎藤実』（三代宰相列伝）有竹修二・時事通信社・一九五八／『岡田啓介回顧録』岡田貞寛編（一九五〇）中公文庫／『最後の重臣岡田啓介　終戦和平に尽瘁した影の仕掛人の生涯』豊田穣・光人社・一九九四／『広田弘毅』広田弘毅伝記刊行会編・中央公論事業出版・一九六六／『落日燃ゆ』城山三郎（一九七四）新潮文庫／『広田弘毅――「悲劇の宰相」の実像』服部龍二・中公新書・二〇〇八／『近衛文麿』杉森久英（一九八六）河出文庫／『東条英機―「東京裁判」の主役―軍人宰相の罪と罰』（『にっぽんのヒトラー―東条英機』一九八一）亀井宏・光人社NF文庫・一九九六／『宰相鈴木貫太郎』小堀桂一郎（一九八二）文春文庫

第五部

『マッカーサーの二千日』袖井林二郎・中央公論社・一九七四・中公文庫／『ダグラス・マッカーサー』ウィリアム・マンチェスター著、鈴木主税、高山圭訳・河出書房新社・一九八五／『マッカーサー大戦回顧録』津島一夫訳・中公文庫・二〇〇三／『評伝吉田茂』猪木正道（一九七八―八一）ちくま学芸文庫／『吉田茂とその時代』ジョン・ダワー著、大窪愿二訳・ティビーエス・ブリタニカ、一九八一・のち中公文庫／『吉田茂　尊皇の政治家』原彬久・岩波新書・二〇〇五／『日本宰相列伝　19鳩山一郎』宮崎吉政・時事通信社・一九九五／『鳩山一郎　英才の家系』豊田穣（一九八九）講談社文庫／『巨魁　岸信介研究』岩川隆（一九七七）ちくま文庫／『岸信介の回想』文藝春秋・一九八一／『岸信介回顧録　保守合同と安保改定』廣済堂出版・一九八三／『日本宰相列伝　20岸信介』細川隆一郎・時事通信社・一九八六／『昭和の妖怪　岸信介』岩見隆夫（一九九四）学陽書房人物文庫／『岸信介　権勢の政治家』原彬久・岩波新書・一九九五／『岸信介』塩田潮・講談社・一九九六／「池田勇人」（日本宰相列伝）伊藤昌哉・時事通信社・一九八五／『池田勇人その生と死』伊藤昌哉・至誠堂・一九六六（朝日文庫）／『宰相　佐藤栄作』宮崎吉政・原書房・一九八〇／『正伝　佐藤栄作』山田栄三・新潮社・一九八八／『日本宰相列伝　22佐藤栄作』衛藤瀋吉・時事通信社・一九八七／『田中角栄研究―全記録』立花隆（一九七六）講談社文庫／『越山田中角栄』佐木隆三（一九七七）朝日新聞社（徳間文庫）／『政治家田中角栄』早坂茂三・中央公論社・一九八七（集英社文庫）／『福田政権・七一四日』清宮龍・行政問題研究所・一九八四／『大平政権・五五四日』川内一誠・行政問題研究所・一九八二／『大平正芳回想録』大平正芳回想録刊行会編・鹿島出版会・一九八三／『政治と人生　中曽根康弘回顧録』講談社・一九九二／『政治とは何か　竹下登回顧録』講談社・二〇〇一／『宮沢喜一・全人像』清宮龍・行政問題研究所出版局・一九八一、九二年改訂／『聞き書宮澤喜一回顧録』御厨貴、中村隆英編・岩波書店・二〇〇五／『宮澤喜一　保守本流の軌跡』（90年代の証言）五百旗頭真、伊藤元重、薬師寺克行編・朝日新聞社・二〇〇六／『橋本龍太郎・全人像』仮野忠男、長田達治・行研出版局・一九九六／『宰相・小渕恵三』亜土久・おりじん書房・二〇〇二／『小沢一郎・全人像』小田甫・行研出版局・一九九二／『一を以って貫く　人間小沢一郎』大下英治・講談社・一九九三　講談社文庫／『小沢一郎　覇者の履歴書』奥野修司・データハウス・一九九四／『小沢一郎　政権奪取論』（90年代の証言）・五百旗頭真、伊藤元重、薬師寺克行編・朝日新聞社・二〇〇六／『森喜朗　自民党と政権交代』森喜朗［述］、五百旗頭真、伊藤元重、薬師寺克行編・朝日新聞社・二〇〇七／『小泉純一郎　血脈の王朝』佐野眞一・文藝春秋・二〇〇四／『小泉政権　非情の歳月』佐野眞一・文春文庫・二〇〇六

図版作成
(有)美創

幻冬舎新書093

日本の歴代権力者

二〇〇八年九月三十日　第一刷発行

著者　小谷野敦

発行者　見城徹

発行所　株式会社　幻冬舎

〒一五一-〇〇五一東京都渋谷区千駄ヶ谷四-九-七

電話　〇三-五四一一-六二一一(編集)

〇三-五四一一-六二二二(営業)

振替　〇〇一二〇-八-七六七六四三

ブックデザイン　鈴木成一デザイン室

印刷・製本所　図書印刷株式会社

Printed in Japan ISBN978-4-344-98092-1 C0295

こ-6-2

幻冬舎ホームページアドレス http://www.gentosha.co.jp/

＊この本に関するご意見・ご感想をメールでお寄せいただく場合は、comment@gentosha.co.jp まで。

GENTOSHA

歴史年表

※カッコ内の数字は年齢

時代	西暦	元号	天皇	権力者	出来事
	500〜				
	572		敏達	蘇我馬子	敏達天皇即位。蘇我馬子大臣に
	586		用明		
	587				蘇我馬子が物部守屋を滅ぼす
	588		崇峻		
	592				蘇我馬子が崇峻を暗殺
	593		推古(女)	聖徳太子	厩戸皇子(聖徳太子)、摂政になる
	600〜				
	622				厩戸皇子が斑鳩宮で没(49)
	626				蘇我馬子没(75?)
	628			蘇我蝦夷	推古天皇没(74)。蘇我蝦夷が境部摩理勢を殺す
	629		舒明		
	642		皇極(女)		蝦夷が祖廟を建てる
	643			蘇我入鹿	蘇我入鹿が山背大兄王を襲い自殺させる
	645	大化元	孝徳		入鹿殺害され、軽皇子が即位。蝦夷自殺
	655		斉明(女)	中臣鎌足	皇極天皇が重祚
	662		天智		
	669				鎌足没。内臣を授けられ、藤原を賜姓
	672		天武		壬申の乱で大友皇子が敗れ大海人皇子が即位。飛鳥浄御原宮に遷都
	686	朱鳥元			天武天皇没(45)、皇后(持統天皇)が称制
	689		持統(女)		草壁皇子没(28)、持統即位
	694				藤原宮に遷都
	697				譲位、文武天皇が即位(10)
	700〜				
	701	大宝元	文武		大宝律令が完成。不比等、正三位大納言に叙せられる
	702	2			持統天皇没(58)
	707	慶雲 4			文武天皇没(23)、元明即位(47)
	708	和銅元	元明(女)	藤原不比等	不比等右大臣に
奈良時代	710	3			平城京に遷都
	715	8	元正(女)		
	720	養老 4			不比等没(62?)
	721	5		長屋王	長屋王、右大臣に

(2)

時代	西暦	元号	天皇	上皇	権力者	出来事
奈良時代	724		聖武			
	729	天平元			藤原四兄弟(武智麻呂、房前、宇合、麻呂)	国家転覆を計画しているとの誣告があり、長屋王自刃(46)。藤原光明子が皇后となる
	734	6				武智麻呂右大臣
	737	9				痘瘡大流行、藤原四兄弟病死
	738	10			橘諸兄	橘諸兄、右大臣となる(55)
	740	12				恭仁宮を都とする
	743	15				諸兄、左大臣となる
	744	16				難波宮に遷都
	749	天平感宝元	孝謙(女)		光明皇后	譲位、孝謙女帝即位(32)。光明皇后(49)、紫微中台に政権を掌握
	756	天平勝宝8				聖武法皇没(56)
	757	天平宝字元				諸兄失脚、没(74)。仲麻呂、紫微内相となる。橘奈良麻呂の乱
	758	2	淳仁	孝謙	藤原仲麻呂(恵美押勝)	孝謙譲位。仲麻呂を太保(右大臣)、恵美押勝となる
	760	4				光明皇后没(60)
	762	6				孝謙上皇の親裁
	764	8	称徳(女)			恵美押勝の乱(59)。孝謙が重祚
	765	天平神護元			道鏡	道鏡、太政大臣禅師となる。淡路廃帝、逃亡を図って殺害される
	766	2				道鏡、法王となる
	769	神護景雲3				和気清麻呂を宇佐八幡へ使わせしむ。清麻呂は大隅に配流
	770	宝亀元	光仁		(藤原百川)	道鏡失脚、清麻呂召還
	780	11				光仁譲位
	784	延暦3	桓武			長岡京に遷都
	794	13				平安京に遷都
平安時代	800〜					
	806	25	平城			桓武没(69)
	809	大同4	嵯峨			譲位、嵯峨天皇即位
	810	弘仁元			藤原冬嗣	蔵人所設置。冬嗣、蔵人頭となる
	823	14	淳和			
	826	天長3				冬嗣没(51)
	832	9			(藤原緒嗣)	緒嗣、左大臣に
	833	10	仁明			良房、蔵人頭

時代	西暦	元号	天皇	摂関	出来事
平安時代	843	承和10	仁明	(藤原緒嗣)	緒嗣没(70)。源常、左大臣に
	848	嘉祥元		藤原良房	良房、右大臣に
	850	3	文徳		良房、惟仁親王を立太子させる
	857	天安元			良房、人臣として初めて太政大臣となる
	858	2	清和		清和天皇即位、良房、摂政となる
	866	貞観 8			応天門の変で大納言伴善男が失脚
	876	18	陽成		陽成天皇が即位。基経、摂政となる
	880	元慶 4		藤原基経	基経、太政大臣となる
	884	8	光孝		陽成天皇が人を殺して廃され、光孝天皇即位
	887	仁和 3	宇多		基経、関白となる
	888	4			阿衡の紛議
	891	寛平 3			基経没(56)
	897	9	醍醐		
	899	昌泰 2		藤原時平	時平、左大臣に。右大臣に菅原道真
	900〜				
	901	4			菅原道真、大宰権帥に左遷さる
	909	延喜 9		藤原忠平	時平没(38)。忠平、藤氏氏長者となる
	914	14			忠平、右大臣となる
	930	延長 8	朱雀		
	935	承平 5			承平・天慶の乱(平将門、藤原純友)が始まる
	940	天慶 3			将門敗死
	941	4			忠平、関白となる
	947	天暦元	村上		実頼、左大臣となる
	949	3			忠平没(70)
	967	康保元	冷泉		村上天皇没(41)、冷泉院即位。実頼、関白太政大臣となる
	969	安和 2	円融	藤原実頼	安和の変で源高明失脚。冷泉天皇、円融院に譲位。実頼、摂政となる
	970	天禄元		藤原伊尹	実頼死去(70)。伊尹、摂政となる
	972	3		藤原兼通	伊尹死去。兼通、弟兼家を抑えて内大臣となり内覧に。頼忠、藤氏長者
	974	天延 2			頼忠、関白兼通に氏長者を譲る
	977	貞元 2		藤原頼忠	兼通が関白を頼忠に譲り、弟兼家を左遷
	984	永観 2	花山		

(4)

時代	西暦	元号	天皇	上皇	摂関	出来事
平安時代	986	寛和 2				兼家らの計略により、花山天皇が出家し譲位。兼家、摂政
	989	永祚元				頼忠没(65)。兼家、太政大臣となる
	991	正暦 2	一条		藤原兼家	兼家没(61)
	995	長徳元			藤原道隆 藤原道兼	道隆、道兼相次いで死去、道長内覧となる
	1000～					
	1011	寛弘 8	三条		藤原道長 (内覧)	
	1016	長和 5				三条天皇、後一条院に譲位。道長、摂政となる
	1017	寛仁元				道長、摂政を長男頼通に譲る。太政大臣となる
	1019	3	後一条			頼通、関白となる
	1027	万寿 4				道長没(62)
	1028	長元元				平忠常の乱
	1036	9	後朱雀		藤原頼通	
	1045	寛徳 2				
	1051	永承 6	後冷泉			前九年の役
	1064	康平 7				頼通、氏長者を教通に譲る
	1067	治暦 3				頼通、関白を教通に譲る
	1068	4	後三条		藤原教通	
	1072	延久 4				
	1074	承保元				頼通没(83)
	1075	2	白河			師実、関白・氏長者となる
	1083	永保 3			藤原師実	後三年の役
院政期	1086	応徳 3				白河上皇が院庁で政務をみる(院政の始まり)
	1094	寛治 8			藤原師通	師実、関白を師通に譲る
	1099	康和元	堀河			師通、急死(37)。忠実、内覧・氏長者となる
	1100～			白河	藤原忠実	
	1101	3				師実没(59)
	1107	嘉承 2				
	1120	保安元	鳥羽		藤原忠通	忠実、白河法皇の怒りをかい、内

時代	西暦	元号	天皇	上皇	権力者	出来事
院政期	1121	保安 2	鳥羽	白河		覧停止、宇治に蟄居。忠通、関白・氏長者となる
	1123	4	崇徳			忠通摂政に
	1129	大治 4			藤原忠通	白河法皇没。鳥羽上皇の院政
	1141	永治元				
	1150	久安6	近衛	鳥羽	藤原頼長	頼長が氏長者となり、翌年内覧の宣旨を受ける
	1155	久寿 2				
	1156	保元元	後白河	(不在)	信西入道	鳥羽法皇没(53)。保元の乱が起こる。頼長、崇徳院とともに挙兵し、戦死(37)
	1158	3			藤原信頼	忠通、関白および氏長者を基実に譲る
	1159	平治元	二条	後白河		平治の乱で通憲、信西が死亡、平清盛が台頭、武士として初めて公卿になる
	1167	仁安 2	六条			基房、摂政となる
	1168	3	高倉		平清盛	
	1180	治承 4	安徳	高倉		平氏追討の以仁王令旨が発せられ、源頼朝挙兵
	1181	養和元				清盛没(64)
	1183	寿永 2				源義仲・行家に、後白河法皇が平氏追討の宣旨を下す
	1184	3	後鳥羽	後白河	源頼朝	頼朝、鎌倉に公文所と問注所を設置。別当、執事
	1185	元暦 2				長門壇ノ浦で平氏滅亡

時代	西暦	元号	天皇	院政	将軍	権力者	出来事
鎌倉時代	1189	5	後鳥羽	後白河		源頼朝	藤原泰衡、源義経を殺害。頼朝、平泉を制圧し奥州藤原氏を滅ぼす
	1192	建久 3					頼朝、征夷大将軍となる。後白河法皇死去(66)
	1198	9	土御門		源頼朝		後鳥羽院譲位し院政を再開
	1199	正治元		後鳥羽		北条時政	頼朝没(53)。時政、頼家の権力を剥奪し、13人の宿老による合議

(6)

時代	西暦	元号	天皇	院政	将軍	執権	権力者	出来事
鎌倉時代					源頼朝		北条時政	制で幕府を運営
	1200〜							
	1202	建仁 2	土御門	後鳥羽	源頼家			頼家、将軍となる
	1203	3			源実朝	北条時政		時政、頼家を修禅寺に幽閉、弟実朝を将軍とする
	1204	元久元						頼家、時政に暗殺される
	1205	元久 2				北条義時	北条政子、義時	時政、畠山重忠を討ち平賀朝雅を将軍に立てようとしたが、政子、義時に反対され、義時を執権に
	1215	建保 3	順徳					時政没(78)
	1219	承久元			(空位)			実朝、公暁に殺される。政子、事実上の将軍の地位に就く
	1221	3	仲恭					後鳥羽法皇が幕府討伐の軍を起こすが幕府軍に敗れ、後鳥羽・順徳・土御門3上皇は流罪。六波羅探題を置く
			後堀河	後高倉				
	1224	元仁元				北条泰時		義時没(62)、泰時執権に
	1225	嘉禄元		(空位)				北条政子没(70)
	1226	2			九条頼経			九条頼経、将軍に(鎌倉殿)。泰時、時房を連署とし、伊賀、三浦、中原氏らを評定衆とする
	1232	貞永元	四条	後堀河				泰時、「御成敗式目」を制定
	1242	仁治 3	後嵯峨	(空位)		北条経時		泰時、皇位継承に干渉し、後嵯峨天皇を即位させるが、ほどなく出家し没(60)。孫の経時が継ぐ
	1244	寛元 2			九条頼嗣			経時、九条頼経に北条氏排除の動きがあったため、その子頼嗣を将軍とする
	1246	4	後深草	後嵯峨		北条時頼		経時、執権を弟時頼に譲る
	1249	建長元						幕府、引付衆を設置
	1252	4			宗尊親王			時頼、将軍頼嗣を廃し、

時代	西暦	元号	天皇	院政	将軍	執権	権力者	出来事
鎌倉時代			後深草	後嵯峨	宗尊親王	北条時頼		宗尊親王を将軍とする
	1256	康元元				北条長時	時頼(得宗)	時頼、重時の子長時に執権を譲るが、以後も北条嫡流(得宗)として実権を握る
	1263	弘長 3	亀山					時頼没(37)
	1266	文永 3			惟康親王	北条政村		時宗、宗尊親王に謀反の嫌疑をかけて廃し、その子惟康親王を将軍とする
	1268	5				北条時宗		時宗執権となる
	1274	11	後宇多	亀山				元・高麗軍が九州に来寇。戦いとなるが強風で撤退(文永の役)
	1275	建治元						時宗、後深草上皇の皇子を立太子。両統迭立の始まり
	1281	弘安 4						再び元軍が来寇(弘安の役)
	1284	7				北条貞時	平頼綱(内管領)	時宗没(34)、貞時執権となる。
	1285	8						内管領平頼綱、安達泰盛を滅ぼす(霜月騒動)。頼綱の専制始まる
	1289	正応 2	伏見	後深草	久明親王			幕府、惟泰親王を廃し、久明親王を将軍とする
	1293	6						貞時、平頼綱を滅ぼす。引付衆を廃止して、得宗専制体制を復活
	1298	永仁 6	後伏見	伏見				
	1300〜							
	1301	正安 3	後二条	後宇多		北条師時	貞時(得宗)	貞時、従弟の師時に執権を譲るが、実権を握る
	1308	徳治 3	花園	伏見	守邦親王			貞時、久明親王を廃し、守邦親王を将軍とする
	1311	応長元				大仏宗宣		師時没、大仏宗宣執権に。貞時没(41)
	1312	正和元				北条熙時		宗宣没、熙時執権に
	1315	4		後伏見		北条基時		熙時没、基時執権に
	1316	5				北条高時		基時没、高時執権に(14)
	1318	文保 2	後醍醐	後宇多				
	1321	元亨元						後醍醐、院政を廃し、天皇の親政始まる

(8)

時代	西暦	元号（南朝）	元号（北朝）	天皇（南朝）	天皇（北朝）	将軍	執権	権力者	出来事
鎌倉時代	1324	正享 4		後醍醐			北条高時		後醍醐の倒幕運動が明らかになり、日野資朝らが流罪に（正中の変）
	1326	正中 3					赤橋守時	高時（得宗）	高時出家、守時に執権を譲り、得宗として政務をとる。実権は長崎円喜、高資親子が握る
	1331	元弘元	元徳3	後醍醐		守邦親王	金沢貞顕	長崎円喜 長崎高資 （内管領）	後醍醐の倒幕計画がもれ、後醍醐笠置へ逃れる。高時、長崎父子討伐を謀るが失敗 幕府、光厳天皇を擁立
	1332	2	正慶元		光厳				幕府、後醍醐を隠岐へ流す（元弘の変）
	1333	3	2						後醍醐、隠岐から上陸、天皇方の武士が挙兵、足利高氏、天皇方に寝返り、新田義貞が鎌倉を攻め、高時自殺、鎌倉幕府滅亡
南北朝時代	1334	建武元				護良親王		後醍醐天皇	天皇親政始まる（建武の中興）
	1335	2							高時の子時行蜂起し、鎌倉を占領（中先代の乱）。足利直義、後醍醐の皇子護良親王を殺害。尊氏、鎌倉に下り、時行軍を破る
	1336	延元元	建武3		光明		（執事）		湊川で楠木正成戦死、尊氏が光明院を立て、後醍醐、吉野へ逃れる
	1338	3	暦応元			足利尊氏	高師直	足利直義	尊氏、征夷大将軍となる
	1339	4	2	後村上					後醍醐天皇没
	1348	正平3	貞和4		崇光				高師直、楠木正行を討つ
	1349	4	5						直義と高師直不和、京都騒動
	1350	5	観応元						直義、師直の対立（観応の擾乱）。義詮、直義に代わって政務を摂る
	1351	6	2						師直、上杉能憲に殺害される

時代	西暦	元号		天皇		将軍	執権	権力者	出来事
		(南朝)	(北朝)	(南朝)	(北朝)				
南北朝時代	1352	7	文和元	後村上	後光厳	足利尊氏			尊氏、直義を毒殺。南朝が宗良親王を征夷大将軍に任命
	1358	13	延文3			義詮			尊氏没(54)。義詮、将軍となる(29)
	1362	17	貞治元				斯波義将(のち管領)		義詮、斯波義将を執事に任じる
	1367	22	6				(管領)		義詮没(38)。家督を長男義満に譲り、細川頼之を管領として補佐させる
	1368	23	応安元	長慶		義満	細川頼之		義満、将軍となる
	1379	天授5	康暦元		後円融		斯波義将		
	1391	元中8	明徳2	後亀山	後小松		細川頼元		義満、山名氏を討伐する(明徳の乱)
	1392	9	3				斯波義将		南北朝合一、事実上の北朝勝利
室町時代	1394	応永元		後小松		義持		義満(太政大臣)	義満、将軍を義持に譲り太政大臣に
	1395	2							義満、太政大臣を辞し出家。北山文化を栄えさせる
	1398	5					畠山基国		
	1400〜								
	1402	9							義満、明の国書で「日本国王源道義」と呼ばれる
	1405	12					斯波義教		
	1408	15							義満没(51)
	1410	17					畠山満家		
	1412	19		称光					
	1423	30				義量		義持	義持、将軍を嫡男義量に譲って出家、道詮と号して政治の実権を握る
	1425	32				(空位)			義量没。将軍空位のまま、義持が室町殿として幕政を執る
	1428	正長元		後花園					義持没(43)。籤引きで義教が後継に選ばれる
	1429	永享元				義教			

時代	西暦	元号	天皇	将軍	執権	権力者	出来事
室町時代	1432	4	後花園	義教	細川持之		細川持之、管領に
	1441	嘉吉元					将軍義教、赤松満祐に殺され、満祐は自害（嘉吉の乱）
	1442	2					足利義勝、将軍となる（9）
	1443	3		義勝			義勝没
	1445	文安 2					細川勝元、管領に
	1449	宝徳元				（山名宗全）	足利義政、将軍となる（14）
	1464	寛正 5					
	1467	応仁元		義政	細川勝元	日野富子	義政の弟義視と嫡男義尚の家督争いと、管領家である斯波家、畠山家の内紛がからみ、応仁の乱が勃発
	1473	文明 5		義尚		義政	義政、将軍職を義尚（9）に譲る。細川勝元（44）、山名宗全死去（69）
戦国時代	1489	延徳元	後土御門				義尚没（24）。義政、再び政権をみる
	1490	2		義材（義稙）			義政没（55）。義材（義稙）将軍となる
	1493	明応 2					日野富子、管領細川政元とともに、義材を京から追放する
	1494	3			細川政元	日野富子	義高（のち義澄）、将軍となる。以後、管領は細川氏のみが継ぐことになる
	1496	5		義澄			日野富子死去（57）
	1500～						
	1507	永正 4					細川政元、廃嫡した澄之の家臣に殺される
	1508	5	後柏原	義稙			義尹が京に戻って将軍となる（のち義稙）
	1521	大永元					細川高国、義稙の代わりに義晴を将軍とする
	1531	享禄 4		義晴	細川高国		三好元長に敗れ細川高国が自殺
	1536	天文 5	後奈良		細川晴元		細川晴元、管領となり政権をとる
	1546	15					三好一族は足利義維を擁す義輝、細川氏綱を管領とする
	1552	21		義輝	細川氏綱	三好長慶	

時代	西暦	元号	天皇	将軍・関白	執権	権力者	出来事
戦国時代	1557	弘治 3		義輝	細川氏綱	三好長慶	
	1559	永禄 2					織田信長、長尾景虎（上杉謙信）が将軍に拝謁
	1560	3					信長、上洛する今川義元を討つ（桶狭間の戦い）
	1561	4					細川晴元、三好長慶と和睦して隠棲
	1565	8				三好三人衆	三好三人衆と松永久秀、義輝を暗殺する。三人衆と久秀決裂
	1567	10		義栄		松永久秀	松永久秀、三好三人衆を破る
織豊時代	1568	11	正親町				織田信長、義昭を奉じて上洛
	1569	12					三好三人衆、義昭を襲撃するが、明智光秀らに撃退される
	1571	元亀 2		義昭			信長、比叡山を焼き討ちにする
	1573	天正元				織田信長	信長、義昭を追放、足利幕府滅亡
	1575	天正 3					信長、長篠の戦いで武田勝頼を破る
	1582	10					信長、武田氏を滅ぼす。本能寺の変。羽柴秀吉、山崎の戦いで明智光秀を破る
	1584	12		（関白）		（羽柴秀吉）	秀吉、家康・織田信雄と小牧・長久手に戦い、講和
	1585	13					秀吉、関白となる
	1588	16		豊臣秀吉			秀吉、刀狩令を出す
	1590	18					秀吉、北条氏を滅ぼし天下統一、家康を関東に封じる
	1591	19				豊臣秀吉	秀吉、関白を秀次に譲るが、太閤として実権を掌握
	1592	文禄元		豊臣秀次			朝鮮出兵（文禄の役）
	1595	4					秀吉、秀次を自害させる
	1597	慶長 2	後陽成				朝鮮出兵（慶長の役）
	1598	3					秀吉没(62)
	1600～						
徳川時代	1600	5		（将軍）			関ヶ原の戦いで家康、石田三成を破り処刑
	1603	8		徳川家康		徳川家康	家康、征夷大将軍に任じられ、江戸幕府を開く
	1605	10					家康、秀忠に将軍職を譲るが、大御所として実権を掌握
	1611	16		徳川秀忠			

時代	西暦	元号	天皇	将軍	老中・大老	権力者	出来事
徳川時代	1614	19	後水尾	徳川秀忠		徳川家康	大坂冬の陣
	1615	20					大坂夏の陣。豊臣秀頼、浅井茶々自殺
	1616	元和 2					家康没(74)
	1623	9		家光		徳川秀忠	秀忠、家光に将軍職を譲るが、大御所として実権を掌握
	1629	寛永 6	明正(女)				
	1632	9				(保科正之)	秀忠没(54)
	1634	11					参勤交代の制を定める
	1641	18					オランダ人商館を長崎出島に移して鎖国完成
	1651	慶安 4	後光明	家綱	酒井忠清(大老)		家光没(48)、家綱将軍となる。由井正雪の乱
	1666	寛文 6	霊元				酒井忠清、大老となる
	1672	12					保科正之没(62)
	1680	延宝 8		綱吉			家綱没(40)、綱吉将軍となる。酒井忠清罷免
	1681	天和元			堀田正俊(大老)		堀田正俊、大老となる
	1684	貞享元					正俊、若年寄稲葉正休に江戸城中で刺殺される
	1687	貞享 4					生類憐れみの令出る
	1688	元禄元	東山				綱吉、柳沢吉保を側用人に任じる
	1698	11				柳沢吉保	柳沢吉保、大老格となる
	1700〜						
	1709	宝永 6	中御門	家宣		間部詮房 新井白石	綱吉没(64)、家宣将軍となる。生類憐れみの令廃止
	1712	正徳 2		家継			家宣没(51)家継将軍となる(5)(享保の改革)
	1716	享保元		吉宗			家継没(8)、紀州の吉宗が将軍となる
	1717	2					大岡越前守を江戸町奉行に登用
	1729	14					天一坊を処刑
	1732	17					尾張徳川宗春の奢侈を戒める
	1742	寛保 2					公事方御定書を定める
	1745	延享 2		家重		吉宗	吉宗、将軍職を譲り大御所となる
	1751	宝暦元					吉宗没(68)

時代	西暦	元号	天皇	将軍	老中・大老	権力者	出来事
徳川時代	1760	10					家重辞し家治将軍となる
	1767	明和 4	後桜町(女)				田沼意次、側用人となる
	1772	安永元	後桃園				田沼意次、老中を兼ねる
	1782	天明 2		家治	田沼意次		印旛沼干拓工事始まる
	1784	4					田沼意知、江戸城で佐野善左衛門に斬られ没。天明の大飢饉
	1786	6					田沼意次、老中を罷免される
	1787	7	光格				松平定信老中就任。寛政の改革始まる
	1792	寛政 4			松平定信		ロシヤ使節ラックススマン根室に来航
	1793	5		家斉			定信、老中罷免
	1800～						
	1818	文政元			水野忠成		水野忠成が老中となる
	1834	天保 5					水野忠邦、老中となる
	1837	8	仁孝		水野忠邦	家斉(大御所)	大塩平八郎の乱。家斉、将軍職を譲るが大御所として実権掌握
	1841	12		家慶			家斉没(69)。忠邦、天保の改革
	1843	14					上知令撤回、水野忠邦罷免。阿部正弘、老中となる(25)
	1853	嘉永 6			阿部正弘		ペリー浦賀来航。家慶没、家定将軍となる
	1854	安政元		家定			ペリー再来日。日米和親条約結ぶ
	1855	2			堀田正睦		阿部正弘、堀田正睦に老中首座の座を譲り過労で急死(39)
	1858	5	孝明		井伊直弼(大老)		井伊直弼、大老就任。家茂将軍となる
	1860	万延元					井伊直弼、殺さる(46)(桜田門外の変)
	1862	文久 2		家茂			徳川慶喜、将軍後見職となる(26)
	1863	3				徳川慶喜	八月十八日の政変。長州、京から追放される
	1864	元治元					禁門の変。第一次長州征伐
	1866	慶応 2					薩長同盟。第二次長州征伐。家茂没、慶喜、将軍となる
	1867	3	明治	慶喜			大政奉還。王政復古の大号令

時代	西暦	元号	天皇	太政大臣 内閣総理大臣	権力者	出来事
明治時代	1868	慶応 4	明治	三条実美 （右大臣）	岩倉具視	鳥羽伏見の戦い。戊辰戦争始まる。木戸孝允、総裁局顧問となり五箇条の御誓文を作成。江戸城無血開城
	1869	明治 2			木戸孝允 西郷隆盛 大久保利通	五稜郭の戦いで戊辰戦争終結。版籍奉還
	1871	4		（太政大臣）		廃藩置県。太政官を改革し、岩倉具視が右大臣となる。岩倉使節団が条約改正のために欧米を視察
	1873	6				征韓論問題で西郷隆盛・板垣退助・江藤新平らが下野
	1874	7			大久保利通 （内務卿）	江藤新平らが挙兵し鎮圧される（佐賀の乱）。台湾出兵
	1877	10		三条実美		西郷隆盛らが鹿児島で挙兵（西南戦争）、木戸孝允死去、西郷自刃
	1878	11				大久保利道、紀尾井坂で殺される（49）
	1881	14		（内閣総理大臣）		参議大隈重信失脚（明治14年の政変）。松方正義、参議兼大蔵卿として財政再建にあたる
	1885	18		伊藤博文		太政官制を廃止し、内閣制実施。伊藤博文、初代内閣総理大臣となる（45）
	1888	21		黒田清隆		
	1889	22		山縣有朋		大日本帝国憲法発布。大隈外相、右翼・来島恒喜に爆弾を投げつけられ、負傷
	1890	23		松方正義		第一回帝国議会開かれる。教育勅語発布
	1894	27		伊藤博文		日清戦争
	1895	28				下関で李鴻章全権と講和条約に調印
	1896	29		松方正義		
	1898	31		伊藤博文	伊藤博文	板垣退助を内務大臣として大隈内閣成立（隈板内閣、初の政党内閣）
				大隈重信		
	1900～					
	1900	33		伊藤博文		義和団事件により北京に出兵
	1901	34		桂太郎		
	1904	37				日露戦争始まる

時代	西暦	元号	天皇	太政大臣 内閣総理大臣	権力者	出来事
明治時代	1905	38	明治	桂太郎	伊藤博文	ポーツマス条約、日比谷焼討事件。伊藤博文、初代韓国総監となる
	1906	39		西園寺公望		
	1908	41		桂太郎		
	1909	42				伊藤博文、ハルピンで安重根に暗殺される(69)
	1910	43				大逆事件。韓国併合、寺内正毅、初代朝鮮総督となる
	1911	44		西園寺公望	山縣有朋	幸徳秋水らが死刑となる
大正時代	1912	大正元	大正	桂太郎		明治天皇死去、大正と改元
	1913	2		山本権兵衛		
	1914	3		大隈重信		第一次世界大戦勃発、ドイツに宣戦
	1915	4				対華二十一カ条要求
	1916	5		寺内正毅	桂太郎	
	1918	7		原敬		米騒動起こり寺内内閣倒壊。原敬組閣、初の本格的政党内閣
	1921	10		高橋是清		原首相暗殺される(65)。高橋是清首相(68)。牧野伸顕、宮内大臣となり天皇側近となる。宮中某重大事件で山縣の権威失墜
	1922	11		加藤友三郎		ワシントン海軍軍縮条約が結ばれる
	1923	12		山本権兵衛		関東大震災、大杉栄ら、甘粕正彦に虐殺さる。山縣死去
	1924	13		清浦奎吾	西園寺公望 (元老)	
	1925	14		加藤高明		治安維持法、普通選挙法公布
	1926	15		若槻礼次郎		12月、天皇死去、裕仁が践祚
昭和戦前	1927	昭和 2	昭和	田中義一		金融恐慌おこり若槻辞任。山東出兵
	1929	4		濱口雄幸		
	1930	5			牧野伸顕 (内大臣)	ロンドン海軍軍縮条約締結(統帥権干犯問題)。濱口首相、狙撃され重傷
	1931	6		若槻礼次郎		
				犬養毅		柳条湖事件(満州事変)
	1932	7		斎藤実		犬養首相殺される(五・一五事件)。満州国皇帝に傅儀
	1934	9		岡田啓介		
	1936	11		広田弘毅		2・26事件により、高橋是清蔵相、斎藤内大臣暗殺され、岡田首相退陣

時代	西暦	元号	天皇	太政大臣 内閣総理大臣	権力者	出来事
昭和戦前	1937	12		林銑十郎		支那事変勃発、十五年戦争が始まる
				近衛文麿		
	1939	14		平沼騏一郎		第二次世界大戦勃発。独ソ不可侵条約
				阿部信行		
	1940	15		米内光政	(木戸幸一)	日独伊三国同盟締結。大政翼賛会設立。西園寺死去。木戸幸一、内大臣となり天皇側近として力をふるう
				近衛文麿		
	1941	16		東条英機		東条内閣成立(58)。真珠湾攻撃、大東亜戦争始まる
	1944	19		小磯国昭		サイパン島陥落。東条辞任
	1945	20		鈴木貫太郎		東京大空襲。沖縄戦開始。ポツダム宣言受諾、無条件降伏し敗戦
				東久邇宮稔彦		
				幣原喜重郎	マッカーサー	
	1946	21		吉田茂		マッカーサー司令官のもとで、日本国憲法制定、農地改革にあたる
	1947	22		片山哲		総選挙で社会党が勝利、片山内閣成立
	1948	23	昭和	芦田均		
	1950	25		吉田茂		朝鮮戦争起こる
	1951	26				サンフランシスコ講和条約、終戦、日本独立
	1954	29		鳩山一郎		第五福竜丸事件。鳩山一郎(民主党)内閣成立
	1955	30				自由党と民主党が合併して自由民主党結党(55年体制)
	1956	31				自民党総裁選で石橋が岸を破る
				石橋湛山		
	1957	32		岸信介		石橋、病気で辞任、岸信介内閣成立(62)
	1960	35		池田勇人		日米新安保条約調印。安保闘争の責任をとって岸辞任、池田勇人内閣成立(62)。所得倍増計画策定
	1964	39		佐藤栄作		佐藤内閣成立(64)
	1965	40				日韓基本条約調印
	1971	46				沖縄返還協定調印
	1972	47		田中角栄		田中角栄内閣成立(55)
	1974	49		三木武夫	田中角栄	金脈問題で角栄辞任、三木首相

西暦	元号	天皇	太政大臣 内閣総理大臣	権力者	出来事
1976	51		福田赳夫		ロッキード事件で田中角栄逮捕。三木おろしで福田首相
1978	53	昭和	大平正芳	田中角栄	日中平和友好条約調印
1980	55		鈴木善幸		大平首相急死(71)
1982	57		中曽根康弘		総裁選で中曽根が河本らを破る。
1987	62		竹下登		中曽根の指名で竹下が後継
1988	63				リクルート事件発覚
1989	平成元		宇野宗佑	(小沢一郎) 中曽根康弘	天皇死去。竹下辞任し宇野首班となるが参議院選で敗北、海部内閣で小沢一郎が幹事長となる。
			海部俊樹		
1990	2				ドイツ統一
1991	3		宮澤喜一		ソ連消滅
1993	5		細川護熙	竹下登	小沢が自民党離党、新生党結党、河野洋平、自民党総裁。細川護熙内閣成立(非自民連立)
1994	6	(明仁)	羽田孜	(金丸信)	細川辞任、社会党が連立離脱、自社さ連立村山内閣発足
			村山富市		橋本、自民党総裁
1996	8		橋本龍太郎		橋本内閣成立(自・社・さ)(60)、金丸死去
1998	10		小渕恵三		
2000〜					
2000	10		森喜朗		小渕が倒れ、森内閣発足。竹下死去
2001	13		小泉純一郎		小泉純一郎内閣成立(60)(自・公・保)、9.11テロ
2002	13				小泉首相、北朝鮮を電撃訪問、拉致問題が明らかに
2006	18		安倍晋三		
2007	19		福田康夫		
2008	20				福田首相、突如辞任
			?		